과거보고 벼슬하고

송기호 교수의 우리역사읽기 5

과거보고 벼슬하고

초판 1쇄 인쇄 2014년 11월 5일
초판 1쇄 발행 2014년 11월 10일

지은이 송기호
펴낸곳 서울대학교출판문화원
펴낸이 성낙인

책임 편집 정미경
디자인 장혜원

출판등록 제15-3호

주소 151-742 서울 관악구 관악로 1
대표전화 02-880-5252 | 팩스 02-888-4148
마케팅팀(주문상담) 02-889-4424, 02-880-7995
이메일 snubook@snu.ac.kr
홈페이지 www.snupress.com

ISBN 978-89-521-1605-5 04900
978-89-521-0997-2(세트)

송기호 교수의 우리역사읽기 5

관리의 길

과거보고 벼슬하고

송기호 지음

서울대학교출판문화원

머리말

과거에서 지금 '우리'를 찾다

거의 5년 만에 다시 세 권의 책을 내게 되었다. 2009년 말에 『이 땅에 태어나서』, 『시집가고 장가가고』, 『말 타고 종 부리고』 세 책을 내고, 그 후속으로 이제 다시 세 책을 더 선보이는 것이다. 앞의 세 책은 필자 나름으로 분류한 '인간과 자연', '가족과 혼인', '사회와 신분'을 다루었다면, 뒤의 세 책은 '국가와 제도'를 다루었다.

필자에게는 각각 50대 나이 전반기와 후반기의 결과물이라는 의미가 있다. 이제 내년에 '외교와 이민족'을 주제로 하나 더 내게 되면 모두 일곱 권으로 큰 마무리가 될 것이다. 2005년에 연재를 시작해서 어느덧 10년의 세월이 흘렀으니, 이렇게 해서 내 50대의 10년을 꼬박 이 집필로 보내게 되었다.

이번 세 책 가운데 첫째인 『농사짓고 장사하고』는 사농공상 가운데 농업과 상업에 초점을 두면서 행정과 형벌을 추가했다. '사'는 뒤의 책에서 다루겠지만, '공'은 아쉽게도 사료가 별로 없어서 생략했다. 둘째 권인 『과거보고 벼슬하고』는 입학하여 공부하고 과거보고 벼슬하는 선비의 출세 과정이 핵심 주제이다. 셋째 권인 『임금되고 신하되고』는 국가의 최상위에 있는 임금을 중심에 두면서 측근에서 보좌하는 왕비, 환관, 궁녀, 암행어사, 언관, 사관 등을 언급하였다.

다시 한 번 강조하지만, 필자는 이런 식의 역사책을 써보고 싶었다. 이야기로서의 역사, 에피소드로서의 역사, 생활사로서의 역사, 사료가 직접 말해주는 역사이다. 교과서와 같이 분절적이고 딱딱한 체제와는 다르게, 흥미롭고 재미있는 역사책이요 이념에 휘둘리지 않고 가치중립적인 역사책을 쓰려고 했다. 야담은 재미있는데 역사는 재미없다는 인식을 바꾸고 싶었다. 그러나 타고난 얘기꾼이 아니라서 내 목표가 얼마나 성공했는지는 독자가 판단할 일이다. 다만 역사 교과서가 이런 식으로 바뀌면 좋겠다는 희망은 가지고 있다.

또 기왕의 사고틀에서 벗어난 역사, 소외된 이면의 역사를 쓰고자 했다. 우열이나 보편성에 가려진 차이점과 고유성, 발전에 가려진 변화, 구조에 가려진 개인, 대외항쟁에 가려진 상생조화에도 관심을 가져야 한다. 몇년 전 미국에 경제 위기가 닥쳤을 때에 수많은 경제학자가 예측하지 못한 점을 반성하면서 사람이 빠진 경제학이었음을 고백했다. 학문을 위한 학문을 하였고, 사람의 마음과 제도를 고려하지 않고 수학과 통계에 빠졌다는 자성이었다. 사실 우리 역사학도 논문을 위한 논문을 쓰고, 사람이 빠지고 기계적인 틀에 갇힌 학문이 되지 않았는지 자성해야 한다.

이에 더하여 발전이나 구조를 구명하려는 서양의 역사관과 도덕적 교훈을 얻으려는 동양의 전통적 역사관, 내재적 요인과 외래적 요인에 대한 인식의 조화도 필요하다. 그래야만 종합사로서의 역사학도 제 면목을 드러낼 수 있을 것이다. 이 책은 그런 시도의 하나이다.

조선시대 사료를 읽어가면서 이 시대 전공자라면 이런 자료는 논문감이 안 되어 지나칠 것이라는 생각이 종종 들었다. 논문은 논리적인 문장을 쓰는 것이다. 논리적 구성에 도움이 되지 않는 에피소드는 역사학자에게서 외면을 당하게 된다. 그러나 인생사가 모두 논리적으로만 설명될 수 있는 것은 아니다. 그렇게 소외되는 부분도 당시 사회의 실상을 압축적으로 보여주는 소중한 역사 자료가 될 수 있다.

우리 역사학계는 발전을 찾는 데 너무 편향되어 있다. 발표되는 논문들은 우리가 어떻게 발전했는지를 찾는 데에만 진력하고 있다. 그러나 역사에는 발전만 있는 것이 아니라 쇠퇴도 있고 그저 변화하는 것도 있다. 이런 것들은 관심 밖에 던져져 있다. 또 반성의 역사를 쓰거나 부정적 평가를 담으면 무조건 식민주의 사관이라고 공격하여 입을 닫아버리게 한다. 이렇게 되면 자아도취의 역사에 빠져버리고 만다. 역사에는 밝은 곳이 있으면 어두운 곳이 있게 마련이다.

이런 것들은 민족주의 사학의 역효과이다. 문제는 주변국인 중국과 일본이 이를 부추기는 형국이라는 점이다. 아픈 것도 우리 역사인데 시대적 상황이 이를 감내하지 못하게 한다. 불편한 진실은 빼거나 외면하려 하고, 자꾸 과거를 변호하려 든다. 한반도에서 한사군이나 왜의 활동이 사라지고 당쟁의 역사도 제대로 보이지 않는다. 그 대신에 북쪽 만주에서의 영역은 자꾸 넓히려 든다. 또 조선시대까지는 자랑스런 역사이다가 근현대사에 이르러서는 저항이나 반성이 주조를 이루는 불균형도 나타난다.

모두들 현재에서 자부심을 가질 생각은 하지 않고, 과거 역사에서 위안을 찾으려 하기 때문이다. 그러다 보니 고대사를 과대포장하려는 사람도 나타난다. 역사를 정신적 도피처로 여기고 있는 것이다. 이처럼 역사에서 긍정적인 요소만 찾게 되는데, 이것도 또 하나의 왜곡이다. 필자는 발해사를 연구하면서 항상 중국이나 일본 연구자들이 수긍할 수 있을 정도로 객관적인가 하는 점을 염두에 두어 왔다. 그러지 않고 민족주의적인 국내용 논문을 써서는 외국에서 통하지 않는다. 이런 점에서 민족주의 사학마저도 21세기 우리 사회에서 종언을 고해야 한다.

예컨대 우리 역사학계는 우수성을 찾으려 한다. 그런데 우리의 우수성은 다른 민족의 열등성을 전제로 하는 것이다. 우열은 상대적인 것이기 때문이다. 이것은 모든 사회의 고유 가치를 인정하는 글로벌 사회에서는 극복해야 할 태도이다. 문필가 이윤기 씨는 이런 수필을 썼다.

나는 우리 한국인들과 일본인들에게 물었다. 일본인들은 저희들끼리 모이면 소곤소곤 이야기를 나눈다. 그런데 한국인들은 큰 소리로 웃고 떠든다. 일본인은 옳고 한국인은 그른가? 이 양자 사이에는 '이야기를 나눈다'는 공통점이 존재하는 것이 아닌가?

연필 깎는 것을 자세히 보면 한국인과 일본인은 연필을 손에 쥔 채 칼을 움직인다. 하지만 미국인들은 칼을 쥔 채 연필을 움직인다. 한국인과 일본인은 옳고 미국인은 그른가?

한국의 톱과 일본의 톱은 앞으로 당길 때 나무가 썰리도록 되어 있다. 뒤로 미는 행위는 당기기 위한 준비 작업일 뿐이다. 하지만 미국의 톱은 반대로 되어 있다. 미는 순간 나무가 썰리도록 되어 있다. 앞으로 당기는 행위는 밀기 위한 준비 작업일 뿐이다. 그래서 한국인이나 일본인들은 미국 톱을 쓸 때마다 애를 먹는다. 아시아 톱은 옳고 미국 톱은 그른가? ('홍보다가 한 수 배우다'에서)

이것은 옳고 그름의 문제도 아니요 우수와 열등의 문제도 아니요 그저 차이일 뿐이다. 굳이 따진다면 고유와 보편의 문제에 가깝다. 이런 말도 있다. "외국에 나가면 중국인은 식당을 열고, 일본인은 가게를 열고, 한국인은 교회를 만든다." 해외 공동체의 구심점이 민족 성향에 따라 각각 다른 것이다. 이런 차이를 드러내고 왜 이렇게 되었는지 설명하는 것도 역사학에서 관심을 기울여야 하지 않겠는가?

역사에는 항상 양면성이 있다. 규장각에 소장된 서적은 몇백 년이 흘러도 변색이 되지 않을 정도로 우수한 종이를 사용했다. 고려지란 종이는 중국에서 알아줄 정도였고, 사신들이 항상 선물용으로 휴대했다. 반면에 중국 종이의 질은 상대적으로 뒤떨어졌다. 그러나 이것만 강조해서는 일면만 보는 것이다. 중국은 서적을 널리 인쇄하여 보급하였기에 보급용 종이를 만든 반면에, 조선에서는 그러지를 못했다. 이렇게 역사는 두 얼굴을 가지고 있다.

이 글에는 '내 어릴 적'이란 말을 자주 사용했다. 불과 20년 전에 인터넷을 시작하고 곧이어 이메일을 사용했는데, 이제는 이런 것이 없던 세상이 잘 떠오르지 않을 정도이다. 지하철이나 버스에서 서 있는 사람의 가방을 들어주는 것은 우리에게 당연한 의무였지만, 지금은 주지 않으려 할 뿐 아니라 오히려 경계심을 보낸다. 남에게 신세 지지 않으려는 뜻도 있고, 혹시 내 가방 어쩌려나 하는 의구심도 들기 때문이다. 그만큼 세상이 크게 바뀌었다. 아니 과거와의 간극이 기하급수적으로 벌어지고 있는 느낌이다. 그런 과거를 복원해내는 데에 어릴 적 기억도 크게 기여했다.

다른 한편으로 과거와 맞닿아 있는 면도 있다. 이 글을 읽고서 '사람 사는 게 다 똑같구나' 하는 반응도 있었다. 예를 들어서 과거시험의 부정행위나 맞수들의 경쟁을 읽다보면 그런 생각이 들 것이다. 우리가 과거와 크게 다르다는 생각은 현대인의 오만에서 비롯된 것이 아닌지 모르겠다. 역사는 발전한다는 생각에 사로잡혀 덜 발전된 과거를 낮추어 보는 편견이 개재되어 있을 수 있다. 그러므로 변화와 불변의 이중주를 보여주는 것도 생활사의 매력이 아닐까 생각한다. 이 책을 통해서 이러저러하게 다양한 생각을 갖게 된다면 필자의 목적 하나가 이루어지는 것이다.

한국사를 바라보는 하나의 사고틀을 이제는 벗어나야 한다. 다양한 방식과 시각에서 과거를 바라보아야 한다. 그런 하나의 방편으로 이 책을 쓰게 되었다. 50대의 나이가 되면서 논문 평가와 승진에서 자유로워지게 되었고, 내가 평소에 하고 싶었던 일에 착수한 결과물이기도 하다. 지금 한국사 전공자가 되었지만, 고등학교 때에 암기과목으로 전락하여 재미없는 과목이 국사였다. 당시 예비고사 수석을 했으면서도 국사가 많이 틀린 과목이기도 했다. 그러기에 뭔가 바꾸어보고 싶은 마음이 항상 있었다.

이런 방대한 작업은 사실 공동으로 하는 게 마땅하다. 그러나 공동집필을 하게 되면 글의 편차가 심하고 시간적 효율성도 떨어진다. 일관된 체계를 잡기도 어렵다. 한국적인 현실에서는 편집자의 권한을 마구

휘두르기도 어려운 형편이다. 그러기에 홀로 도전하게 되었다. 대한토목학회지에 매달 글을 연재하면서 과연 내가 이럴 만한 자격이 있는지, 큰 실수를 하지 않았는지 항상 두려움 속에 있었다. 도중에 포기할까도 생각했지만 마침내 여기까지 끌고 오게 되었다. 또 연구비를 받았으면 정해진 시간에 쫓기고 논문이란 틀에 갇혀서, 오랜 기간에 걸쳐 이런 책을 쓰지는 못했을 것이다.

그동안 자판을 두드리느라 키보드 병에도 걸렸고, 다른 퇴행성 질환들도 나타나기 시작했다. 이제는 글을 쓰는 게 너무 고통스러울 정도가 되었다. 오래 집중하지 못하고 몸이 쑤실 만큼 체력이 고갈되었다. 내 나름으로 힘을 쏟아부은 대가를 치르고 있다.

이 책을 낼 수 있었던 것은 무엇보다도 매달 지면을 할애해준 대한토목학회의 덕택이니, 감사의 마음을 먼저 표하지 않을 수 없다. 부록의 참고 자료 목록에서 보듯이 한국고전번역원을 비롯하여 그동안 번역에 힘을 써온 여러 연구자의 도움을 받은 사실을 다시 한 번 강조하고 싶다. 국사학과 김건태 교수는 농업사 관련 부분, 언어학과 이승재 교수는 한글 부분, 홍승우 군은 형벌 부분을 검토해주었다. 그러나 나머지 대부분은 전문가의 손을 거치지 못했다. 아무리 노력해도 완벽한 책은 없다. 잘못된 부분은 언제든지 고쳐나가고자 하니, 독자의 오류 지적은 항상 받아들일 자세가 되어 있다.

되도록이면 필자가 찍은 사진을 사용하려 했으나 유물 사진 등은 한계가 있다. 국립중앙박물관과 문화재청 자료를 비롯하여 많은 도록의 도움을 받았고, 그 출처는 뒤에 밝혀놓았다. 그 가운데는 미처 저작권자의 동의를 구하지 못한 것도 있어 죄송스럽다. 개인적으로 사진을 제공한 분들에게도 감사를 표한다. 교정에는 대학원생 김수진이 도움을 주었다. 또 지난번에 이어서 이 책들을 편집하고 출판해준 정미경 씨를 비롯한 서울대학교출판문화원에도 감사를 표한다.

2년 전 갑자기 세상을 떠난 처남 정현철에게 이 책을 바치고 싶다. 10년 사이에 장인과 장모님, 어머님이 차례로 세상을 뜨시더니, 이제 손아래 처남마저 세상을 등지고 말았다. 집사람과 내 주변에는 공허함과 그리움만 맴돌고 있다. 조카 유진이가 구김살 없이 잘 자라길 바랄 뿐이다.

2014년 9월

또 관악에서 가을을 보내며

차례

1

학교와 책

성균관과 학생 | 향교와 서원 | 공부와 독서
문헌의 나라 | 출판과 유통 | 금지된 책

성균관과 학생

지금 학제는 초등학교 6년, 중·고등학교 각각 3년, 대학교 4년으로 되어 있다. 많은 나라가 이런 학제를 채택하고 있지만, 러시아에서는 초등학교 4년, 중학교 4년, 고등학교 3년, 대학교 4~5년으로 우리와 다르다. 초등학교는 우리가 다닐 때만 해도 국민학교였다. 이 명칭이 일제강점기 교육의 잔재라 해서 1996년부터 초등학교로 바뀐 것이다. 그러니 내가 국민학교를 다녔다고 해야 할지 초등학교를 다녔다고 해야 할지 혼란스러울 때가 있다.

지금의 학제는 물론 근대 교육의 산물이다. 고종 때 이필화의 상소문은 그 전환기의 모습을 보여준다.

성균관을 대학교로 삼고, 서울에는 서署마다 중학교 하나씩 설치하고 방坊마다 소학교 하나씩 설치할 것입니다. 군마다 향교를 중학교로 삼고 면마다 소학교를 설치하고 이里마다 글방을 설치하여, 소학교를 졸업한 사람은 중학교로 올라가게 하고 중학교를 졸업한 사람은 대학교로 올라가게 해야 할 것입니다. _고종실록 43년(1906) 3월 25일

1894년 갑오개혁 때에 서울의 행정구역명이 변경되어 5서, 47방이 되었다. 여기서 언급한 대로 성균관은 대학교, 사부학당과 향교는 중등학교에 비길 수 있다. 사립학교인 서원도 중등학교에 해당한다. 지금의 초등학교에 해당하는 소학교나 그 아래 글방은 신설하는 것으로 되어 있는데, 여기에 해당하는 관립학교가 없었기 때문이다. 글방, 즉 서당은 이전까지는 개별적으로 운영되던 것이었다. 이와 같은 조선시대의 교육기관들은 사관이 적은 다음 글에 정리되어 있다.

우리나라의 교육은 한결같이 중국 제도를 따라 안으로는 성균관과 사부학당을 두었고 따로 향교를 설치하였으니 가히 아름답다 하겠다. 그러나 유독 서원의 설치에 대해서는 전에 들어보지 못했으니 이는 실로 커다란 흠이었다. 지난번에 군수 주세붕이 개연히 여기에 뜻을 두어 사람들의 조소와 비방을 무릅쓰고 선현이 거처하던 곳에 처음으로 세웠으니, 옛날에 학문을 일으키던 의의에도 들어맞고 옛 군자만 못한 것이 없게 되었다. _명종실록 7년(1552) 3월 28일

고려시대 유학자 안향의 고향에 주세붕1495~1554이 서원을 처음 세운 것을 이른다. 서원은 지금으로 따지면 사립학교에 속한 것이고, 정부에서 세운 관립학교로서 서울에 성균관과 사부학당을 두었고, 지방에 향교를 두었다. 왕조의 설계자인 정도전도 조선의 교육제도에 대해서 이렇게 설명했다.

국가에서는 서울에 성균관을 설치하여 공경대부의 자제와 백성 가운데

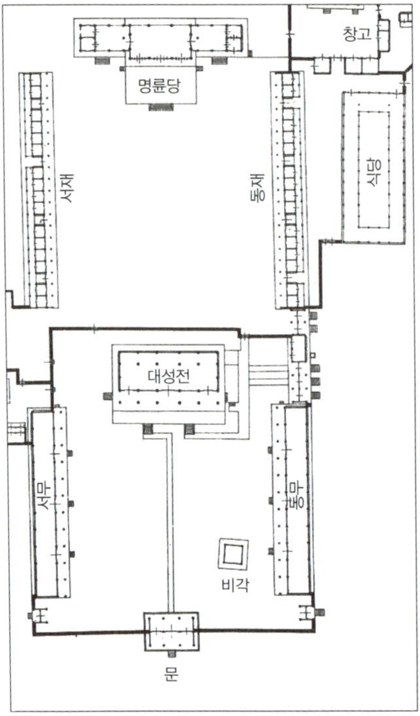

그림 1 성균관의 주요 시설

서 준수한 자를 가르치고, 부학部學에 교수를 두어 어린아이를 가르친다. 이 방법에 따라 주·부·군·현에도 모두 향학鄕學을 설치하고 교수와 생도를 둔다. _『조선경국전』 예전禮典, 학교

성균관은 조선시대 교육의 핵심이었다. 지금 서울 명륜동에 있는 성균관에는 정문 뒤에 공자를 비롯한 중국과 우리나라 유학자의 위패를 모신 대성전大成殿이 있고, 그 뒤에 강의실인 명륜당明倫堂이 있으며, 명륜당 좌우로 학생들의 기숙사인 동재와 서재가 행랑채처럼 남북으로 길게 서 있다.그림 1

마당에는 커다란 은행나무가 눈에 띈다.그림 2 충남 아산에 있는 맹사성 고택에도 맹씨행단이 전해진다. 공자가 행단杏壇에서 제자를 가르쳤다는 『장자』의 기록에 따른 것인데, 그곳이 지금 취푸曲阜의 공묘 대성전 앞에 있는 행단이다.그림 3 사진 좌우로 살구나무가 보이는데, 행단 주위로 이 나무들이 심어져 있다. 이처럼 원래는 살구나무였던 것이 어느 사이인가 은행나무로 바뀌어 행단이 은행단이 되었다. 이에 따라 학교에는 교육의 상징으로 은행나무를 심게 되었다. 또 성균관대학교나 일본의 도쿄대학교는 은행잎을 상징 문양으로 삼고 있다.

성균관은 최고학부이다. 조선 세조 때에 중국 사신인 장녕이 성균관

그림 2 은행나무와 명륜당(2002. 11)

그림 3 공자 사당의 행단(2013. 1)

을 방문하여 나눈 대화에서 학교 운영의 일단이 드러난다.

장녕이 "학생은 몇 명입니까?" 물으니, 이극감이 "500명 가까이 됩니다"고 대답했다. "모두 도성 출신입니까?" 물으니, "경·대부의 적자適子, 정실 아들와 여러 도에서 뽑아 올린 선비들입니다"고 대답하자, 사신이 "아직도 송나라 법을 쓰는군" 했다.

또 "종신토록 급제하지 못한 자는 어떻게 처리합니까?" 물으니, "급제하지 못한 자는 모두 유생으로 늙습니다" 했다. 장녕이 "어렵구나" 말하고 또 "향시鄕試에 합격하고 회시會試에 합격하지 못한 자는 어떻게 처리합니까?" 물으니, "회시에서 합격하지 못한 자는 다시 향시에 나아가서 합격한 다음에야 회시에 나아갑니다" 했다. 이에 장녕이 "인재 선발의 법이 엄하구나"고 말했다. _세조실록 6년(1460) 3월 6일

향시는 1차시험이고 회시는 2차시험으로 2차시험에 합격하지 못하

면 다시 1차시험부터 봐야 한다는 것이다. 성균관의 정원은 시기에 따라 다르다. 세종 때에 200명이던 것이 흉년을 맞아 100명으로 줄였다가 학생이 너무 줄어들었다는 신하들의 건의를 받아들여 50명을 더 늘렸다. 『경국대전』에도 200명으로 규정되어 있으나 후기에 들어서는 100명 정도로 운영되었다. 그런데 이 대화에서 500명이라 했고, 이보다 8년 전에는 역시 중국 사신에게 300명이라 대답했다. 아마 중국 사신의 질문에 다소 과장하여 답한 것으로 보인다.

진둔이 이변에게 "성균관에 학생이 몇 명입니까?" 물으니, "항상 300명을 기릅니다"고 대답했다. 진둔이 "중국의 국자감생은 7, 8천 명입니다"고 말했다. _단종실록 즉위년(1452) 8월 23일

7, 8천 명에 이르는 중국의 국자감 학생 수는 중종 때 전국의 학생 수와 비슷하다.

승정원에 전교했다. "사방의 유생들이 1만여 명은 될 것으로 생각했는데, 지금 기록된 인원을 보니 6,299명이었다. …" _중종실록 29년(1534) 8월 19일

당나라 태종은 교육에 관심을 크게 기울여 태학 건물을 1,200간間이나 증축했고, 신라, 백제, 토번 등에서 유학 온 학생만 모두 8천여 명에 이르렀다고 한다. 조선의 교육 규모와 비교해봄 직하다.

성균관에는 양반사대부 자제들이 입학했다. 향교나 사부학당에서 공부한 뒤에 문과의 예비시험으로 소과라고 하는 생원·진사시에 응시했

고, 여기서 합격하게 되면 성균관에 입학하여 공부한 다음에 대과라고 하는 문과시험을 보게 되어 있었다. 따라서 생원진사시에 합격한 사람들이 정규학생으로 선발되어 상재생上齋生이 되었다. 이밖에 사부학당 학생이나 공신 자제, 관리 등에서 일부를 선발했으니, 이들은 일종의 보결생으로서 하재생 또는 기재생寄齋生이라 불렸다.

수업은 질의응답식으로 진행했다. 성균관의 제반 사항이 기록되어 있는 『태학지』에 학생의 일과가 자세히 설명되어 있지만, 여기서는 간단히 조명정이 영조에게 답변한 공부 모습을 보겠다.

대사성大司成, 성균관장이 명륜당에 나아가 가운데 자리에 앉으면, 장의掌議, 학생회장가 색장色掌, 학생임원들과 기숙사 학생들을 거느리고 앞으로 나아가 한 번 절하고 좌우로 나뉘어 서로 읍을 한 뒤에 차례대로 앉으며, 책상을 앞에다 놓습니다. 유생 두 사람을 '직일直日, 당번'로 삼아서 붓을 잡고 책상의 동서에 각각 앉도록 하고서 강의 내용을 기록하게 합니다. 학생 한 명이 책상 앞에 나아가 앉으면 대사성이 문장을 읽어나가게 하고, 그 뜻을 물으면 좌중의 학생들이 자신의 생각으로 응답합니다. 학생들이 간혹 먼저 문장 뜻을 질문하면 대사성이 답하는데, 학생들도 서로 묻고 답합니다. 다른 학생 한 명이 이처럼 앞에 나아가 강독하는데, 이렇게 차례차례 돌아가면서 진행합니다. _영조실록 37년(1761) 1월 10일

약방의 서쪽 창 밖에는 일과 시간을 알리는 북이 달려 있었다.그림 4 날이 밝기 전에 한 번 울리면 유생이 기상하고, 두 번 울리면 의관을 정제하고 앉아 글을 읽고, 세 번 울리면 동재의 동쪽에 있는 식당에 가서

그림 4 약방에 달린 북(1930)

식사를 하였다. 조선 정조 때의 문신인 윤기1741~1826가 성균관에 20년 가까이 머물면서 220수에 이르는 '반중잡영泮中雜詠'이란 장편시를 지었는데, 그 시에서 보면 이 무렵에 밥, 국, 장, 김치, 나물, 젓갈, 자반, 생채의 여덟 가지 음식이 제공되었음을 알 수 있다. 국기일에는 생선 대신 두부, 젓갈 대신 미역이 나왔다. 점심은 낮이 긴 봄에서 가을 사이에만 제공되었다. 북소리에 맞추어 수업을 시작했다.

학생들이 앉는 순서는 시대에 따라 기준이 달랐다. 대사성의 결정에 따라 변한 것이다.

특진관 이인환이 바야흐로 대사성이 되어 태학太學, 성균관에서 나이 순서대로 앉는 제도를 회복하길 청하니 그대로 따랐다. 이보다 앞서 태학에서는 합격한 차례대로 앉았었다. 현종 때에 민정중이 대사성이 되어 이

이의 의견을 따라서 나이 순서로 앉게 정했는데, 그 뒤 이원정이 대사성이 되자 다시 합격한 차례대로 앉게 하여 지금까지 적용하다가, 이때에 이르러 처음으로 옛날 규정을 회복하였다. _숙종실록 23년(1697) 4월 25일

시대에 따라 경서 공부를 중시하느냐 문장 짓기를 중시하느냐가 달라지기는 했지만, 사서오경은 공부의 핵심이었다. 대학을 공부하면 논어를 배우고, 그다음에 맹자를 배우는 식으로 공부해나갔다. 그러기에 학생들을 유학을 공부하는 학생, 즉 유생儒生이라 불렀다. 때때로 시험을 치러 그 성적에 따라 과거에 응시할 수 있는 자격을 주거나 과거시험 성적에 참작하였다. 성적 우수자는 곧바로 관리에 임용하기도 했다. 졸업은 따로 없었고 문과 급제가 바로 졸업이었다. 학생 가운데는 백발이 되도록 과거에 급제하지 못하여 40세가 넘은 자 가운데서 일부를 구제하자는 논의도 있었다.

이들은 기숙사에서 생활했고 일체 경비는 국가에서 제공했다. 명륜당 마당 좌우에 있는 동재와 서재는 명륜당을 바로 바라보지 못하게 각각 동향과 서향을 하고 있다. 윤기가 지은 시에 따르면 정조 때에 방이 모두 28개였다.

명륜당 아래 동재와 서재
28방의 창이 마주보고 늘어섰네
진사와 생원은 상사上舍, 상재에 거처하고
하재에는 20명이 서로 함께 하네

동재의 첫번째 방은 병을 치료하는 약방이고, 그다음에 학생회의를 열던 방, 그다음이 학생회장 홀로 사용하던 장의방이 있었고, 그 뒤로는 상재생, 하재생이 기숙했는데, 두 평 남짓한 방 하나에는 네 명 정도가 생활했고, 고향이나 당파가 같은 사람들끼리 동거했다. 각 방에는 잔심부름하던 노비 소생의 소년이 있었으니 이를 재지기齋直라 한다. 조선후기 문인인 이옥1760~1815이 회고하던 양운득도 그런 아이였다.

내가 임자년1792 봄 성균관에서 공부할 때에 매번 기숙사에 가서 유숙하였다. 양운득이라는 아이가 있어 당시 나이가 겨우 열두 살이었는데, 성품은 매우 총명하고 체구는 작았지만 예쁘장하게 잘생겨 사랑할 만했다. 동재 세 번째 방의 재지기로 있으면서 내게 와서 일을 도와주어 그를 매우 사랑했다. 내가 이미 양운득을 사랑하니 같이 있는 사람들도 모두 사랑했고, 양운득 또한 나를 뒷바라지하며 차마 가지 못하여, 먹을 때는 반드시 내 남긴 밥을 먹었고, 잘 때는 나의 발꿈치에서 잠들었다. 무릇 내가 성균관에 있을 때 양운득이 내 곁에 있지 않은 적이 없었다. _『완역 이옥전집』 2, 85쪽

윤기의 시에는 "동재와 서재의 재임齋任, 학생 임원은 서로 통하지 않아, 노론은 서재를 주관하고 소론은 동재를 주관한다"고 하였다. 시험에 합격하여 새로 들어오면 안면이 있는 사람의 방을 선택하여 기거하였고, 음식을 접대하는 신고식인 신방례新榜禮를 치렀다. 마지막 방인 하재에는 동서재 두 방에 각각 하재생 10명씩 기거했다. 하지만 학교 시설이 열악하여 능력이 있는 사람은 부근의 반촌이나 성균관 부속 건물에서

묵었다. 조선초기에도 그러했다.

이에 앞서 서울의 세력 있는 집 자제들은 다행히 생원시에 합격하면 성균관에 있은 지 얼마 안 되어 그 거처와 음식이 제 뜻에 맞지 않는 것을 꺼려서 모두 아버지나 형의 음덕으로 벼슬하고자 하였고, 지방 출신자 정도나 모여들기도 하고 흩어지기도 하였다. 간혹 학문에 뜻을 둔 선비는 모두 구석진 시골의 한미한 출신이라, 항상 성균관에 거처하여 왕왕 풍습병을 얻으므로 많은 사람들이 이를 싫어하였다. 성균관 거처자는 늘 3, 40명이 안 되었다. _태종실록 17년(1417) 윤5월 14일

이 때문에 태종이 온돌방을 만들고 의원을 보내서 병자를 치료하게 하였다. 지금 기숙사에는 온돌이 모두 있으니, 온돌을 들인 것은 이때에 비롯되었다. 이보다 4년 뒤에도 학생들이 공부하느라 운동을 제대로 하지 못해서 혈액 순환 장애로 부종병이 생기자 의원을 상주시키는 조치를 다시 내렸다.

참찬 변계량과 예조판서 이지강 등이 "성균관 학생들이 붓는 병으로 누차 죽어서 신들이 그 까닭을 물으니, 모두 '생원들이 원점 300개를 채우려 하는데다가 강독 시험 방법이 한자리에 오래 앉아서 글 읽기만 힘쓰게 하므로, 정신이 피로하고 기운이 상해서 병이 깊어 죽음에 이르는 것을 알지 못합니다'고 답했습니다. 신들이 생각해보니, 원점 제도와 강독 시험의 두 가지 일은 국가에서 열심히 배워서 인재가 되도록 힘쓰는 것이니 이를 개혁할 수는 없습니다. 의원 두 명을 두어 서로 번

갈아가면서 조석으로 같이 있게 하여 치료하면 붓는 사람이 없게 될 것입니다"고 아뢰니, 임금이 그대로 따랐다. _세종실록 3년(1421) 8월 24일

운영 경비는 성균관에 딸린 노비가 의무적으로 바치는 물품身貢과 토지에서 나는 소출로 마련하였고, 공자 제사 등에 드는 경비는 국가에서 별도로 지급했다. 하지만 경비 마련이 쉽지 않아서 심지어 식량을 직접 가져와서 공부하는 경우도 있었다.

성균관 노비의 기원은 고려 때에 안향이 바친 개인 재산에서 유래하였다.

우리 외가 안씨는 문성공文成公, 안향의 후손이다. 거란의 난리 뒤로 학교가 폐허로 되고 가르침은 땅에 떨어졌는데, 문성공이 학교를 수리하고 녹봉과 노비 100여 명을 희사했으니, 지금 성균관에서 부리는 자는 모두 문성공의 노비들이다. 공은 이 공로로 문묘에 배향되었다. _『용재총화』 권3

이밖에 종로의 시전市廛에서 고기와 채소 등을 거두어 유생을 먹이게 한 적도 있다.

옛날에 시전에 부세를 거두었던 것은 말업末業, 상공업을 억제하기 위한 것입니다. 국가에서 오직 성균관으로 하여금 약간의 고기와 채소를 거두어 유생을 먹이게 하였는데, 근래에 평시서平市署, 시장 감독관청의 건의로 일절 금지했습니다. _숙종실록 7년(1681) 6월 2일

이런 방식을 재개하자고 상소했지만 받아들여지지 않았다. 조정에서 양현고養賢庫, 성균관 재정 담당 관청를 설치하고 토지와 어장 등을 내려주었으니 백성의 부담을 더 지울 수 없다는 것이었다. 학생들에게는 특별식으로 귀한 쇠고기까지 제공되었으나, 이런 별식 제공은 점차 유명무실해졌다.

성균관에서 먹이는 유생이 과다하여 반찬을 대지 못했지만, 쇠고기를 먹이는 것은 그 유래가 이미 오래되었다. 이때 생원 정자견이 홀로 먹지 않자, 박훈과 윤자임 등이 금지된 고기를 학궁學宮, 성균관에서 쓸 수 없다고 주장하여 먹지 않기로 여론이 모아졌다. 그런데 학생들이 기숙사 안과 명륜당에서는 먹고 식당과 재회齋會, 학생회의하는 곳에서는 먹지 않으므로, 양식 있는 사람들이 상도를 벗어났다고 걱정했다. _중종실록 7년(1512) 10월 30일

조선에서는 소 잡는 것을 법으로 금지했으므로 쇠고기를 흔히 금육禁肉이라 부른다. 이런 금지된 고기를 성균관에서 먹어야 하는가 논란이 있었는데, 겉으로는 먹지 않으면서 몰래 먹는 이중적 태도를 사관이 비판한 것이다.

원래 성균관을 학궁이라 하였고 반궁이라고도 했다. 『주례』에 따르면 천자의 학교는 벽옹辟雍이라 하여 물이 학교 주위를 둥그렇게 에워싸고, 제후의 학교는 반궁이라 하여 물이 북쪽을 제외하고 나머지를 둘러싼다. 조선시대 성균관 그림을 보면 물이 3면을 에워싼 모습을 하고 있다. 이 물을 반수라 하고, 성균관 주변에 있던 마을을 반촌이라 했다.그림 5 대한

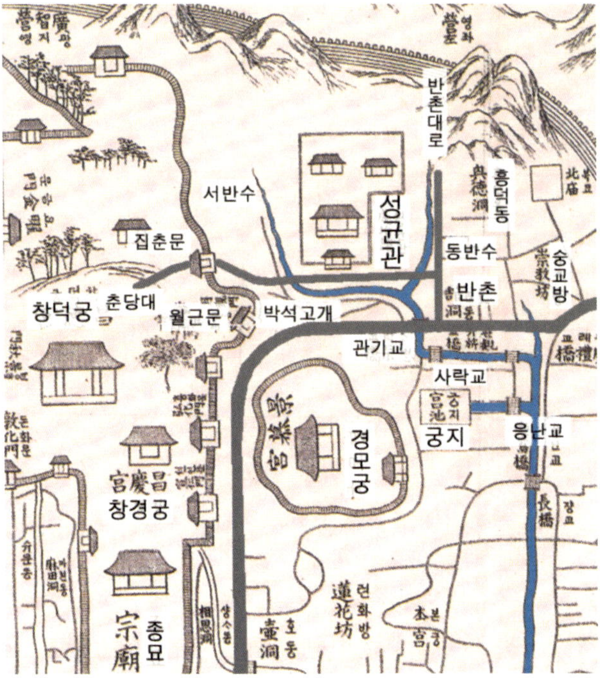

그림 5 성균관 밖의 반수와 반촌

제국 때에는 황제제도에 걸맞게 벽옹을 만들려 했으나 실현되지는 못했다.

반촌에는 반인들이 살았다. 일정 기간 돌아가면서 성균관 일에 동원되었고, 나머지 기간에는 생업에 종사했다. 일부는 성균관 제사에서 사용할 희생제물을 잡으면서 도살업에 종사하였다. 반촌인은 조선 개국으로 개성에서 이주해 와서 독특한 생활방식을 유지했다고 한다. 윤기의 시에 "반인은 원래 멀리 송도에서 왔는데, 여자의 곡은 노래 같고 남자 옷은 사치스럽다"고 읊었다. 이들은 의협심이 있어 죽음을 두려워하지 않고, 싸울 때는 칼로 가슴을 긋고 다리를 찌른다고도 하였다.

학생 출석은 식당 출입 기록으로 대신했다. 출석부인 도기到記에는 네모 칸 안에 차례로 사인하게 되어 있었다. 아침과 점심을 먹으면 원점 하나가 되었고, 300점이 되면 문과 초시에 응시할 자격을 주었다. 한 달에 30점을 얻는다고 치면 10개월을 꼬박 공부하면 되는 것이다. 이렇게 300점이 된 뒤에는 더는 따지지 않고 시험을 치를 수 있었다. 하지만 300점을 채우기 어렵게 되자 기준이 훨씬 낮아지기도 했다. 병자호란의 여파로 공부를 제대로 하지 못하여 150점을 기준으로 삼았는데, 인조 16년1638 3월에는 학생들이 먹고살기에 바빠서 과거시험이 얼마 남지 않았는데도 이 점수를 채워 응시할 수 있는 학생이 없다는 걱정도 나왔다.

출석에 부정이 끼지 않을 리가 없다. 성종 때에 대리출석에 대한 대책이 승정원에서 보고되었다.

게으른 무리가 성균관 기숙에 힘쓰지 않고 대부분 남의 손을 빌려 유생 명단에 서명합니다. 이 때문에 기숙하지 않아도 원점이 이미 300개에 차게 되니 아주 욕된 일입니다. 지금부터는 생원·진사가 조석으로 밥 먹을 때마다 성균관 관리 한 명과 양현고 관리가 직접 점검하여 도기에 써서 넣은 수와 대조하여 도장을 찍어서 봉해두는 것을 영구히 항식으로 삼도록 하소서. _성종실록 18년(1487) 12월 6일

학생들의 휴가는 세종 때에 비로소 생겨났다. 지금과 같은 정규 방학은 근대 교육이 시작되면서 생겼으니, 고종 23년1886 8월에 최초의 근대식 학교인 육영공원을 설립하고 섣달 25일부터 30일까지, 그리고 초복

에서 말복까지 무더운 때에 방학하도록 규칙을 마련하였다.

예조에서 "성균관의 생원과 학당의 생도들이 휴가가 없어서 어버이를 뵙지 못하고 옷을 세탁하지도 못합니다. 바라건대 옛 제도에 따라 매월 8일과 23일에 휴가를 주도록 하소서"라고 아뢰니, 그대로 따랐다. _세종실록 4년(1421) 10월 8일

성균관에는 학생자치 기구인 재회齋會가 있었다. 회장인 장의는 동·서재에서 각각 한 명씩 뽑았고, 상급생 대표인 상색장上色掌과 하급생 대표인 하색장下色掌은 동·서재에서 각각 두 명씩 뽑았다. 이들이 학생회 임원의 근간을 이룬다. 여기서 학생 처벌 등 자치적으로 내부 문제를 처리했지만, 때로는 시국에 관여했다. 학생들은 유소儒疏라고 하는 상소를 올렸고, 받아들여지지 않으면 식사를 거부하는 권당捲堂을 했고, 이마저 관철되지 않으면 성균관을 비우고 떠나는 공관空館을 했다. 학생들의 비판에 연산군은 성균관을 폐쇄하고 호랑이와 표범 우리로 삼은 적이 있었다.

성균관 학생들 사이에는 독특한 놀이도 있었다. 이보다 상세한 것은 원전인 『용재총화』에 나와 있다.

매년 겨울과 여름에는 성균관 유생들이 종이에 '궐闕, 대궐'자를 써붙이고 공자를 높여 왕으로 삼는다. 동학은 복성공復聖公, 안자의 나라로 삼고, 남학은 술성공述聖公, 자사의 나라로 삼고, 중학은 종성공宗聖公, 증자의 나라로 삼고, 서학은 아성공亞聖公, 맹자의 나라로 삼는다. 또 성균관 사람들을 여

러 벼슬에 임명한다. 이곳에 와서 제사를 돕는 사학의 유생들은 장난삼아 글을 지어 그 고하를 매기는데, 이를 천장급제天場及第라고 한다. 처음에 동재로 도성을 옮겼다가 나중에 서재로 옮긴다. 태종 때에 어느 내시가 급히 달려와 "성균관 유생들이 모반을 했습니다"고 아뢰니, 태종은 "유생들이 옛날부터 해오던 것이다"고 말했다. _『임하필기』 문헌지장편, 성균관희成均館戱

학생들은 항상 공부를 열심히 했던 것은 아니다. 박광영은 학생들이 신분에 어울리지 않게 행동한다고 중종에게 아뢰었다.

옛날에는 성균관에 거처하는 유생들이 항상 동재와 서재에 가득하여 글 읽는 소리가 그치지 않았습니다. 출입할 때는 모두 단령團領, 깃이 둥근 관복을 입고 가죽신을 신었습니다. 한 달에 휴가 때만 집에 다녀오고 성균관을 집으로 여겼으며, 첫 벼슬 이후에야 비로소 성균관을 떠났습니다. 지금의 유생들은 거관하더라도 항상 집에 드나들면서 흰옷에 짚신을 신으며, 책을 끼고 길에 다니는 사람이 하나도 없습니다. 이 한 가지만 보더라도 학교가 예전 같지 않다는 것을 알 수 있습니다. _중종실록 24년(1529) 5월 28일

학생들은 청금靑衿, 푸른 깃의 단령을 입고 복두를 썼다. 이리하여 유생을 청금이라 하고 유생 명부를 청금록이라 한다. 복장도 제대로 갖춰 입지 않고 책도 가까이하지 않는다고 보고한 것이다. 정조 14년1790 5월에는 학생들을 대거 징계한 일도 있다. 웃옷도 입지 않고 담배도 가로

물고 불손하게 군 학생을 감옥에 가두자 유생 수십 명이 감옥을 부수려 하면서 석방을 요구하며 난리를 쳤다. 이에 주동자는 영원히 과거를 보지 못하게 하고, 추종자들은 10년 동안 과거를 보지 못하게 징계했다.

성균관은 임진왜란 때에 불타버려 재건되었지만, 재정이 궁핍해지고 당쟁에 휩쓸리면서 점차 피폐해졌다. 전쟁을 겪은 뒤인 인조 때에는 성균관에 겨우 29명이 있었다.

사관을 보내어 성균관을 살펴보게 하니 성균관에 있는 유생이 겨우 29명이었다. 이어 전강殿講, 왕이 주재하던 강독시험하게 하여 으뜸을 차지한 자는 곧바로 회시에 응시하도록 하고, 나머지 11명은 급분給分, 점수과 상을 차등 있게 주었다. _인조실록 2년(1624) 7월 25일

이로부터 5년 뒤에는 성균관에 기숙하는 유생이 한 명도 없다고 보고되었다. 학생들이 공부하는 서적도 형편없었다. 대사성 민정중이 상소한 내용이다.

또한, 신이 듣기로는 학교에 서적을 하사하는 것은 과거에 으레 있었던 은사라 합니다. 지금 본관에 소장된 책이 2, 3백 권이 안 되어서 스승이나 생도나 열람할 것이 있으면 시중에서 빌려와야 합니다. 여기서도 조정이 학교를 존숭하지 않고 있는 면을 볼 수 있습니다. _현종개수실록 4년(1663) 8월 2일

성종 때에는 사서오경 각 100권, 제자백가 수만 권을 하사했고, 정조

그림 6 개성 성균관(2005. 9)

때에는 만 권의 책이 있다고 했지만, 현종 때에는 이렇게 부실했다. 조선의 성균관은 고려의 성균관을 계승한 것이다. 2005년에 개성을 방문했을 때 보니 고려 성균관그림 6은 박물관으로 이용하고 있었다. 이 성균관은 원래 다른 곳에 있다가 11세기에 이곳으로 옮겨온 것이다.

성균관의 역사는 멀리 고구려 때로 올라간다. 소수림왕 2년372에 태학을 설치한 것이 우리나라 최초의 국립 교육기관이 되었고, 신라에서는 이보다 310년이 흐른 뒤인 신문왕 2년682에 국학을 세웠고, 발해에서는 주자감을 세웠다. 고려시대에는 국자감이었다가 원나라의 간섭으로 성균감, 성균관으로 바뀌었다. 공민왕 때에 배원정책에 따라 일시 국자감으로 복구했으나, 곧 성균관으로 다시 바꾸어 조선시대로 이어졌다. 공민왕 때의 조치를 보면 원나라가 고려를 제후국으로 삼으면서 성균관으로 강등시킨 것을 복원한 것처럼 보이는데, 실은 당나라에서

그림 7 베트남 문묘(2003. 12)

도 국자감을 성균감으로 개칭한 적이 있는 것으로 보아 성균감 자체가 제후국의 제도는 아니었던 것 같다.

이렇게 우리나라 국립대학은 1600년이 넘는 장구한 역사를 지니고 있다. 한편 중국, 한국과 더불어 유교의 영향을 많이 받은 베트남에도 이런 교육기관이 운영되었으니, 하노이의 관광지로 잘 알려진 문묘가 그것이다.그림 7

일본은 고대에 다이가쿠료大學寮를 두어 교육한 적이 있고, 에도막부 5대 쇼군인 도쿠가와 츠나요시德川綱吉가 유학 진흥을 목적으로 1690년에 대성전을 세우고, 그 뒤에 바쿠후幕府의 직할학교를 개설했다. 그러나 메이지 유신 이후인 1871년에 폐쇄되었다. 1885년에 이곳을 방문했던 박대양은 당시의 모습을 이렇게 적었다.

공자 사당을 배알하러 갔다. 문 밖에 세운 비석에 '동경도서관'이라 써 놓았다. 문으로 들어가 정전正殿에 이르니 금으로 '대성전'이라 쓴 현판이 있었다. 정전 문 밖에서 골목길을 통하여 옆문으로 들어가 본채에 이르니, 공자의 금상金像이 감실 가운데의 정면 벽에 단정하게 앉은 자세로 안치되어 있었고, 그 좌우에는 안자·증자·자사·맹자의 네 분 금상이 있는데, 모두 온몸에 먼지를 뒤집어쓰고 있어 일찍이 물 뿌리고 청소한 흔적이 없었다.

이 나라에서도 일찍이 공자와 맹자의 학문을 존숭하여, 상을 봉안하여 경의를 표하며 경전과 해석서를 강습했었다. 개화 이후로 경전과 역사서는 모두 폐지하여 곁채의 옆방으로 치워버리고, 중앙 건물 좌우의 서가에 가득한 책들은 다 서양 글뿐이었다. _『동사만록』 1885. 1. 19.

중국과 조선은 대성전 안에 위패를 모신 반면에 베트남과 일본에서는 인물상을 모셔놓았다. 더구나 일본에서는 그들이 좋아하는 금칠을 해놓았다. 유시마 세이도湯島聖堂라 불리는 이 유적은 일본 학교 교육의 발상지로서 도쿄에서 합격 기원 참배객이 끊이지 않는 곳이 되어 있다.

향교와 서원

학교는 백성을 교화하는 장소로서 인륜을 밝히고 인재를 양성하는 곳이었다. 그러기에 서울뿐 아니라 전국에 걸쳐 학교를 설치했다. 세종은 즉위하자마자 국정 현안에 대해서 전국의 신하들에게 유시하면서 학교 진흥을 그 하나로 들었다.

학교는 풍속 교화의 근원이니, 안으로는 성균관과 오부학당을 설치하고 밖으로는 향교를 설치하여 가르치는 데 지극정성으로 힘을 쏟아왔다. 그런데도 성균관에서 공부하는 자가 오히려 정원에 차지 않으니 가르치는 방법에 미진한 점이 있는 것인가, 사람들이 나아가고자 하는 곳이 다른 데 있기 때문인가? 이를 북돋울 수 있는 방안을 의정부와 육조에서 마련하여 아뢸 것이다. 또 향교의 생도는 비록 학문에 뜻을 두고 있더라도, 풍흉을 조사하여 기록하게 하거나 손님을 접대하게 하는 등의 일을 그곳 수령이 아무 때나 시켜서 학업을 하지 못하게 하니, 지금부터는 일절 금지하라. _세종실록 즉위년(1418) 11월 3일

서울에는 성균관과 더불어 학당이 있었고, 지방에는 향교가 있었다.

이렇게 지방에까지 교육기관을 설치한 것은 『예기』의 이념을 따른 것이다. 다음은 이를 인용한 성종 때의 상소문이다.

신들이 가만히 듣건대, 옛날에는 교육기관으로 집에는 숙塾이 있고, 당黨에는 상庠이 있고, 국國에는 학學이 있었다고 합니다. 그러므로 마을 사람은 숙에서 배우고, 고을 사람은 서序에서 배우고, 서울 사람은 학에 입학하였으니, 가는 곳마다 가르치지 않는 곳이 없었고 사람마다 배우지 않는 이가 없었습니다. 이리하여 하은주 삼대에는 정치가 융성하고 풍속이 아름다워졌으니, 후세에서 능히 미칠 수 없었던 것입니다. _성종실록 8년(1477) 8월 20일

『예기』에는 "집에는 숙, 당에는 상, 주州에는 서, 국에는 학"이 있었다고 하는데, 주나라 제도에 따르면 500집이 모여서 당이 되고, 2,500집이 모여서 주가 된다고 한다. 국은 천자가 사는 서울을 가리키니, 신라 때에 설치한 교육기관인 국학이란 말은 여기서 유래했다.

서울에는 성균관 외에 고려와 조선에서 학당을 추가로 설치했는데, 이것은 우리나라에서만 보이는 독특한 현상이다. 강화도에 피난하던 고려 원종 2년1261에 동서학당을 처음 설치했고, 고려 멸망 직전에 유학 교육을 활성화하기 위해서 오부학당으로 확대되었다. 조선초기에도 한성 5부에 각각 하나씩 두려고 했지만, 학생이 없던 북부학당은 결국 폐지되어 사부학당, 즉 사학四學으로 남았다.

서울의 사학과 지방의 향교는 중등학교의 성격을 띠고 있었지만, 어디까지나 사학이 우대를 받았다. 사학은 성균관에 부속된 예비학교로

성균관의 감독 아래 있었다. 흔히 둘을 합쳐서 관학館學이라 부른다. 사학에는 향교와 달리 공자 사당을 따로 설치하지 않고 성균관 문묘를 이용했다. 그러기에 사학은 성균관과 관계가 밀접했고 성균관 입학에도 큰 혜택을 누렸다. 사학 유생은 성균관의 상소에 동참하기도 했다. 다음은 인조 때에 최명길이 징계 학생을 구제해달라고 건의한 말이다.

성균관과 학당 유생이 상소를 올린 뒤로 소동이 크게 일어나고 있습니다. 동부학당에서 상소에 참여했다가 정거停擧, 과거 응시자격 박탈된 자가 6명인데, 동참한 50여 명은 모두 원점을 받지 않고 있습니다. 성균관은 재임齋任, 학생회 임원 6명과 상소에 동참한 자 3명이 잇따라 정거를 당하자, 유생들이 이 때문에 불안하게 생각하여 점점 서로 이끌고 나가버려 몇 명의 재임만이 머물러 있을 뿐입니다. 이리하여 다시 원점을 받을 자가 없어서 며칠째 식당이 텅 비어 있습니다. 곧 치를 큰 과거시험이 모양새를 이루지 못하게 되니, 매우 불행한 일입니다. _인조실록 13년(1635) 5월 29일

운영 방식도 성균관과 유사하였다. 도기라는 출석부 제도는 초기에 운영되다가 나중에는 유명무실해진 것 같다.

성운이 아뢰었다. "국가에서 사학에 원점제도를 두어 권장해도 오히려 학교에 거처하는 유생이 없습니다. 비록 거처하는 자도 단지 원점을 따기 위한 것일 뿐이지 전혀 글을 읽지 않아 학업에 효험이 없습니다. …"

_중종실록 20년(1525) 10월 21일

중종이 다음날 관리를 보내서 출석부를 점검했는데, 실제로 출석이 매우 저조하였다.

사관과 내시를 성균관과 사학에 나누어 보내 도기와 시도기時到記를 봉해 왔다. 성균관은 생원 27명, 기재생 78명이고, 남학은 7명, 서학은 10명, 중학은 8명이었으며, 동학은 한 명도 없었다. _중종실록 20년(1525) 10월 22일

도기는 이전 출석부이고, 시도기는 당시의 출석부이다. 사학 정원이 400명인데 겨우 25명만 출석을 제대로 하고 있었다. 영조 때에는 이 제도마저 운영되지 않았다.

고관考官, 고시관 김재로가 말했다. "사학은 태학과 달라서 식당의 도기제도가 없기 때문에, 서울의 부귀한 자제들이 입학을 꾀한 다음 시골 유생에게 대신 식사하게 합니다. 그리고 전강殿講, 왕이 주재하는 강독시험을 실시하게 되면 자기 이름으로 응시하고 있으니 선비로서의 풍습이 아름답지 못합니다. 이제부터 서울과 지방을 막론하고 현재 학당에 거처하는 사람이 전강에 응시하게 하고, 때에 닥쳐서 이름을 바꾸는 일이 없도록 하는 것이 마땅하겠습니다." 이에 임금이 그대로 따랐다. _영조실록 12년(1736) 9월 3일

사부학당의 정원은 각각 100명이었다. 이들에게는 하루에 한 되의 쌀을 제공했지만 때로는 이를 줄여 지급하여 문제가 되었다. 성균관 대사성을 겸한 정인지가 문종에게 아뢴 말이다.

옛날부터 5부학당의 생도에게 한 사람당 쌀 한 되가 제공되어 집에서 먹지 않고서도 유숙하면서 독서하는 자가 아주 많았습니다. 그런데 근래에 한 되의 쌀을 줄여서 주니, 먼 곳에서 와서 배우는 사람 가운데 혹 먹기가 어려워 고향으로 돌아가는 일이 있습니다. 5부에서 항상 공급하는 수량을 계산해보면 하루 한 되를 준다 해도 한 해에 겨우 1천여 석이 될 뿐입니다. 청컨대 옛날대로 제공하게 하소서. _문종실록 1년(1451) 7월 28일

이 건의가 받아들여져 삭감하지 않았지만 중종 11년1516에 또 반으로 줄였다가 역시 건의를 받고 환원된 적이 있다.

사학의 학생은 서울 출신이 대부분이지만, 서울로 제한한 것은 아니고 지방 학생도 입학할 수 있었다. 입학 연령은 10세였으나 문종 때에는 8세 이상으로 하였다. 이들은 성균관에 입학하거나 생원·진사시에 합격하는 것이 목표였다. 15세가 되면 승보시란 시험을 거쳐서 성균관에 진학할 수 있었다. 국왕이 성균관 문묘에 참배하고 치르는 알성시에 성균관 학생과 함께 참여할 수 있었으므로, 진학에서 향교보다는 훨씬 유리한 상황에 있었다. 성균관에서는 사서오경을 주로 교육하였던 반면에 학당에서는 이보다 기초인 『소학』부터 배웠다.

사학은 임진왜란을 겪은 뒤로 점차 쇠퇴해갔다. 예조판서 이정귀가 광해군에게 경연에서 아뢴 말에서 그 일단을 엿볼 수 있다.

우리나라도 평상시에는 사학을 설치했습니다. 그러나 전쟁 뒤로 모든 일을 새로 시작하면서 중부학당과 서부학당 두 곳만 설치했고 동부학당과 남부학당은 아직 설치할 겨를이 없었으니, 조상 대대로 내려오던

그림 1 나주향교(2003. 4)

사학 제도가 하루아침에 폐지되어 정말 마음이 편치 못합니다. 전국의 선비 자제들이 학교에 들어가 수업을 받고 싶어도 갈 곳이 없으니, 점차 다시 설치하는 것이 마땅합니다. _광해군일기 2년(1610) 7월 25일

서울의 사학에 비길 수 있는 것이 지방의 향교다. 지방을 다니다 보면 교동이나 명륜동이란 지명이 많은데, 이것은 향교가 있는 동네를 의미한다. 그 주변을 둘러보면 향교를 찾을 수 있을 것이다. 향교의 건물 배치는 성균관과 같다. 대성전은 납작한 벽돌인 전돌을 깔고, 명륜당은 가운데 대청과 좌우의 온돌방으로 되어 있고, 기숙사는 대체로 온돌방으로 되어 있다. 지형에 따라 공간 배치가 달라지는데, 평지일 경우에 대성전은 앞에 있고, 구릉일 경우에는 뒤에 있다. 선현의 위패를 모신 대성전이 공부하는 공간보다 높은 곳에 있도록 배려한 것이다. 나주향교그림 1는 평지에 세운 것으로 전묘후학前廟後學의 사례에 해당하고, 강릉

그림 2 강릉향교

향교그림 2는 구릉에 세운 것으로 전학후묘前學後廟의 사례에 해당한다. 하지만 서원에서는 향교와 달리 평지에서건 구릉에서건 가장 안쪽에 사당을 둔다. 사당은 따로 담장을 둘러 출입을 제한하였다. 서원은 선비정신에 따라 화려하지 않게 건물을 짓되, 사당에만 단청을 입혔다.

지방에 학교를 설치한 것은 고려 때에 시작되었지만, 조선시대에 중앙행정력이 지방에 깊숙이 미치면서 활성화되었다. 향교에는 성균관과 마찬가지로 토지와 노비가 제공되었고, 수령이 운영의 책임을 맡았다. 학생은 양반뿐 아니라 평민도 있었는데, 『경국대전』에 따르면 부·대도호부·목에는 90명, 도호부에는 70명, 군에는 50명, 현에는 30명이 정원이었다. 이 정원은 국역에서 제외되는 인원으로 16세 이상만 대상으로 한 것이고, 16세 미만의 동몽童蒙은 정원과 관계없이 입학할 수 있었다. 향교도 사학과 함께 병란을 겪은 뒤로 그 기능이 쇠퇴해갔고, 그 자리를 사립학교인 서원이 차지하게 된다. 그런 퇴락상은 광해군 때에 강원도관찰사 박정현이 전한다.

각 고을의 훈도訓導는 대부분 용렬하고 글자도 모르는 사람들로 구차하게 충당하여 생계의 터전으로 삼게 하고 있는데, 가르치는 효과는 조금도 없이 한갓 국가의 곡식만 낭비하고 있습니다. 강릉·원주·춘천 등 고을의 교수와 훈도를 제외하고 나머지 각 고을의 훈도들은 한 해 동안 쉬게 하여 비용을 축내는 폐단을 제거하소서. _광해군일기 8년(1616) 11월 21일

향교의 선생에는 교수종6품와 훈도종9품가 있었다. 이들이 무식하여 녹봉만 타먹으면서 학생들을 제대로 가르치지 못한다는 것이다. 조선에서는 '군사부일체'라고 하여 스승을 임금, 아버지와 동격으로 여겼다. 이런 명분과는 달리 선생은 한직으로 꺼리는 자리였다. 얼마 전까지만 해도 학교 선생은 비록 월급은 적어도 존경을 받았다. 아마 군사부일체 관념의 유산일 것이다. 그러나 이제는 학부모가 선생을 구타하는 등 교권을 침해하는 사건이 종종 발생한다. 일개 직업인에 불과한 지위로 떨어져버린 것이다. 1980년대 이후 스스로 노동자로 자처해온 것도 한 원인인 것 같다.

실학자 유수원1694~1755도 향교의 쇠퇴를 이렇게 전했다.

서울의 태학은 다만 시골에서 경서를 조금 공부한 사람 약간을 모아놓고 밥이나 먹여주고 있으며, 지방에서는 그나마 몇 공기의 밥마저 먹여주지도 않고 향교 학생 한 명으로 하여금 성스러운 사당을 지키게 할 뿐이다. 이른바 양반 유생은 재임齋任, 학교 임원이 되어 매월 1일과 15일에

분향이나 하고 춘추로 제사나 지낼 따름이다. _『우서』 논학교論學校

공교육이 쇠퇴하면서 서원 중심의 사교육이 성장했다. 서원은 주세붕그림 3이 중국의 제도를 따라 처음 세웠으니, 풍기군수에 부임한 이듬해인 중종 37년1542에 세운 소수서원이 그것이다. 주세붕이 풍기군수로 부임할 때에 사관이 평한 말이다.

사신은 논한다. 풍기는 안향의 고향인데, 주세붕이 안향의 집터에 사당을 세워 봄과 가을에 제사하고 백운동서원이라 불렀다. 좌우에 학교를 세워 유생이 거처하는 곳으로 삼았다. 약간의 곡식을 저축하여 밑천은 간직하고 이자를 받아서, 고을 백성 가운데 우수한 자가 모여서 먹고 배우게 하였다. 애초 터를 닦을 때에 땅을 파다가 구리 그릇 300여 근을 얻어서 서울에서 책을 사다가 두었는데, 경서뿐 아니라 정주程朱, 송나라 유학자 정자와 주자의 서적도 없는 것이 없었으며, 공부 권하기를 게을리하지 않았다. _중종실록 36년(1541) 5월 22일

송나라 때 주자가 1180년에 백록동白鹿洞서원을 중건했는데, 백운동서원은 이를 모방한 것이다. 1550년에 풍기군수 이황이 조정에 현판을 내려달라고 요청하여 소수서원紹修書院이란 어필 현판그림 4과 함께 서적과 노비를 하사받았으니, 이것이 사액서원의 효시가 되었다. 서원은 원래 사설기관이지만 국가에서 이를 인정하고 공적으로 지원하게 된 것으로, 사액받지 못한 서원과 격을 달리했다. 처음에는 사당이 중심이었고 공부는 부차적이었는데, 이황이 사액서원으로 만들면서 공부도 중

그림 3 주세붕 초상

그림 4 강학당의 '백운동', '소수서원' 현판(2010. 3)

시되기 시작했다.

소수서원을 들어가다 보면 오른쪽에 보물로 지정된 숙수사지 당간지주가 서 있다. 당간지주는 절의 깃발을 세우는 받침대를 말한다. 숙수사는 통일신라 때에 세워진 절로 안향도 이 절에서 공부했다고 한다. 그 절터에 서원이 들어선 것이니, 유불 교체의 시대를 상징적으로 보여주는 것 같다. 오래전에 사진을 찍으러 서원 뒤쪽으로 올라갔더니 부서진 석실분이 드러나 있었다. 아마 고분이 있던 곳에 절이 들어서고, 그 자리에 다시 서원이 들어선 것일 터이니, 세월의 흐름을 읽을 수 있었다. 당간지주에서 조금 더 들어가면 개천가 바위에 '백운동白雲洞', '경敬'이란 글자가 새겨진 것을 볼 수 있다.그림 5 '경'은 심성을 수양하던 유학

그림 5 소수서원 입구의 글씨(2010. 3)

자의 경구이다.

서원은 사림이 주자학의 이념을 실현하기 위한 곳이지만, 붕당의 갈등이 심화하면서 자기 붕당의 정치적 입장을 강화하는 장소로 변질되었다. 사림은 신라의 최치원과 설총, 고려의 안향을 공통의 학맥으로 설정하고 있지만, 그 뒤로는 당파에 따라 숭상하는 인물이 달라졌다. 이에 따라 서인 계열에서는 이이, 김장생, 송시열 등을 배향했고, 남인 계열에서는 이황, 조식, 유성룡 등을 배향했다. 지역적으로도 달랐으니 이황은 경상도, 송시열은 충청도, 이이와 주자는 황해도에서 주로 모셨다. 여러 서원에서 중복되어 배향된 대표적인 인물로 이황, 송시열, 이이, 조광조 등을 들 수 있는데, 송시열을 배향한 곳은 전국 44개 소에 이르렀다고 한다.

서원은 조용한 곳에서 공부[그림 6]한다는 점에서 향교와 달랐으니, 퇴

그림 6 서원에서의 공부

계가 방백 심통원에게 보낸 편지에 잘 드러나 있다.

대체로 왕궁과 국도에서 지방의 군에 이르기까지 학교가 없는 곳이 없습니다. 그런데 서원에서 취하는 것은 무엇이며, 중국에서 저와 같이 숭상하는 것은 어째서입니까? 은거하면서 뜻을 구하는 선비나 도를 강하며 학업을 닦는 무리는, 대부분 세속의 시끄럽고 경쟁하는 것을 싫어하여 책을 안고 진 채 넓고 한가한 들판이나 조용한 물가로 달아나, 선왕의 도를 노래하고 조용히 천하의 의리를 살핌으로써 그 덕德을 기르고 그 인仁을 익힐 것을 생각합니다. 이것을 즐거움으로 여기기 때문에 서원에 즐겨 나아가는 것입니다. 국학과 향교가 조정과 시장 그리고 성곽의 안에 있어서 앞으로는 학교 규칙에 구애되고 뒤로는 잡된 것들이 침탈하는 것을 보게 되니, 그 효과를 어찌 함께 논할 수 있겠습니까?

그림 7 병산서원 누각(2008. 1)

이로 보건대, 선비가 배울 때만 서원에서 힘을 얻는 것이 아니라, 국가가 어진 이를 얻는 것도 반드시 이곳에서 말미암으니, 저곳보다 우월한 셈입니다. _『퇴계선생문집』 서書, 상심방백上沈方伯

지금 남아 있는 서원에 가보면 심신을 단련하기 좋은 조용한 산속이나 물가에 자리잡고 있다. 하회마을 부근에는 지금도 비포장 길로 가야 하는 병산서원이 있다. 과거에는 길이 좁아 버스가 가기 어려웠던 곳으로, 1990년에는 초입에서 버스가 빠져 답사를 망친 적이 있었다. 하지만 이곳 누각인 만대루그림 7에 올라 저녁 노을에 물든 강가를 한 번 바라보길 권한다.

시간이 흐르면서 향교는 천시하고 서원을 중시하는 경향이 크게 늘어났다. 효종 때에 충청감사 서필원이 서원의 네 가지 폐단 가운데 하나로 이렇게 지적했다.

향교와 서원은 경중에서 차이가 있습니다. 그런데 시골에 사는 선비들은 사족이라 부르면서 조금만 재주와 식견이 있으면 서원에 적을 두고 원유院儒라고 합니다. 이들은 향교를 마치 주막처럼 보고 향교생을 노예처럼 대우하고 옛 성인에게 제사지내는 곳을 잡초가 무성하게 하여 국가에서 문文을 숭상하는 뜻을 헛되게 하고 마니, 이것이 첫째 폐단입니다. _효종실록 8년(1657) 6월 21일

서원이 크게 늘어나 이제는 남설이 사회문제가 된 것이다. 선조 28년 1595 7월에 긴요하지 않은 서원을 혁파하라는 지시를 내렸는데, 이를 두고 사관이 적은 것이다.

그 뒤에 곳곳에서 이를 본받아 "우리 고을에도 제사지낼 만한 현인이 있다"고 강변하면서 연달아 서원을 세우고 사당을 세웠다. 그러나 이때는 아직 폐단이 심하지 않았는데도 임금의 지시가 이와 같았던 것이다. 지금은 서원이 없는 고을이 없고, 제사를 받는 자도 하찮은 사람이 많다. _선조수정실록 28년(1595) 7월 1일

숙종 때에도 김만중이 서원 남설에 대해 이렇게 상소했다.

서원을 설치한 뜻이 아름답지 않은 것은 아니지만, 그 수가 너무 많으니, 한 읍에 7, 8군데에 이르고 한 도에 8, 90군데에 이릅니다. 서원의

성대함은 영남만한 곳이 없는데, 널리 토지를 점유하고 국역을 회피한 장정들을 많이 모아들였습니다. 매번 수령보다 센 권력을 휘두르며, 모여 놀면서 담소하되 서로 경박스런 논의만 합니다. 아랫사람들은 술과 음식을 먹고 마시는 것으로 일을 삼으니, 선비의 습속이 아름답지 못하여 진실로 우려됩니다. _숙종실록 7년(1681) 6월 2일

영조 때는 전국에 서원이 1천 개가 넘었다고 한다. 서원은 향전鄕戰의 무대가 되기도 했다. 향전이란 고을의 주도권을 둘러싸고 유력자 사이에 벌이는 싸움이니, 화담 서경덕을 배향한 개성의 화곡서원에서 벌어진 싸움이 그런 것이다.

이때에 송도의 화곡서원에서 위판位版, 신주을 훔쳐내 깨뜨리는 변이 발생하여 큰 옥사가 일어났다. 송도에는 이전부터 향전이 있었는데, 송도 사람 임부양의 아들 임주상이 유적儒籍, 유생 명단에 올라 있는데도 상중喪中에 아내를 얻자 진사 김영이 그의 이름을 유적에서 삭제했다. 그 뒤 성스러운 사당의 대문에 화재가 일어났고, 또 12년 뒤에는 누가 김영의 집 신주를 밤에 깨뜨렸다. 김영 등이 "신주를 깨뜨리고 사당에 불을 지른 것은 모두 임부양의 손에서 나온 것이다" 여기고, 도적을 물리친다면서 서로 모여 진정서를 올렸다. 유생 가운데 따르지 않은 조후빈 등 수십 명도 도적들이라 지목하여 유생 명단에서 삭제했다. 이렇게 엎치락뒤치락하면서 서로 싸우다가 모두 서울에 있는 감옥으로 끌려가게 되었다. _현종실록 1년(1660) 9월 2일

이 뒤의 전개 과정을 보면 이 사건은 송도 안에서만 벌어진 개인 싸움이 아니라 중앙의 조정대신과도 연계된 향권을 둘러싼 집단 싸움이었다. 이렇듯 서원은 당파 싸움의 본거지이기도 했으니, 성호 이익은 이렇게 지적했다.

우리나라에서는 이뿐만 아니다. 각기 색목色目, 당파을 정하여 나아가고 물러가는 데도 구별이 있으며, 자기 편을 모으고 다른 편을 공격하는 장소로 삼고 있다. 가장 아랫것들은 서원 명부에 이름을 올리고 부역을 회피하는 소굴로 삼아 학문 강론은 도외시하고 있으니, 그 폐단은 붓으로 일일이 열거할 수 없다. … 수십년 전에 조정에서 명령을 내려 한 사람을 위하여 서원을 중복으로 세우는 것을 금지했으나, 세력 있는 집은 금지하지 못했다. 또 금지령이 내린 뒤에도 함부로 세운 자는 훼철할 것을 명했으나 또한 훼철을 모면한 자가 아주 많았으니, 법질서가 문란한 것이 이와 같았다. _『성호사설』 인사문人事門, 서원書院

서원은 당쟁의 소굴이 되었고, 남설한 서원을 철폐하라고 명령을 내려도 제대로 실행되지 못했다. 영조 때에 서원을 금지하자 편법으로 영당을 지어 이마저 금지한 일도 있었다.

우부승지 김조택이 "서원의 폐해는 이루 말할 수가 없습니다. 서원 설립을 금지한 뒤에는 영당影堂, 영정 모시는 곳이란 것을 곳곳에서 새로 세우고 있어 폐해가 똑같으니, 청컨대 일절 금지하소서"라고 하자, 임금이 윤허하였다. _영조실록 2년(1726) 11월 10일

서원금지령을 내리면 편법으로 사우祠宇란 이름으로 세웠다. 사우는 제사를 지내는 사당의 기능만 있는 것이지만, 서원의 다른 이름에 불과하다. 매번 금지령이 내려졌으나 실효를 거두지 못하다가 결국은 고종 8년1871 3월에 이르러 된서리를 맞게 되었으니, 전국에 47개 서원만 남기고 모두 헐어버리라는 명령이 내려진 것이다. 이때 학문과 충절이 뛰어난 대표적인 인물로서 한 사람에 한 서원만 철폐 대상에서 제외했다. 이것이 그 유명한 서원철폐령이다.

사립학교는 조선시대에만 있었던 것이 아니고 고구려 때까지 올라간다. 중국 당나라 역사책에는 이런 내용이 전한다.

습속은 서적을 좋아한다. 가난하거나 천한 집까지도 거리마다 큰 집을 지어 경당扃堂이라 이름하고, 자제들이 결혼하기 전까지 밤낮으로 독서하고 활쏘기를 익히게 한다. _『구당서』 동이전 고려

이 문장을 보면 경당은 개인이 설치한 교육기관이다. 원문에는 형문衡門과 시양廝養이 경당을 지은 것처럼 되어 있다. 형문은 나무를 가로질러 문을 겨우 만든 누추한 집이고, 시양은 하인이나 마소를 먹이는 천인을 말한다. 이렇게 고대부터 신분 고하를 막론하고 인재 교육을 시켰다. 이런 모습은 조선시대에 설치된 초등교육 시설인 서당을 떠올리게 한다. 고려 때에도 민간에서 이와 비슷하게 교육을 했다.

백성들의 자제로 결혼하지 않은 자들이 무리지어 거처하며 스승에게서 경서를 배운다. 조금 장성해서는 벗을 택하여 각각 그 부류에 따라 절

에서 공부한다. 아래로 군졸과 어린아이들에 이르기까지 고을의 선생에게서 글을 배운다. _『고려도경』 동문同文, 유학

개성에는 12개의 사학이 운영되어 흔히 12공도라 불렀다. 국자감이 점차 귀족 중심으로 운영되자 여기에 들어가기 어려워진 중하급 관리나 향리 자제들이 주로 입학했다고 한다. 사학 가운데 최충984~1068의 문헌공도가 가장 이름을 날렸으니, 이들이 공부하는 모습은 이러했다.

현종 이후에 전란이 겨우 멎었으나 아직 교육에 힘을 쓸 겨를이 없었다. 이때 최충이 후진을 모아서 힘써 가르쳤으므로 학도들이 모여들어 거리와 골목에 차고 넘쳤다. 드디어 9개의 반齋으로 나누어 낙성, 대중, 성명, 경업, 조도, 솔성, 진덕, 대화, 대빙이라 명명했다. 이들을 시중 최공의 학도라고 불렀으니, 과거를 보려는 자제는 먼저 그의 학도에 들어가 배우게 마련이었다.

매년 여름에는 귀법사의 승방을 빌려서 여름공부를 했는데, 학도 가운데 과거에 급제하고 학력이 우수하면서도 아직 관직에 취임하지 않은 자를 선발하여 교도敎導로 삼아 9경經과 3사史, 사기·한서·후한서를 가르쳤다. 간혹 선배들이 들르게 되면 촛불에 금을 그어 시간을 정한 다음 시를 지어 성적 순서대로 방을 붙이고 호명하여 들어가게 한다. 안에는 작은 술자리를 차려 그 좌우에 미혼자와 기혼자가 정렬하여 술잔을 받들게 하였는데, 나아가고 물러감에 예절이 있었고 어른과 아이 사이에 질서가 있었다. 서로 시를 주고받으며 읊다가 날이 저물면 모두 낙생영洛生詠, 중국 낙양의 서생들이 즐기던 노래을 하면서 끝을 내니, 보는 사람들이 아름

그림 8 서당 글공부

답게 여기며 감탄을 마지않았다.

… 세상에서 12도라 하는데 최충의 학도가 가장 성대했다. 동방에서 학교가 일어난 것은 대체로 최충에서 시작되었으니, 당시에 그를 해동공자라 불렀다. _『고려사』 최충 전기

조선시대의 가장 기초적인 교육기관은 서당이다. 서당은 지방의 선비와 백성들이 중심이 되어 운영되는 교육기관으로서, 조선후기에 전국 곳곳으로 크게 확산되어 19세기 초에 1만 개 정도에 달했던 것으로 보인다. 또 1911년에는 전국의 서당이 1만 6,540개, 학생은 14만 1,604명이 되어, 근대 서양인의 견문 기록과 사진에 단골로 등장하는 대상이 되었다.그림 8

공자와 맹자는 학교를 세우고 인재를 양성하는 것을 중시했다. 조선 시대 수령이 해야 할 일곱 가지 중요한 임무 가운데도 학교 진흥이 들어가 있다. 여항 시인이었던 천수경?~1818이 학생들을 모아서 60전만 받고 저렴하게 가르쳤더니 300명이나 몰려들었다고 하니, 지금도 우리 사회에 교육열이 대단한 것은 이런 전통 때문이다. 지혜로운 백성을 디딤돌로 삼아 국가를 운영하려 한 것이다. 멀리 고구려 때부터의 교육이 그러했다.

공부와 독서

지금 국어사전에는 공부工夫라는 한자가 있지만, 과거에는 공부功夫라고도 썼다. 조선 명종 때 조언수1497~1574는 공부란 뜻을 이렇게 풀이했다.

명종 때 참찬 조언수가 특진관으로 경연에 들어갔다. 상이 "공부功夫라는 두 자의 뜻이 무엇인가?" 하니, 좌우 사람들이 아무도 대답하지 못했다. 조공이 앞으로 나아가 "공功은 여공女功이요, 부夫는 전부田夫입니다. 선비가 부지런히 배우는 것은 여자가 길쌈을 부지런히 하고 농부가 힘써 농사짓는 것과 같다는 말입니다"고 대답하니, 임금이 훌륭히 여겼다. _『죽창한화』

근대 서양인에게 조선은 신기한 나라였다. 한 러시아인은 "생활에는 느리고 무관심해 보이지만 책은 아주 열심히 읽었다", "아이들은 열심이었고 모두 놀랄 정도로 달필이었다. 다른 학문에도 한인들은 역시 많은 재능을 가지고 있었다"고 전했다. 그런가 하면 다른 서양인은 선비의 공부법을 이렇게 전했다.

그가 말하기를 선비들은 밤에 머리를 더는 가눌 수 없을 때까지 공부하면서, 방 천장 위의 기둥에 줄을 묶어 그 끝을 상투에 이어놓아, 머리가 옆으로 쓰러져도 줄이 상투를 당겨 머리가 다시 곧추세워지게 한다는 것이다. _제이콥 로버트 무스 책, 170쪽

이처럼 공부의 적은 잠이다. 아무리 노력해도 오지 않던 잠이 책만 들면 스르르 잠이 드는 경우가 있다. 필자가 학생일 때에는 잠 오지 않는 약을 먹으며 공부하는 친구들이 있었지만, 이제는 약보다는 대부분 커피에 의존한다. 2011년 11월 23일자 중앙일보에는 서울대생의 공부 비법 기사가 나왔다. 잡념이 들 때에 책상 앞에 붙인 포스트잇에 막대를 하나씩 그어나가기도 하고, 박카스에 레모나 2포로 만든 '붕붕 드링크'란 것을 제조해 마시기도 한다는 것이다.

필자가 대학생일 때인 1970년대 후반에 우리 학과에서 남원을 답사한 적이 있었다. 저녁에 친구들과 함께 거리를 둘러보았는데, 우리는 이를 '민정시찰'이라고 불렀다. 당시에는 대학생이 귀해서 지방에 답사만 가면 후한 대접을 받던 시절이었다. 그런데 우리 일행을 본 사람들이 킥킥대고 웃는 것이었다. 거의 모두 안경을 끼고 있었고, 이것이 당시로는 신기했던 모양이다. 세월이 흐른 지금은 대다수 학생이 안경을 끼고 있으니 신기할 것이 없게 되었다. 미국 대통령도 지적하는 교육열 때문에 지금 학생들은 더욱 시달리고 있다는 생각이 든다. 사교육을 없애려고 평준화 정책을 폈건만 그 시장은 더욱 커져만 가고 있다. 심지어 인도에도 우리나라의 학원이 진출했다는 신문기사를 보았다.

몇 년 전에 프랑스 방송과 신문에 한국 아이들의 공부 모습이 보도되

'입 다물고 공부만 해!'

프 언론 '한국의 교육' 보도…과외·학원 시달리는 아이들 담아

17살 나경이는 매일 밤 10시부터 11시까지 학교 독서실에 남아 숙제와 자습을 한다. 일주일에 네 차례 과외교습도 받는다. 과외교습을 받는 날 나경이의 귀가 시간은 새벽 1시다. 나경이의 동생인 10살 민영이는 오후 4시에 학교를 마친 뒤 엄마 손에 이끌려 4곳의 학원에 다닌다. 엄마는 민영이가 잠자리에 들 때 영어로 된 역사교육 시디(CD)를 틀어준다. "가끔 아이들이 정말 안됐다는 생각을 하지만 어쩔 수 없어요. 한국 엄마들은 아이들에게 하루 다섯 시간만 자야 좋은 대학에 간다고 말하는 것에 익숙합니다." 나경이와 민영이 엄마의 말이다.

이 장면은 프랑스 시각으로 지난 6일 저녁 8시35분 프랑스 국영방송 〈프랑스 2〉의 '특별취재, 한국: 학교에 시달리는 아이들'이라는 제목으로 전국에 방영됐다. 또 프랑스의 유력 주간지인 〈누벨 옵세르바퇴르〉도 지난 3일 이 방송 내용을 토대로 한 예고 기사를 '입 다물고 공부해!'라는 제목으로 생생하게 게재했다.(사진)

Travaille et tais-toi !

방송에는 먼저 전북 무주의 한 군사훈련소에서 열리는 주말캠프 장면이 나온다. '얼차려'를 받으면서 우는 아이들과 달래는 부모들의 모습이 교차하고, 해병대 출신의 교관이 차려를 시켜둔 아이들에게 "지진이 나도 하늘이 무너져도 절대 움직이지 않습니다"라고 명령하는 모습도 찍혀 있다. 한 아이는 '공부 열심히 안 해서 죄송하다'고 부모에게 쓴 편지를 다른 아이들 앞에서 읽으며 눈물을 흘린다.

아울러 나경이가 한 달에 한 번 만나는 친구들과 함께 노래방에서 즐거운 시간을 보내는 장면도 찍혀 있다. 나경이의 한 친구는 "저는 혼자 방에서 문을 닫고 종종 운다. 부모님께 보일 수는 없으니까"라고 말하며 눈물을 보였다. 〈프랑스 2〉 한국 특파원은 "그 울음은 그들 나이에 찾아오는 자연스러운 것이다. 미래에 대한 불안과 불확실. 그러나 그들에게 정말 선택이란 있는 걸까?"라고 되묻는다.

이에 더해 〈누벨 옵세르바퇴르〉는 "서울의 한 의료센터에서는 매월 우울증과 스트레스, 과로로 인한 폐해, 수면장애에 시달리는 1000여명의 아이들이 치료를 받는다. 한국 정부에 따르면, 2009년 한 해 동안 202명의 초·중·고 학생이 목숨을 끊었다"고 보도했다. 이 소식을 전해온 프랑스 리옹의 한국인 유학생 박연수씨는 "프랑스 방송이 한국 아이들의 삶을 그대로 보여준 것 같다"며 "프랑스에도 경쟁이 있고, 청년실업 스트레스가 있지만 좇아가지 못하는 아이를 '낙오자'나 '패배자'로 단정 짓기 전에 이 아이가 왜 '그 길을 좇아가지 못하는지'에 대한 고민을 먼저 한다"고 말했다.

이재훈 기자 nang@hani.co.kr

사진 박연수씨 제공

그림 1 공부 기사(한겨레)

었다. 신문 제목은 "입 다물고 공부만 해!"였다. 한겨레신문에 보도된 내용을 보면, "17살 나경이는 매일 밤 10시부터 11시까지 학교 독서실에 남아 숙제와 자습을 한다. 일주일에 네 차례 과외교습도 받는다.

과외교습을 받는 날 나경이의 귀가 시간은 새벽 1시다. 나경이의 동생인 10살 민영이는 오후 4시에 학교를 마친 뒤 엄마 손에 이끌려 4곳의 학원에 다닌다. 엄마는 민영이가 잠자리에 들 때 영어로 된 역사교육 시디를 틀어준다"고 하였다.그림 1 지금 우리 아이들의 자화상이다. 문제를 절감하면서도 아무도 손을 대지 못하고 있다.

크리스틴 라가르드 국제통화기금 총재가 2014년 한국을 방문했을 때에 "핀란드 학생들은 8시부터 3시까지 공부하고, 한국 학생들은 8시부터 11시까지 공부한다"는 말을 듣고 어떻게 3시간만 공부하고 성적이 좋냐고 반문하자, 오전 11시가 아니라 오후 11시라는 말을 듣고 깜

짝 놀랐다고 한다.

이보다 덜 하기는 했겠지만, 어느 시대건 공부는 쉬운 일이 아니었다. 영조는 세자에게 이렇게 물었다.

임금이 세자에게 "글을 읽는 것이 좋으냐 싫으냐?" 하니, 세자가 한참 있다가 "싫을 때가 많습니다"고 대답하자, 임금이 "동궁의 이 말은 진실한 것이니 내 마음이 기쁘다"고 말했다. 그리고 조변이 검은콩과 흰콩을 그릇에 두었던 고사를 따라서 하루 사이에 글을 읽는 것이 좋을 때에는 흰콩을 놓고 싫을 때는 검은콩을 놓은 뒤, 그 많고 적은 것을 가지고 선생에게 보이게 하라고 지시했다. _영조실록 20년(1744) 11월 4일

동궁은 아버지의 질문에 어찌 대답해야 할지 고민하다가 진심을 얘기했다. 지금 어른이 물어도 아이들이 이 질문에 진심을 얘기해야 할지 적당히 대답해야 할지 고민할 것이다. 영조는 진솔한 말을 듣고 조변의 고사에 따라 한 번 시험하여 선생에게 보이라고 했다. 여기서 조변趙抃이라 했지만, 사실은 송나라 사람 조개趙槩를 이른다. 그는 마음에서 우러나오는 선과 악 가운데 어느 쪽이 얼마나 많은지를 시험하기 위해서 선한 마음이 생기면 흰콩을 그릇에 넣고 악한 마음이 생기면 검은콩을 넣었다고 한다. 영조는 날마다 이렇게 하지 말고 간간이 해보라고도 했다. 하지만 그 결과가 어떠했는지는 모르겠다.

고려 때에는 학생들이 제대로 공부하지 못하면 군대에 보내는 조처를 했다. 그 가운데 한 사례이다.

(고종) 5년1218 7월에 재상들이 의논하여, 생도로서 벼슬아치 명단에 오르지 못한 자는 시 짓는 시험을 쳐서 80명을 뽑고, 여기에 합격하지 못한 자는 모두 군대에 나가게 하였다. _『고려사』 병제兵制

그림 2 임신서기석(2011. 10)

정종 8년1042에는 장년이 되어도 성과를 이루지 못한 학생들을 군대에 보내는 조치를 내렸다. 또 충렬왕 9년1283에는 윤수양이 "과거에 합격하지 못한 학생을 동정군에 충당시키자"고 했더니 학생들이 두려워서 나타나지 않았다. 이리하여 학생을 잡아서 군대에 보충하면 책임자를 엄하게 벌하겠다고 다시 공시했다고 한다. 지금 우리는 대학에 들어가도 군대는 갔다 와야 하지만, 베트남에서는 대학생이 되면 군대에 가지 않아도 된다. 호치민의 지시라고 한다. 고려 때도 이러했다.

공부는 혼자 하기가 어려우므로 친구와 다짐을 하기도 한다. 신라시대 임신서기석그림 2의 내용이 그런 경우이다. 임신년의 연대는 552년설부터 732년설까지 다양하다.

임신년 6월 16일 두 사람이 함께 맹서하여 쓴다. 하늘 앞에 맹서하노니, 지금부터 3년 이후까지 충성스런 길을 견지하고 과실이 없기를 맹서한다. 만약 이 일이 지켜지지 않으면 하늘로부터 큰 죄를 얻을 것임을 맹서한다. 만일 나라가 불안해지고 세상이 크게 어지러워지면 이를 실천에 옮길 것을 맹서한다. 또 따로 앞서 신미년 7월 22일에 크게 맹서하였다. 시경, 상서, 예기, 전傳을 차례로 습득하기를 맹서하되 3년으로 하였다.

이 비석은 길이가 30센티미터 정도로 작은데, 1934년경 경주시 석장사터 부근에서 발견되었다고 한다. 신미년에는 3년 동안 유교 경전을 공부하길 두 사람이 서로 다짐했고, 이듬해에는 국가에 대한 충성을 맹세했다. 이로 보아서 이들이 화랑이 아닐까 하는 생각이 든다.

이 맹세문이 절터 부근에서 발견되었듯이 조용한 곳을 찾아 공부하는 것은 예나 지금이나 마찬가지다. 대표적인 곳이 절이다. 다음은 화랑제도의 풍습이 아직도 남아 있던 고려 때의 모습이다.

나라 풍속에 어려서는 승려에게서 구두법을 배우게 되어 있었다. 그리고 면수面首란 자가 있어서 중이든 속인이든 모두 그를 받들어 선랑仙郎이라 불렀는데, 따르는 자가 천, 백을 헤아릴 정도로 무척 많았다. 그 풍속은 신라에서 비롯된 것이다.

민적은 10세 때에 절에 가서 글을 배웠는데, 천성이 총명하여 책을 보면 곧 그 뜻을 환히 알았다. 눈썹 언저리가 그림을 그린 듯하고 풍채가 뛰어났으므로, 보는 사람들이 모두 사랑하였다. 충렬왕이 소문을 듣고 불러보았는데, 궁중에서는 그를 국선國仙이라 불렀다. _『고려사』 민종유 전기

면수는 용모가 뛰어난 미소년으로 민적1269~1335이 그러했다는 것이

다. 그는 어려서 절에서 공부했다. 불교를 억눌렀던 조선에서도 절에서 공부하기는 마찬가지였다. 유생들이 왕릉을 지키던 절에 가서 소란을 피우자, 승정원이 이런 의견을 올렸다.

유생이 절에 올라가는 것을 금지하는 법이 『경국대전』에 실려 있지만, 조상 임금 때부터 유생이 절에 가서 독서하여 이 풍습이 오래되었습니다. 조정의 사대부로서 절에 가서 독서하지 않은 사람이 누가 있습니까? 봉선사와 봉은사는 이미 금지법이 있지만, 이 두 사찰에 대해서는 별다른 금지법이 없으므로 독서하는 자가 간혹 있습니다. 먼저 법을 만들고 나서 다시 그 절에 가는 자가 있으면 죄를 다스리는 것이 어떻겠습니까? _명종실록 4년(1549) 9월 8일

두 사찰이란 덕종의 능침사陵寢寺인 정인사와 태종의 능침사인 회암사를 이른다. 능침사란 왕릉을 돌보는 책임을 맡은 절이다. 여기에 나오는 봉선사는 세조의 능침사이고, 봉은사는 성종의 능침사이다. 이런 금지법에도 조선후기까지 자식을 공부시키려 절에 보냈고, 제대로 공부하지 않으면 매질하는 것은 흔한 일이었다.

광연이 절에 가서도 글 읽기를 게을리하므로 스승인 중이 종아리를 때리려 하자 즉시 도망쳐서 왔다. 나는 화가 나서 매를 때렸다. _『미암일기』 1576. 1. 20.

김홍도의 '서당'이란 그림에는 훈장 옆에 회초리가 하나 놓여 있고,

그림 3
서당에서 매 맞은 아이
(김홍도)

그림 4
조선시대 회초리
(2003. 10)

책상 앞에는 눈물을 훔치는 아이가 앉아 있다. 다른 아이들은 이를 바라보고 킥킥대고 있다. 분명히 매를 때린 뒤의 장면일 것이다.그림 3 국립중앙박물관 유물 가운데는 나무 회초리가 있다. 길이가 44센티미터 정도 되고, 4면에는 유교 경전의 문구가 새겨져 있다.그림 4 조선후기에 사용된 회초리의 실물 자료이다.

한석봉의 어머니가 아들을 때린 일화는 교과서에까지 실려 있었기에 우리 세대에게는 무척 익숙하다. 서당에 아이를 맡길 때도 회초리 한 묶음을 훈장에게 바쳤다고 한다. 선생은 아이가 잘되라고 일명 '사랑의

그림 5 분판

매'를 들었고, 그러기에 선생이 되는 것을 '교편을 잡는다'고 하였다. 편鞭은 채찍을 의미한다. 지도 편달鞭撻이란 말에도 이 글자가 들어 있으니, 채찍질하여 나를 바른길로 인도해달라는 뜻이다. 하지만 지금은 학교에서 아이를 때리는 것을 금하고 있다. 체벌을 바라보는 세상의 인식이 크게 달라진 것이다.

아버지가 자식을 데리고 절에 가서 함께 공부하기도 했다. 오희문의 아들이 그러했다.

또 윤함의 편지를 보니 성아聖兒를 데리고 절에 올라가서 글을 읽는데, 성아는 천자문을 다 읽고 지금은 조그만 판에 글씨를 쓴다고 한다. _『쇄미록』 1600. 12. 27.

분첩粉貼이나 분판粉板에 글씨를 연습했다. 분첩은 기름에 갠 분을 바른 종이를 병풍처럼 접은 것을 가리키고, 분판은 역시 기름에 갠 분을 바른 나무판을 가리킨다.그림 5 이것은 아주 좋은 경우일 것이고, 시골에서는 작은 나무판을 썼을 터이니, 성아가 사용한 것도 그럴 것이다. 우리 어렸을 때만 해도 신문지에 붓글씨를 연습했다. 또는 검은 판에 기름종이를 붙여서 떼었다 붙였다 하면서 글을 쓰기도 했다.

고대로 올라가면 목간으로 사용되는 작은 판에 글씨를 빼곡히 연습한 것들이 종종 발견된다. 일본에서도 그런 것이 많은데, 발해 사신이 일본에 도착하여 교역하는 것을 보고 '발해', '교역' 등의 글자를 연습한 것도 그런 것이다.그림 6 글쓰기가 지겨우면 귀 모양의 그림도 그렸다.

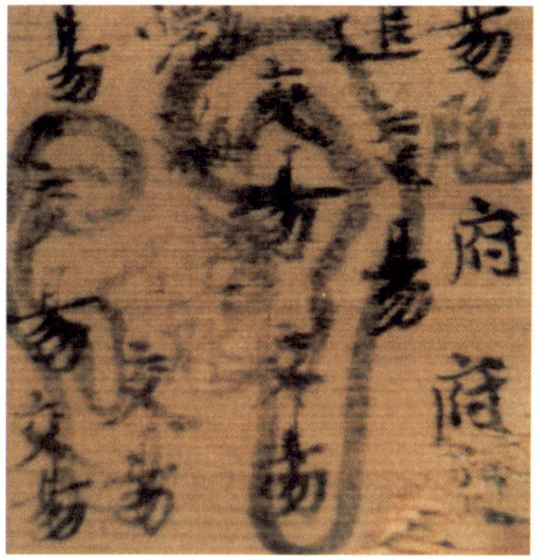

그림 6 글씨 연습 목간

잘 알다시피 『논어』 첫머리는 "학이시습지불역열호學而時習之不亦說乎" 즉 "배우고 때때로 익히면 또한 기쁘지 아니한가?"로 시작한다. 중국 고대에 선비는 모름지기 여섯 가지를 배워야 했다. 이름하여 육예六藝이니 '예악사어서수禮樂射御書數' 즉 예의, 음악, 활쏘기, 말타기, 글쓰기, 수학이다. 이처럼 당시에는 문인적 기질과 무인적 기질이 함께 요구되었다. 하지만 시간이 흐르면서 점차 문인적 소양을 강조했고, 임신서기석에서 보듯이 독서가 그 중심에 자리잡았다. 중국 당나라 시인 두보는 "남아수독오거서男兒須讀五車書"라고 읊었으니, "남자는 모름지기 다섯 수레 분량의 책을 읽어야 한다"는 말이다.

선생 앞에서 책을 읽을 때에 문장을 보면서 낭독하는 면강面講이 있었고, 아예 뒤로 앉아 암송하는 배강背講이 있었다. 이럴 때에는 유교 경전의 시작 부분을 적은 대쪽들을 넣은 경서통그림 7을 사용했다. 책 전체를 외우게 하려면 시간이 오래 걸리니, 경서통에서 대쪽을 뽑게 하여 해당 부분을 암송하게 한 것이다. 공부의 요체는 책을 암송하여 훗날 문장을

그림 7 경서통

쓸 때 이를 적절히 활용하는 것이다. 그런데 뒤로 돌아앉아 암송할 때에 편법이 없을 리 없었다.

공부한 경전이나 역사서를 배강할 때에 작은 글씨로 써서 몰래 본다면, 이보다 더 마음을 속이는 일이 있겠는가? 불량한 버릇이 드는 것을 막지 않을 수 없으니, 매를 때려 피가 흐르더라도 애석할 것이 없다. _『청장관전서』 사소절士小節, 교습敎習

유교 경전은 독서의 가장 중요한 대상이었다. 임신서기석의 독서 대상도 유교 경전이다. 일찍부터 유교 경전이 한반도에 들어온 것은 논어 목간이 속속 발굴되는 데서도 엿볼 수 있다. 평양의 낙랑 유적에서 출토되었고, 인천 계양산성과 김해 봉황동에서도 통일신라 때 것이 출토되었다. 유교 경전을 읽는 데도 순서가 있다.

먼저 『소학』을 읽고, 그 다음에 『대학』 『논어』 『맹자』 『중용』 『시경』 『예기』 『서경』 『역경』 『춘추』의 순서로 읽는다. 이 5서 5경을 돌아가며 숙독하여 조금이라도 빠뜨리거나 잊지 말아야 한다. _『증보산림경제』 가정家政 상

영조 때 박필주는 사서오경을 만 번이나 읽었다고 할 정도로 반복적인 독서가 요구되었다.그림 8

그림 8 초당에서의 독서(이명기)

우찬성 박필주가 사망했다. … 곤궁하게 살면서도 학문에 독실하여 사서오경을 만 번이나 읽었다. _영조실록 24년(1748) 윤7월 9일

"독서백편의자현讀書百遍義自見" 즉 "책을 백 번 읽으면 뜻이 자연히 드러난다"고 생각하여 이처럼 다독을 권장하였다. 그러나 책을 백 번이 아니라 한 번이라도 완독하기란 쉽지 않은 일이다.

경·사·자·집을 막론하고 첫권은 반드시 때 묻고 빛깔이 검어지며 심지어는 헐고 떨어져서 읽을 수가 없다. 그런데 다음 권부터 마지막 권까지는 비록 여러 해가 흘러도 씻은 듯이 말끔하다. 세상 선비들이 인내심이 적은 것을 내가 매번 탄식하니, 첫권을 읽을 때는 단단히 마음

을 먹었다가 오래지 않아서 게을러지고 싫증을 내서 이내 포기한다. 제 2권부터는 한 번도 눈으로 보거나 만지지도 않기 때문에 첫과 끝이 판연히 다른 물건이 된다. 그러므로 쥐오줌에 더럽히지 않으면 좀이 먹게 되니, 서적의 재앙이 심하다. _『청장관전서』 이목구심서耳目口心書 1

조선시대에는 유교 경전 다음으로 성리학의 책도 권했다.

『근사록』 『가례』 『심경心經』 『이정전서二程全書』 『주자대전』 『어류語類』 및 기타 성리학에 관한 책도 간간이 정독해야 한다. _『증보산림경제』 가정 상

이와 함께 중국의 뛰어난 문장을 수시로 읽고 암송하게 했다. 다만 문장과 이학理學 가운데 어느 쪽에 우선을 두는가를 두고 계속 논란이 일었다. 이학, 즉 성리학을 중시한 조광조 등은 문장을 짓길 거부해서 처벌을 받았다.

홍문관 부제학 조광조, 교리 김구, 부교리 정응은 모두 월과月課를 짓지 않았기 때문에 추궁을 당했다.

사신은 논한다. 조광조 등은 모두 월과를 짓지 않아서 추고를 당했다. 조광조는 본래 문장 짓기를 좋아하지 않았다. 김구와 정응은 모두 문장에 힘을 썼으나, 당시 사람들이 이학을 귀하게 여기고 문장을 천시했기 때문에 글짓기를 좋아하지 않았으며, 월과의 제술 같은 것도 염두에 두지 않았다. 심지어 후배들에게 대신 짓게 하여 추고를 당하기까지 했으니, 문학 하는 선배 선비들이 모두 병통으로 여겼다. _중종실록 13년(1518) 1월 23일

월과란 문신들이 매달 시문을 지어 바치는 것으로서 이들에게 부과된 숙제이다. 조광조 등은 성리학 공부를 주장하며 문장 숙제를 제출하지 않아 징계에 회부된 것이다. 하지만 철학에만 빠지게 되면 현실 판단이 흐려질 수밖에 없으니, 이학에만 흐른 나머지 '이학 선생'이란 말이 생겨났다. 박지원은 추생이란 사람의 말을 빌려 이렇게 비판했다.

요즈음 학자들은 학문이 하늘과 사람을 꿰뚫고 있지만 한 고을도 다스리지 못합니다. 그들의 이학은 솔개가 날고 물고기가 뛰는 현상을 살피면서도 한 가지 일도 판단하지 못합니다. 이런 학문을 하는 자를 '이학 선생'이라 합니다. _『열하일기』 황교문답黃敎問答

그밖에 이단서로 불리는 책은 읽지 못하게 했다.

이단서나 잡되거나 부정한 책들은 잠시라도 열어보아서는 안 된다. 비속하고 음란하고 요염한 노래, 그리고 『수호지』와 『금병매』 따위는 인심을 현혹할 뿐 아니라 풍속을 그르치니, 보게 되면 즉시 물이나 불에 던져버리고 처음부터 눈길을 줄 필요는 없다. 다만 『삼국지』를 한 번 읽는 것은 무방하다. _『증보산림경제』 가정 상

신선과 관련된 방서는 안 되지만, 병법서는 한 번 정도 읽는 것도 무방하다고 생각했다. 홍대용이 중국 북경에서 만난 선비와 나눈 대화이다.

엄생이 말하기를, "세상에 기문과 둔갑을 숭상하는 사람이 없지 않은데 형은 어떻다 생각하며 『태을방서太乙方書』는 진실로 취할 것이 있습니까?" 내가 말하기를 "동방은 서적이 귀하여 이런 방서를 널리 보지 못하였거니와 다만 고루한 소견을 일절 믿지 않고, 오직 『손오병법』은 유학자가 한번 보암직한 글이라 생각합니다." 엄생이 말하기를 "『손오병법』은 비록 싸움에 쓰지 않아도 좋은 말이 많으나, 이를 버리고 육임점치기과 둔갑을 좋아함은 또한 과도한 일입니다." _『을병연행록』 1766. 2. 12.

이덕무1741~1793의 공부 방법은 그의 학자로서의 풍모를 잘 말해준다. 박지원은 그의 행장에서 이렇게 적었다.

책 하나를 얻으면 반드시 읽으면서 뽑아 적었는데, 읽은 책이 수만 권을 거의 넘고 뽑아 적은 책도 거의 수백 권이었다. 길을 떠날 때도 반드시 책을 소매 속에 넣어 갔고, 심지어 붓과 벼루까지 가지고 다녔다. 여관에서 묵거나 배를 타고 가면서도 책을 덮은 적이 없었다. 만약 기이한 말이나 특이한 소문을 듣기라도 하면 곧바로 적었다. _『연암집』 공작관문고, 형암 행장炯菴行狀

책 한 권을 선생에게서 모두 배우면 책거리라는 것을 한다. 간단한 음식을 차려 먹으며 책 한 권을 끝낸 것을 서로 축하하는 것이다. 책씻이라고도 하는 이런 풍속은 과거부터 내려온 것이다.

왕이 "내가 요즘 새로 간행한 『춘추』를 읽어왔는데 오늘에야 겨우 끝냈다. 그런데 자궁慈宮, 어머니께서 내가 어렸을 때 책씻이【우리나라 풍속에 아이가 책을 다 떼면 그 부모가 음식을 차려 기쁨을 표시하는데 이것을 책씻이冊施時라고 한다.】하던 일을 생각하시고 음식을 마련해주셨기에 경들과 함께 맛보려고 한다"고 하교하니, 신하들이 머리를 조아리며 축하했다. _정조실록 23년(1799) 12월 8일

이때는 소찬을 마련했지만, 중종 말년에는 세자의 책씻이에 성대한 잔치를 베풀었다.

명정전 뜰에서 서연관書筵官, 왕자를 가르치던 관리에게 잔치를 베풀고, 잔치에 참여한 관원들에게 차등 있게 말을 하사하였다.

사신은 논한다. 세자가 『강목』을 다 읽었기 때문이다. 당시의 명사들이 세 줄로 벌여 앉고, 노랫소리와 북소리가 하늘을 찌르고, 궁궐 주방의 진귀한 음식이 뜰에 그득하게 쌓였으니, 진실로 태평시대의 흥성한 모습이다. 삼전三殿, 왕과 왕비, 세자이 후원에 행차하여 바라보았으므로, 임금과 신하가 서로 뜻을 얻은 즐거움이 진실로 천 년에 한 번 있을 일이다. _중종실록 39년(1544) 10월 15일

하지만 공부는 쉬운 일이 아니다. 책을 읽다 보면 자세가 흐트러지고 졸음이 쏟아지는 것은 당연지사이다. 그러기에 독서하는 태도를 훈계하는 글들도 많다. 박지원은 이렇게 적었다.

책을 대하면 하품을 하지 말고, 책을 대하면 기지개를 켜지 말고, 책을

대하면 침을 뱉지 말고, 만일 재채기나 기침이 나면 고개를 돌려 책을 피하라. 책장을 넘길 때 침을 바르지 말고, 표시할 때 손톱으로 하지 마라. … 책을 머리에 베지 말고, 책으로 그릇을 덮지 말고, 책을 뒤섞지 마라. 먼지를 털어내고 좀을 없애며, 날이 맑아지면 즉시 햇볕을 쬐라. 책을 빌려 읽을 때에 잘못된 글자가 있으면 교정하여 쪽지를 붙여주고, 찢어진 곳이 있으면 기워주며, 책을 맨 실이 끊어졌으면 다시 꿰어 돌려주어야 한다. _『연암집』 엄화계수일잡저罨畫溪蒐逸雜著, 원사原士

지금도 그런 모습이 가끔 보이지만, 옛날에는 대학생 하면 흔히 『뉴스위크』나 『타임』지를 옆에 끼고 다니며 티를 냈다. 캠퍼스에는 이런 잡지를 구독하라는 장사꾼이 돌아다녔다. 그런가 하면 원서라고 부르는 나무토막처럼 두꺼운 영어책을 들고 다니기도 했다. 조선시대에는 학생들이 책을 가지고 다니며 공부하길 바랐고, 그러지 않으면 벌을 주었다. 성종 때에 정서가 건의한 말이다.

근래에 유생들이 사치를 경쟁적으로 숭상하여, 살진 말을 타고 가벼운 옷을 입습니다. 그리고 책을 끼고 다니면서 글을 읽는 사람은 적으니, 청컨대 지금부터는 책을 끼고 다니지 않는 유생은 모두 상응하는 형벌을 받게 하소서. _성종실록 11년(1480) 1월 16일

이로부터 13년 뒤에 다시금 이 문제가 불거졌다.

이세좌가 또 "근래에 유생들이 책을 끼고 다니는 것을 수치로 여겨서

모두 소매 속에 넣고 다니고 있습니다. 책을 가지고 다니지 않는 자는 사헌부에서 잡아다가 매를 때리고 금하는 것이 어떻겠습니까?"고 아뢰니, 임금이 좌우에 물어보았다. … 이극균이 "책을 가지고 다니지 않는 유생들은 모두 잡아다가 성균관에 보내서 학령學令, 학칙으로 죄를 논하는 것이 좋겠습니다"고 하니, 임금이 "이 말이 타당하다"고 했다. _성종실록 24년(1493) 3월 27일

관리가 되어서도 공부를 해야 했다. 지금도 연수를 통해서 재교육을 하듯이, 당시에도 여러 방법을 동원하여 공부를 시켰다. 영의정 유순이 말한 대목이다.

문신에게 공부를 권하는 조목으로서 홍문관 월과月課가 있고, 춘추 과시課試가 있고, 사가독서賜暇讀書가 있고, 전경專經이 있으니, 이는 모두 법에 따라 시행되어온 것입니다. _중종실록 3년(1508) 2월 6일

홍문관 월과는 홍문관에서 매달 부과하던 글짓기 숙제이고, 춘추 과시는 봄과 가을에 보는 시험이고, 사가독서는 젊은 문관 가운데 우수한 자를 뽑아서 휴가를 주어 책을 읽게 하는 것이고, 전경은 오직 경서를 대상으로 시험을 보는 일을 말한다.

이 가운데 사가독서는 지금의 교수 안식년과 같아서, 일정한 시간을 주어 재충전의 기회로 삼게 한 것이다. 이런 제도는 중국에 없고 조선에서만 유일하게 실행했지만, 그리 오래 가지는 못하고 말았다. 그 대략의 역사는 이러하다.

명나라 고황제高皇帝, 1368~1398 재위가 연소한 신하 가운데 학문에 가장 뛰어난 자를 뽑아서 궁중에 있게 하고 궁중 서적을 마음대로 찾아 탐구하도록 하여 장차 원대하게 쓰려 하였다. … 우리 왕조의 세종이 비로소 이 제도를 시행하여 휴가를 주어 책을 읽게 하였으나, 선발된 사람은 전후 3, 4명에 불과하였다.

성종 때에 이르러 규정이 점차 갖추어졌으니, 처음에는 여섯 명을 선발하여 오랜 휴가를 주어 장어사藏魚寺에서 마음대로 글을 읽게 하였다. 중간에는 용산의 폐기된 절을 수리하여 옥당玉堂, 홍문관의 관원들에게 한 달씩 번갈아 쉬게 하였다. 나중에는 다시 일곱 명을 뽑아서 일 년마다 교대하게 하고, 나라에서 술과 음식, 종이와 패쪽, 그밖의 집기를 나누어주었으니, 옛날보다 더 나은 것이었다. _『용천담적기』

이후 용산의 절을 증축하여 독서당이라 하였다가 연산군 때에 폐지했다. 중종이 즉위하여 정업원 자리를 독서당으로 삼았으나 도심에 너무 가까워 글을 읽기가 어렵다고 하여, 1517년 두뭇개豆毛浦의 정자를 고쳐 동호독서당東湖讀書堂으로 삼았다. 이 독서당은 임진왜란 때에 불에 탔고, 이와 함께 사가독서제도 유명무실해졌으며, 정조 때에 규장각을 세우면서 완전히 폐지되었다. 서울 응봉 부근의 옥수극동아파트 입구에 이 독서당터 기념비가 세워져 있다.

독서당에서 공부하던 문신들의 모임을 그린 '독서당계회도'가 몇 점 전하는데, 1570년경에 그려진 서울대학교 소장품은 정철, 이이, 유성룡 등이 사가독서하던 시기의 것이다. 왼쪽 산 아래 독서당이 그려져 있고, 한강에는 여러 척의 배가 떠 있다. 또 독서당 왼편에는 선비들이

그림 9 독서당계회도

앉아 있고, 산고개에도 두 명이 산을 넘고 있어, 무척 한가로운 풍경이다.그림 9

다음의 일화는 옛날에 독서를 어찌 생각했는지 잘 보여준다.

사신은 논한다. 조인규는 여러 서적을 널리 읽어서 문장은 뛰어났지만, 품성이 조급하였다. 후에 관찰사가 되어서는 사납고 잔혹하면서 형벌을 제대로 집행하지 못하였으므로, 사람들이 "독서한 것이 무엇이냐?" 고 하였다. _중종실록 15년(1520) 5월 17일

공부는 독서하는 것이고, 독서는 사람이 되기 위한 것이었다. 독서는 단지 지식을 얻기 위한 수단이 아닌 것이다. 지금은 공부에 인간성을 따지지는 않는다. 다만 도덕을 따로 떼어 가르칠 따름이다.

문헌의 나라

2011년 5월 마침내 프랑스가 외규장각 도서를 반환했다. 1866년 10월 병인양요 때에 프랑스군이 강화도에서 약탈해간 뒤 145년 만의 귀환이다. 그해 10월 16일 강화부성을 점령한 뒤의 모습을 프랑스 해군장교 앙리 쥐베르1844~1909는 이렇게 적었다.

우리가 그곳을 점령했을 당시 그곳에는 이루 헤아릴 수 없을 정도의 물품들이 보관되어 있었다. … 이 외에도 수많은 책과 비축된 어마어마한 양의 종이를 발견했다. 주목할 만한 그림들로 장식된 몇 권의 장서들을 포함하여 그곳에 있던 대부분의 책은 현재 파리의 국립도서관에서 볼 수 있다. _H. 쥐베르 책, 62쪽

이 기록은 외규장각 도서의 행방을 찾는 데에 중요한 단서를 제공해 주었다. 그는 관청에서만 책을 발견한 것이 아니었다.

극동의 모든 국가에서 우리가 경탄하지 않을 수 없고 동시에 우리의 자존심을 상하게 하는 한 가지 사실을 발견할 수 있는데, 그것은 바로 아

무리 가난한 집이라도 집 안에 책이 있다는 사실이다. 극동의 나라들에서는 글을 읽을 줄 모르는 사람이 거의 없으며 또 글을 읽지 못하면 주위 사람들로부터 멸시를 받는다. 만일 문맹자들에 대한 그토록 신랄한 비난을 프랑스에 적용한다면 프랑스에는 멸시받아야 할 사람들이 부지기수일 것이다. _같은책, 65쪽

통계 자료를 보면 1872년 프랑스의 문맹률은 20퍼센트였다고 하는데, 조선은 이보다 훨씬 낮은 것으로 나타나 있다. 참고로 잉글랜드 성인 남자의 문자해독률은 1500년에 10퍼센트에서 1600년에 25퍼센트 이상, 1700년에는 약 절반으로 증가했다. 또 여자는 1500년에 2퍼센트, 1600년에 10퍼센트, 1700년에 25퍼센트로 증가했다. 이 비율은 당시 유럽의 다른 나라보다 훨씬 높은 수준이었다고 한다.

앙리 쥐베르는 현장에서 스케치한 삽화 10컷도 남겼는데, 그중 하나는 '선비의 방'을 그린 것이다.그림 1 장롱과 책만 있는 방에서 글 쓰는 선비의 모습이 묘사되어 있다. 이 그림을 보니 책으로 추위를 피한 이덕무1788~?의 경험이 떠오른다. 가난한 선비가 추위를 막을 길 없어서 책을 이불 삼고 병풍 삼았던, 당시로는 처절하지만 지금으로서는 애교 있는 이야기다.

지난 경진년1820, 신사년1821 겨울에 내 작은 초가집이 너무 추워서 입김이 서려 얼음꽃이 되고 이불깃에서 바삭바삭 소리가 났다. 내가 게으른 성격이지만 한밤중에 일어나 급히 『한서』 한 질을 이불 위에 비늘처럼 덮어서 추위를 조금 막았으니, 이러지 않았으면 거의 뒷산에 묻힌 귀신

그림 1 선비의 방

이 될 뻔했다.

어젯밤에는 집 서북쪽 구석에서 독한 바람이 활 쏘듯이 들어와 등불이 몹시 흔들렸다. 잠시 생각하다가 『노론魯論』 한 권을 뽑아 세워서 바람을 막고 스스로 변통하는 수단을 자랑하였다. 옛사람이 갈대꽃으로 이불을 만들었으니 이것은 기이한 것을 좋아한 경우이고, 금과 은으로 짐승과 상서祥瑞를 조각하여 병풍을 만든 이도 있으니 이것은 너무 사치스러워 바랄만한 것이 아니다. 이들이 어찌 경서와 역사서로 만든 나의 『한서』 이불과 『노론』 병풍만 하겠는가? 또한 왕장王章이 덕석牛衣을 덮고 누운 것과 두보가 언치馬韉를 깐 것보다 나은 것이다. 을유년1825 겨울 11월 28일에 적는다. _『청장관전서』 이목구심서耳目口心書 1

덕석은 추울 때에 소의 등에 덮어주는 멍석이요, 언치는 말이나 소의 안장 또는 길마 아래에 깔아주는 담요이다. 한나라 왕장이 병이 들었으나 덮을 것이 없어서 소 덕석을 덮었다는 고사와 당나라 두보가 친구가 오니 언치에 앉았다는 시구를 인용한 것이다.

우리나라는 자고로 '문헌의 나라文獻之邦'로 불려왔다. 고려시대에 개경에는 많은 책이 있었다고 한다.

근래에 사신이 그곳에 가서 물어보고 알았으니, 임천각에는 장서가 수만 권에 이르고, 또 청연각이 있는데 역시 경·사·자·집 4부의 책으로 채워져 있다고 한다. _『고려도경』 동문同文, 유학

조선시대가 되면 '문헌의 나라'란 말은 문집과 실록에 흔히 등장한다. 문을 숭상하는 사대부의 나라요, 서적을 소중히 여기는 나라라는 의미다. 이 말은 중국이 인정했고 조선도 자부했으니 자타가 공인한 것이다. 중국은 이런 조선을 경시하지 못했고 때로는 경계까지 했다.

정덕 신사년1521에 가정황제가 즉위하자, 수찬 벼슬의 당고 등이 조선에 와서 등극을 알리는 조서를 선포했다. 사신을 응대하던 용재 이택지가 처음 연회에서 잔을 돌리려고 술잔을 들어 앞에서 읍을 하자, 당고가 손을 내밀어 잔대를 잡으면서 다소 밀치며 물러서게 하니, 가까이 오는 것을 꺼리는 뜻이 있는 듯했다. 당고가 지은 음락시飮酪詩, 우유를 마시다 지은 시가 있었는데, 용재가 그 운을 따서 "왕씨네 훌륭한 소(팔백리)인 듯하니 若比王家八百里, 서생이 너에게 얻은 게 많다 하겠다書生貸汝亦云多"고 하였더니, 이때부터 교제가 아주 친근해지고 늘 시단詩壇의 노장이라고 칭찬하였다. 문장이 사람을 움직이는 것이 이와 같은 것이다. 요즈음 중국의

어떤 예부랑禮部郎이 우리나라 사람의 서적 구매를 가혹하게 금지하고, 문장이 국외로 많이 흘러나간다고 말했다.

우리나라를 예의와 문헌의 나라라고 하여 오랑캐처럼 낮추어보지 않는 것은 이러한 데에 있는 것이다. 진실로 우리나라 문인이 중국에 들어가 쟁쟁한 선비들 사이에서 순위를 정하게 한다고 하더라도, 어찌 모두 저들에게 순위가 뒤처지겠는가? 고금에 걸쳐 우리와 중화 사이에 틈새가 크지 않았던 것이 분명하다. _『용천담적기』

중국에서 서적을 사올 때에 예부에 요청서를 보내는 공식적인 절차를 거쳤지만, 명나라가 금지령을 내림에 따라 중종 때부터는 역관이 돈을 가지고 가서 사오는 방식으로 바뀌었다. 예부랑의 얘기는 그런 금지령의 배경을 전해준다. 선조 때에 조선에 온 명나라 사신과의 대화에서도 문헌의 나라란 말이 나온다. 다음은 중국 사신을 영접하러 간 신하의 보고이다.

이달 28일에 신이 두 사신을 모시고 동파역東坡驛, 파주 동파리에 도착했습니다. 부사 왕새가 통사通事, 통역에게 "너희 나라는 문헌의 나라이니 문장에 능한 사람이 많을 것이다. 학술이 정자·주자만한 사람이 있는가?" 하기에, "있습니다"고 대답하니, 부사는 "성명이 무엇이냐?"고 물었습니다. 통사가 "앞에는 정몽주·권근, 뒤에는 조광조·이언적 같은 이가 바로 그렇습니다. 이밖에도 많지만, 성명을 모두 기억할 수 없습니다" 하니, 부사가 "그러면 필시 저술한 문집이 세상에 전해질 것이다" 하였습니다. 통사가 "본래 있었지만 자손이 불초하거나 제대로 지키지 못하여 유실된 것이 있고, 혹시 전해지는 것이라도 완전한 것이 적은 편입니다" 하니, 부사가 웃으며 "천하는 일반이니 중국도 그러하다. 심한 자는 집에 소장한 만 권 서적을 모두 팔아버리기도 하고, 조상의 저술도 버려둔다. 완본은 없더라도 몇 편만 볼 수 있다면 좋겠다. 너는 원접사에게 이 뜻을 알리라"고 하였습니다. _선조실록 1년(1568) 6월 29일

조선에 온 중국 사신뿐 아니라 청나라 황제도 조선의 서적을 궁금해했다.

오후에 통관通官, 통역이 와서 황제께서 내린 조서가 있다고 말하고 수역首譯, 역관 대표 및 두 통사를 창춘원으로 부르니, 무슨 일인지도 모르고 달려갔다가 초경初更, 7~9시쯤에 돌아와 "예부에 청나라 사람인 상서 혁석색赫碩色과 좌시랑 이격二格이 문 밖에 나와 앉아서 불러 묻기를 '너희 나라는 어떤 서책이 있는가?' 하므로, '4서·4경 외에 딴 책은 별로 없습니다'고 답했습니다. 또 '너희 나라는 문헌의 나라이니 재능 있는 문인이 분명히 많을 것이다. 너는 물러가서 세 사신에게 보고하고 서책 이름을 나열하여 적었다가 내일 새벽에 모시고 오라' 하기에 돌아왔습니다"고 말했다. 세 사신이 서로 의논하여 서책 이름을 대략 적었다. 닭이 울면 창춘원으로 가야 하므로 우리는 앉아서 대기하였다.

밤이 깊은 뒤에 황제의 조서를 보니 "이번에 온 조선국 관리들아, 너희는 모두 책 읽기를 좋아하니 가지고 온 문장이 있을 것이다. 어떤 책이든 상관하지 말고 모두 가져와서 짐이 볼 수 있도록 하라. 너희에게 이르노니, 숨기지 말고 모두 가져와 한 번 볼 수 있게 하라. 문제가 될

일은 없을 것이다. 다시 묻노니, 너희 나라에는 우리 청나라에 없는 어떤 서적이 있는가?" 하였다. 우리가 적어서 보이려 한 것은 바로 사서오경과 의약서, 점치는 책, 병법서, 삼국지, 주자대전, 통감, 강감 등 40여 질이었다. 그런 다음에 우리나라 서책은 본래 가져온 것이 없다고 적었다. 『육선공집』과 『당률광선』 두 질도 적어 바치기로 의논을 마쳤다.

_『연행록』 연행록일기 계사년(1713) 2월 3일

선조 때 중국 사신과의 대화에서 보듯이 책은 시간이 흐르면 흩어지고 사라지게 마련이다. 뒤에 이런 사례를 언급할 것이고, 여기서는 책을 소중히 여겼던 조선시대의 일화를 보겠다.

성진일이 일찍이 『사기』를 얻어서 끈으로 묶어 짊어지고 큰 시장을 지나다가 갑자기 끈이 끊어져 땅에 떨어지니, 시장 사람들이 다투어 미친 선비라고 떠들었다. 선생은 천천히 책을 정리하여 돌아보지도 않고 갔다. _『해동잡록』 성간

유효통 선생의 아들 가운데 정승 황보인에게 장가든 이가 있었다. 당시의 풍속에는 장가들 때 부잣집은 반드시 진귀한 보물을 함에 담아 앞잡이에게 짊어지어 예물로 보냈다. 많이 보내는 사람은 3, 4개의 함에 이르렀는데, 유씨의 아들도 2개의 함을 예물로 보냈다. 황보인이 함을 재촉하여 들여다가 손님 앞에서 열어보니 모두 서책이라 자리에 있던 사람들이 모두 깜짝 놀랐다. 나중에 황보인이 유효통을 만나 "혼인날 예물함에 왜 서책만 넣었습니까?" 하고 물으니, "황금이 상자에 가득하

더라도 자식에게 한 권의 경서를 가르치는 것만 못하다는 말이 있으니, 혼인날 함에 어찌 서책을 쓰지 못하겠습니까?"라고 대답했다. _『청파극담』

중국 한나라 때 큰 유학자였던 위현韋賢이 네 아들을 잘 가르쳐 모두 출세하였기에, 당시 사람들이 "황금이 가득한 상자를 자식에게 물려주는 것은 경서 한 권을 가르치는 것보다 못하다遺子黃金滿籯, 不如一經"라고 말했다고 한다. 심지어 책을 좋아해서 무덤 속에까지 가져간 사람도 있다.

살고 있는 작은 집에는 천여 권의 책을 쌓아두어서 책이 차지한 공간이 사람 사는 곳보다 배나 되었다. 정윤이 어릴 때에 어떤 이가 정희교에게 책을 팔아 아들을 장가보내길 권하자, 아버지는 손을 내저으면서 "그만 두시오. 차라리 자손이 없는 것은 괜찮으나, 이 책이 없어서는 안 되오" 하였다. 대개 정희교는 책을 좋아하는 벽癖, 버릇이 있을 뿐 아니라 조상에게서 내려온 것임을 중시했기 때문이다. 정윤이 자라서 밭 갈고 나무를 하거나 고기 잡을 때에는 반드시 책을 휴대하였으며, 밤에는 섶으로 불을 밝혀 책을 보았다. … 정희교가 죽을 때에 80여 세였고, 정윤도 70세에 가까웠는데 … 책을 모두 무덤에 넣었다. _『이향견문록』 지모, 동리 정윤

책을 중시했던 생각은 임진왜란이 일어났을 때 선조가 지시한 피난 대책에서도 엿볼 수 있다.

우리나라의 『실록』 및 동국 역사, 『동문선』, 기타 동국의 서적들은 모름

지기 깊은 산 속 아주 험한 곳이나 절해고도의 산 가운데에 나누어서 깊숙이 매장하여 뜻밖의 변에 대비하도록 다방면으로 지시하라. _선조실록 25년(1592) 11월 11일

이 난리 때에 성혼1535~1598은 책을 독특한 방법으로 피난시켰다고 전한다.

서책을 10여 권씩 나누어서 네 모서리에 나무판을 대고 단단하게 조여서 묶은 뒤에 물속에 던지면 오랜 세월이 지나도 젖지 않는다. 우계선생 댁의 서적이 이렇게 해서 임진년, 병자년에 난리를 면했다. 이따금 책머리나 책 끝에 물에 젖은 흔적이 있는 것은 과거의 그러한 자취라고 한다. _『임하필기』 춘명일사春明逸史, 서책피란

우리나라 서책은 종이질이 좋기로도 유명하다. 수백 년이 지난 뒤에도 색이 바래지 않을 정도로 깨끗하고 질기다. 그러기에 중국 사신이 올 때에 조선의 종이와 서책을 요구하는 일도 있었다. 광해군이 즉위한 직후에 중국 사신을 맞이하는 문제를 논의하는 대목이다.

이정귀가 "위임관의 직책을 띤 곽 아무개가 어사御史라 칭하고 증빙표를 제시하며 서책을 요구하여 예조가 이미 계사啓辭, 아뢰는 말를 만들었습니다. 장차 책을 구해주어야겠는데, 중국 판본을 주어야 할지 우리나라 책을 주어야 할지 모르겠습니다"고 아뢰니, 상이 "『황화집』은 우리나라 책이지만 나머지는 모두 중국 책인데 왜 구하려는 것인가?"라고 물

었다. 김상용이 "중국 판본을 요구하는 것이 아닐 것입니다. 우리나라 책은 종이가 좋고 인쇄가 잘 되었으므로, 필시 이 때문에 요구하는 것일 겁니다"고 대답했다. …

상이 "1만 장丈, 10자 길이이나 되는 종이를 요구하니 이는 매우 큰 폐단이다"고 이르니, 이정귀가 "호조에서 『좌전』을 인쇄할 종이 6천 장을 떼어내 주고자 하는데, 지금 빨리 주게 되면 저들이 또 요구할지 모르니 시간을 끌다가 임박하여 주겠습니다"고 아뢰었다. _광해군일기 1년(1609) 4월 22일

중국 책은 종이가 좋지 않아서 이처럼 조선 책을 구하려 하였다. 그런 점에서 조선 종이의 질을 자랑스럽게 생각할 수 있겠다. 그런데 뒤집어보면, 우리나라는 고급 종이를 만드는 데 치중했고 중국처럼 대중용 종이를 많이 만들지 않았던 것을 의미한다. 중국은 행정문서나 대중용 서책에 사용하기 위해서 보급용 종이를 만들었고, 자연히 종이의 질이 떨어질 수밖에 없었다. 반면에 우리나라는 지식인과 지배층을 위한 서적 등에 사용하고자 하였기에 질이 좋은 종이 위주로 만들었다.

이런 편중 현상은 우리나라에서 간행된 서책의 종류에서도 확인된다. 우리나라는 목판인쇄와 금속활자 인쇄에서 자랑스러운 유산을 지니고 있다. 석가탑에서 나온 무구정광대다라니경그림 2과 고려시대의 대장경과 『직지심체요절』이 그러하다. 이처럼 고려시대까지는 불경의 간행이 주류를 이루었다가, 조선시대가 되면서 문집의 간행이 특징적으로 발달한다.

서양의 도서분류법인 십진분류법은 10가지로 크게 나누는 반면에,

그림 2 출토 당시의 다라니경 모습

동양은 경사자집經史子集의 4부 분류법을 택해왔다. 경부는 유교경전류, 사부는 역사서, 자부는 나머지 사상서를 비롯한 각종 서적, 집부는 문집이다. 현재 규장각에 소장된 한국본 서적 2만 3,183종 가운데 경부 946종, 사부 1만 5,557종, 자부 2,368종, 집부 4,312종이다. 이를 보면 역사서가 대종을 이루는 것처럼 보이지만, 전체적으로 보면 조선시대에는 유교경전과 개인 문집에 집중되어 있다. 이것은 중국에서 네 가지 부류가 고루 발달한 것과 비교된다.

특히 문집은 조선시대에 간행된 전체 서적의 40퍼센트 정도를 차지할 정도로 기형적이다. 이리하여 조선시대 저서라 하면 거의 모두 문집을 일컬었다. 지금 전해지는 3,100여 종의 문집 가운데 고려시대 것은 1퍼센트 정도이고, 조선전기는 약 13퍼센트, 조선후기는 2,675종으로

그림 3 한국문집총간 정리 사업

그림 4 한국국학진흥원 소장 목판 보관소

86퍼센트를 차지한다. 한국고전번역원에서는 우리나라의 문집을 체계적으로 정리하여 한국문집총간을 간행해오고 있다.[그림 3]

조선시대 문집은 90퍼센트가 하삼도 즉 경상도, 전라도, 충청도에서 간행되어 지역적으로도 편중된다. 안동에는 한국국학진흥원이 설립되어 영남지방을 중심으로 민간에 소장하고 있던 고서와 인쇄 목판을 수집하고 있는데, 2010년 현재까지 630여 문중에서 고서 9만 6천여 점, 고문서 14만여 점, 목판 6만여 점[그림 4]을 기탁받았다.

문집은 원래 주인공의 사후에 시문을 모아서 간행해주는 것이 관례였으니, 문집이란 말 자체에도 이런 뜻이 담겨 있다.

'집集'이란 이름은 후한시대에 시작되었다. 그런데 옛날에 이른바 '집'은 후세사람이 앞 시대 사람의 작품을 모아서 붙인 것으로서 작자가 스스로 '집'이라 칭한 것은 아니다. 대개 '집集'과 '집輯'은 같은 것이니, 지금 사람이 스스로 '집'을 만드는 것은 잘못이다. 선배들이 자신의 시문을 모아서 다른 명칭을 쓰거나 혹은 '미정고未定稿'라고 칭한 것은 실로

이 때문이다. _『임하필기』 화동옥삼편華東玉糝編, 시문이집명詩文以集名

그렇지만 시대가 내려오면서 생전에도 많이 간행되었던 것 같다. 고려시대에는 생전이건 사후건 가리지 않고 문집을 간행했는데, 조선시대에 와서는 원래의 원칙에 따라 사후에 간행되는 관례가 생겨나면서 생전에 간행하는 것은 비판의 대상이 되었다. 중국에서도 생전 간행이 많이 이루어졌던 것 같은데, 사후 간행의 관례 고수에 대해서 이덕무는 이렇게 비판했다.

중국 풍속에는 당대에 저서를 간행하여 반드시 사후를 기다릴 필요는 없다. 우리나라는 큰 선비라 할지라도 생전에 간행하지 못할 뿐 아니라, 만약 정서하여 책자를 만들어도 사람들이 "이것은 생문집生文集이다"고 조소하게 마련이다. 또한 감히 '아무개의 문집'이라고 쓰지 못하고 '만초漫艸 또는 만록漫錄'이라 하는데, 이것은 비루한 것이요 겸손이 아니다.

'집'이란 합한다는 뜻이니, 나의 시문을 합했기에 '집'이라 하는 것이다. 비록 치졸한 시문이라 하더라도 이미 책에 썼으면 모두 '집'이 된다. 겸손을 행하는 데 무엇이 두려워서 감히 '집'이라고 부르지 못하는가? _『청장관전서』 앙엽기, 생시간행문집生時刊行文集

문집은 개인의 시문을 모은 것이지만, 단지 개인 자료를 정리하는 의미에 그치지 않았다. 족보를 간행하여 혈통 있는 집안임을 나타내려 했듯이, 문집을 간행하여 학연學緣을 밝힘으로써 사대부 집안임을 강조하려 했다. 결국 신분 유지의 수단으로 변질되면서 조선후기에 문집 간행이 급격히 증가했다. 특히 문헌의 고장이라는 영남에서 간행된 문집에 대한 다음 지적은 참고할 만하다.

근래에 영남 인사들이 왕왕 개인 사당을 설치하고 문집을 간행하는데, 대상은 그 고장의 선배로서 온 세상이 그 이름을 알 정도로 모두 유명한 사람은 아니다. 이렇게 하는 것은 사대부의 호칭을 잃지 않으려는 의도에서 비롯된 것이니, 가세가 기울어져 조정의 벼슬에 나아가지 못하게 되면 명문 집안으로서 시골에서 호령하며 일반 백성과 구별되기가 실로 어려워지기 때문이다. 이리하여 조상 중에서 다소 성실하다고 알려지고 겨우 해亥자와 시豕자 정도를 판별할 정도가 되면, 평소에 지은 시와 편지를 엮어서 판각하여 '아무개 선생 유고遺稿'라고 부른다.
_『지수염필』 영남문집

문학과 유학을 주로 다룬 문집이 중심을 이루었다는 점에서 조선의 지식 체계에는 문제가 없지 않았으니, 기술이나 실생활에 대한 소홀은 장차 근대화의 기초가 되는 실용학문의 발전에 걸림돌로 작용하였다.

한편, 인간사가 그렇듯이 항상 책을 소중히 다루었던 것은 아니다. 이따금 지방에 책이 없다는 비판이 있었다.

오늘날 우리나라에서 문헌의 고장이라 하면 안동·상주 등과 같은 곳이 없다. 그런데 내가 일찍이 안동 부근을 왕래하며 익히 듣건대, 사실은 그곳 사대부 집에 서책과 문헌이 없다고 한다. 안동이 이와 같으니

다른 곳은 알 만하다. 게다가 우도右道, 경상도 서쪽는 매우 어리석고, 호남 지방은 영남보다 더욱 못하다. 이른바 삼남의 걸출한 인물이라 해도 대부분 『통감절요』 같은 글이나 숙독한 데 불과하다.

_『우서』 논문벌지폐論門閥之弊

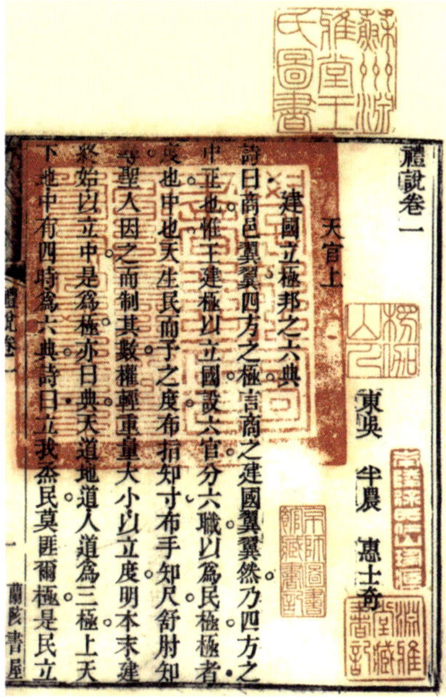

그림 5 여러 장서인이 찍힌 책

책에는 흔히 장서인藏書印이라고 하는 소장자의 도장을 찍곤 한다.그림 5 유명한 사람의 도장이 찍혀 있으면 그 값어치가 치솟는다. 그런데 출처를 모르게 하고자 도장을 오려내는 무지를 비판한 글도 있다.

서책에 도장이 오려내진 것을 보면 문득 서글퍼져서 "이것은 틀림없이 고택에서 흘러나온 것이구나" 한다. 무릇 새로 얻게 된 서책에는 내 도장을 찍지 않았으니, 장구하게 내 서가에 얹혀 있을 수 없기 때문이다. 북경의 시장에서 책을 매매할 때 옛사람의 도장이 있으면 값이 반드시 몇 곱절로 뛰고, 만약 유명한 사람의 도장이 있다면 값은 더욱 뛰게 되니, 이는 옛 자취를 소중히 여기기 때문이다. 이로 본다면 우리나라의 풍속이 얼마나 꽉 막혀 있는지를 알 수 있다. _『임하필기』 춘명일사, 서책도장

책을 함부로 대하는 일도 있게 마련이다. 책을 훔쳐서 종이를 제조하

는 일이 자주 일어나고, 길거리 붕어빵을 싸는 봉지로 책이나 신문지가 이용되듯이 조선시대에도 물건을 싸는 데 책을 사용했다. 정유재란이 일어난 뒤에 정응태가 명나라 조정에 조선을 무고한 사건이 벌어졌는데, 이때 근거로 삼은 것은 시중에서 구한 책이었다. 다음은 명나라 조정에 올린 글의 한 부분이다.

신이 정주定州에 행차했을 때 제 부하가 삼베 몇 자를 가지고 조선 백성에게서 음식물을 싸던 옛 책과 바꾸었는데, 『해동기략』이란 책으로 조선이 왜와 교제한 사실을 기록한 것이었습니다. _선조실록 31년(1598) 9월 21일

이 책은 신숙주가 일본에 사신으로 다녀온 뒤에 펴낸 『해동제국기』1471인데, 이를 근거로 조선이 왜와 내통한다고 모함한 것이다. 정조 때에는 서책을 곧바로 휴지로 만들지 못하게 하는 문제를 논의했다.

상이 "… 또 금지하지 않을 수 없는 일이 한 가지 있다. 우리나라의 서책에는 피휘하는 글자가 없지 않다. 그런데 연경燕京, 북경으로 가는 물건을 대부분 서책의 휴지로 포장하므로 책이 인쇄된 지 얼마 되지 않아 곧바로 휴지가 되어버린다. 이것은 오로지 휴지의 거래에 이득이 있어서 그런 것이니, 지금 만일 엄금하면 서책을 보관하는 데에 도움이 될 것이다"고 이르니, 이병모가 "이것은 통렬히 금해야 할 것입니다"고 아뢰었다. _정조실록 21년(1797) 7월 8일

포장지로 들어간 책자에 혹시 중국에서 쓰지 못하게 한 글자가 들어

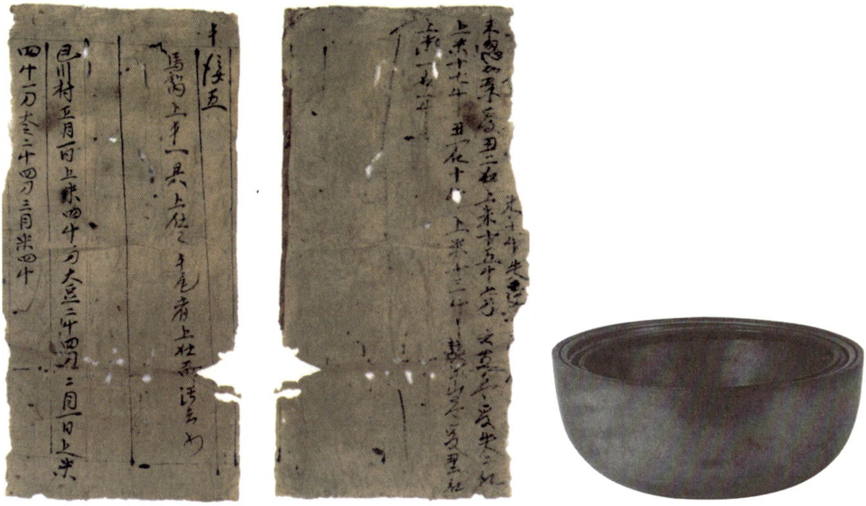

그림 6 사발과 포장지 문서

있어 문제가 발생할까봐 우려해서 나온 말이다. 아무튼 서책을 종이로 사용하지 못하게 조치를 내려야 한다고 했다. 유득공도 조선의 책들이 벽지나 약봉지로 전락하는 처지가 되었다고 안타까움을 표현했다.

저서가 후세에 전해지는 것이 나와 무슨 상관이 있으랴! 하물며 우리나라 사람들의 저서는 꼭 전해지는 것이 아니니, 상점의 벽지가 태반이 우리나라 사람의 문집이고, 약방에서 약을 싸는 봉지도 모두 우리나라 사람의 문집이다. 혹시 중국에 우연히 알려진다 해도 몇 편 정도가 중국의 도사나 승려, 여인네의 글 아래에, 그리고 안남과 유구국, 일본의 위에 수록될 것이니, 무슨 영예로울 게 있겠는가? _『고운당필기』 동인저서東人著書

책은 수명이 다하면 포장지로 쓰이기도 한다. 그런데 그런 포장지가면 훗날까지 남아서 중요한 역사 자료가 되는 경우가 있다. 일본 쇼소잉正倉院에 전해지는 신라 문서들이 그러하다. 흔히 좌파리가반문서라고 하는 것은 신라에서 수출한 4중 사발을 감싸고 있던 종이다.그림 6 좌파리는 '사발'이란 말을 한자로 쓴 것인데, 신라 때에는 사기그릇뿐 아니라 놋그릇도 사발이라 했던 모양이다. 이렇게 해서 신라 관청 문서가 처음으로 모습을 드러낸 것이다. 그런가 하면 통일신라시대 청주 지방의 4개 마을 사정을 기록한 신라 민정문서는 화엄경론 책갑에 덧붙여진 종이였다.

출판과 유통

조선시대에는 민화가 발달했다. 민화는 생활공간에 흔히 비치해둔 그림으로, 안방에는 초충도나 화조도, 사랑방에는 금강산도, 아들 방에는 등용문도나 효제문자도 등을 걸어놓았다. 그런 그림 가운데에 책거리冊架圖가 있다. 책거리란 굿거리, 저잣거리란 말처럼 구경거리란 뜻으로, 책과 문방사우 등을 구경하는 것이다. 여기 제시한 그림에는 책, 문방구와 함께 안경, 화병, 수박 등이 그려져 있다.그림 1 학문에 매진했던 선비들의 꿈이 담겨 있는 것으로서 사랑방이나 서재를 장식했던 그림이다.

그림 1 책거리(민화)

이런 그림은 중국에서 서적이 적극 수입되고 많은 책을 소장한 장서가가 출현하는 18세기부터 그려졌다고 한다. 조선 사람들은 책을 좋아하여 중국에서 책을 사오는 일이 많았다.

강소서의 『운석재필담』에 이렇게 일렀다. "조선 사람들은 책을 가장 좋아한다. 사신이 조공을 바치러 오면 5, 60명을 한도로 하는데, 옛날 책이나 새 책 또는 패관소설 가운데 저들에게 없는 것을 구하기 위하여 각각 책 목록을 베껴서 날이 밝으면 저잣거리에 나가 만나는 사람마다 두루 물어보고 비싸더라도 아까워하지 않고 사서 돌아간다. 그래서 저들 나라에 도리어 다른 판본의 소장본이 있게 된다. 내가 일찍이 조선에서 간행한 『황화집』을 보았는데, 곧 우리나라의 칙봉 사신과 저들 나라의 문신이 창화한 시였다. 목판에 새긴 것이 정밀하고 정돈되어 있었으며, 비단 종이가 옥을 품은 바다처럼 맑고 깨끗했고, 담황색 책갑도 참으로 기이하다 할 만했다." _『임하필기』 문헌지장편, 석재필담石齋筆談

규장각에는 현재 6만 7,785책의 중국 책이 소장되어 있는데, 이 가운데에는 중국에 전해지지 않는 유일본도 있다. 명나라 때의 소설로서 세계 유일본인 『형세언型世言』이 그런 것이다. 그런가 하면 『고금도서집성』은 정조가 북경으로 가는 사신 서호수1736~1799에게 특별히 명하여 사온 것이다.

풍석 서유구가 일찍이 "『고금도서집성』 한 질은 교정과 편집이 마치 땅이 만물을 이고 바다가 모든 것을 포용하듯이 거의 신의 조화에 가까운 것이요 인력으로 이루어진 것이 아니다"고 했는데, 권질의 방대한 것만을 지적한 것은 아니다. 대개 그의 부친인 판서 서호수가 정조 즉위년1776에 정사로 북경에 가게 되었다. 이때 청나라 고종이 신하들에게 명하여 『사고전서』를 편찬하게 하였으나 아직 완성되지 않았다. 임금은 서호수에게 위임하여 만약 『사고전서』가 완성되었으면 한 질을 구해 오도록 하였다. 그가 명령을 받들고 가서 구하려 하니 과연 아직 완성되지 않았으므로, 별도로 준비한 은 수천 냥으로 『고금도서집성』 한 질을 사왔다. 이 유서類書는 목록과 함께 모두 5,020권이다.

임금이 보고 대단히 기뻐하며 즉시 명하여 우리나라 종이로 다시 장정하게 하고, 또 규장각의 검서 이덕무·박제가·유득공 등에게 명하여 먼저 세부목록을 작성하게 하였다. 다시 글씨를 잘 쓰는 지사 조윤형에게 명하여 표지의 제목을 쓰게 하였다. 주합루에 보관하고 규장각 신하가 아니면 감히 꺼내보지 못하게 할 정도로 매우 애지중지하였으니, 그 밖의 조정 대신이나 공부하는 선비들은 구경조차 하지 못했다.

내가 들으니 병신년에 서적을 사올 때, 북경의 상인들이 웃으며 우리 사신에게 "이 책은 간행된 지 거의 50년이 넘은 것입니다. 귀국에서는 문을 숭상한다고 하는데, 이제야 구매합니까? 일본은 나가사키에서 한 질, 에도에서 두 질, 이렇게 이미 세 질을 구해 갔습니다"라고 말하니, 우리는 부끄러움에 대답하지 못했다고 한다. _『지수염필』 고금도서집성

원래는 『사고전서』를 사오도록 정조가 은 2,150냥을 내려주었으나, 이 책이 아직 완성되지 않았다고 하여 그 모본이 된 『고금도서집성』그림 2을 사오게 된 것이다. 이것은 조선에 들어와 적지 않은 영향을 끼쳤으니, 지도를 그릴 때에 우물 정井자 모양의 괘선을 그은 것이나 수원 화성을 건설할 때에 기중기를 도입한 것이 그런 것이라 한다.

그런데 우리는 중국에서 『고금도서집성』을 사온 것에 주목하여 설명하면서, 위의 마지막 구절에는 관심을 기울이지 않는다. 사실 이 당시

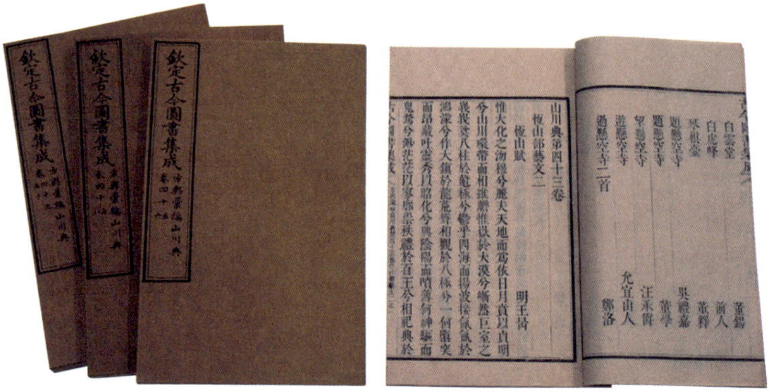

그림 2 고금도서집성

에 조선은 일본보다 출판과 유통이 뒤처져 있었다. 19세기 말에 조선을 정탐한 일본인의 기록은 당시 양국의 서점 상황을 전해준다.

경성에는 책방이 두세 집 있다. 이들 책방의 상태는 우리나라 히가게쵸日影町의 헌책방에 비교하면 아직 멀었다. 그리고 파는 것은 대부분 남은 책과 빠진 책에 지나지 않는다. _『조선잡기』

이보다 200년 전쯤에 통신사 일행으로 오사카를 방문한 신유한1681~?의 기록도 그런 정황을 유추할 수 있게 해준다.

그 가운데 서림書林과 서옥書屋이 있어 유지헌柳枝軒·옥수당玉樹堂 같은 간판을 붙였다. 고금에 걸쳐 수많은 작자의 서적을 갖추고 출판 및 판매로 돈을 벌어 부를 축적했다. 중국의 책과 우리나라 명현들의 저서가 없는 것이 없다. _『해유록』 1719. 9. 4.

오사카는 이 무렵에 출판업이 크게 활기를 띠기 시작한 곳이다. 신유한은 오사카에서 유통되던 조선의 서책에 대해서 이렇게 적었다.

오사카에 서적이 많은 것이 실로 천하의 장관이다. 우리나라 여러 명현의 문집 가운데 왜인이 숭상하는 것으로는 『퇴계집』만한 것이 없다. … 학봉 김성일의 『해사록』, 서애 유성룡의 『징비록』, 수은 강항의 『간양록』 등의 책은 양국 사이의 은밀한 사정이 많이 기록되어 있는데, 지금 모두 오사카에서 출판되어 유통된다는 점이 가장 안타까운 일이다. 이것은 적을 정탐하여 적에게 고한 것과 무엇이 다르겠는가? 국가의 기강이 엄하지 못하여 역관들의 밀무역이 이와 같으니 한심한 일이다.

_『해유록』 1719. 11. 4.

일본에서는 에도시대1603~1867가 되면서 교양과 오락 및 정보에 관한 관심이 높아지면서 상업적인 서적 출판이 대량으로 이루어져 이때를 '쇼모츠書物의 시대'라고 부른다.그림 3 신유한이 에도현 도쿄에서 문집 서문을 써보내고 오사카에 도착하자 그 서문이 벌써 판각되어 있었다. 상업적 출판의 기민성을 엿볼 수 있으니, 그가 바로 이 시대를 목격한 것이다.

물론 조선시대에 새로운 출판 현상이 나타나기는 한다. 민간에서 상업용으로 책을 간행하기 시작하였으니, 이런 책을 방각본坊刻本이라 한다. 이런 출판은 중국에서 당나라와 송나라 때에 이미 성행하였지만, 우리나라에서는 16세기에 등장하게 된다. 송석하가 소장하였던 『고사촬요』 말미에 "수표교 아래 북쪽 이제리의 수문 입구에 있는 하한수 집

그림 3 에도의 서점

에서 각판한 것이니, 살 사람은 찾아오라"는 광고가 '만력 4년1576 7월' 이란 연대와 함께 적혀 있다고 한다. 이전에는 교서관이란 관청에서 찍어내어 한정된 범위에 배포되었기에 늘어난 수요에 부응하여 민간에서 간행하기 시작한 것이다. 그렇지만 곧바로 터진 전쟁 등의 여파로 방각본의 간행은 17세기 중엽 이후에 와서 활발해졌고, 이 무렵에 전주, 태인 등 지방에까지 확산되었다.

19세기 말까지도 조선에서의 지식 보급은 제한적이었으니, 한국과 일본에서 활동한 미국의 동양학자 윌리엄 그리피스1843~1928는 이렇게 적었다.

귀족이나 부유한 선비, 소수의 사원과 관청에는 도서관이 있지만 민중들에게는 아무 소용이 없는 한문 서적들이 있다. 중국이나 일본에서 흔히 볼 수 있는 서점, 순회 도서관, 사설 도서관 또는 지식을 보급할 수 있는 일반적인 수단이 조선에는 없다. _그리피스 책, 442쪽

책거래에 관한 우리나라의 가장 이른 기록은 고려 성종 9년990에 내린 교서에 나온다. 조정에서 책을 구비하여 "학생들이 시장에서 책을 사는 수고를 덜게 한다"고 하였다. 시장에서 책을 거래했던 것을 알 수 있다. 그렇지만 유학자들은 돈을 주고받으며 책을 거래하는 일을 꺼리게 되었고, 자연히 서책 거래는 위축될 수밖에 없었다. 이리하여 서점이나 도서관이 발달하지 않았고, 그 대신에 서쾌書儈 또는 책쾌冊儈라고 하는 책장수들이 돌아다니며 개별적으로 거래하였다.

다음은 중국의 유리창 서점과 조선의 서쾌를 비교한 박제가의 말이다.

일찍이 서점 한 곳을 들어가 보니, 그 주인은 매매 장부를 정리하는 데 지쳐 보였으나 잠시도 쉴 틈이 없었다. 그런데 우리나라의 서쾌는 책 하나를 옆에 끼고 사대부 집을 두루 돌아다니는데, 종종 여러 달이 지나도 팔지 못하곤 한다. 여기서 중국이 문명의 숲이라는 사실을 알게 되었다. _『북학의』 내편, 고동서화古董書畫

북경 남쪽에 유리창이란 곳이 있는데, 서점과 골동품 상점이 밀집되어 있다.그림 4 우리나라의 인사동과 비슷한 곳으로 언제나 관광객으로 붐빈다. 북경에 가게 되면 책을 사기 위해 꼭 방문하게 되는데, 청나라 때에도 역시 그러하여 문인들이 많이 모이는 곳이었고, 조선 사람들도

그림 4 유리창 거리(18세기 후반)

주로 이곳에서 서적을 구매하였다. 1689년에 청나라 강희제가 남쪽 지방을 순력하고 돌아온 뒤에 그린 기록화를 보면, 책을 파는 노점상의 모습도 보일 정도이다.그림 5

책을 사들이는 과정에서 서로 속임수도 있었던 모양이다.

이때 역관 하나가 책 파는 사람을 데리고 들어와 두어 질의 책으로 값을 다투고, 거짓 청심환을 내어 책값을 주며 말하기를, "이는 사신이 사는 책입니다. 사신이 가져온 청심환은 거짓 것이 없습니다." 하니, 내 앉아서 듣기를 심히 불쌍히 여겼는데, … 그후에 북경에 들어가 들으니, 그 사온 책이 반이 넘게 낙권한 책이요 다른 몹쓸 책을 거짓 제목을 써 권수만 채웠으니, 이곳 사람의 간사하기가 이러하였다. _『을병연행록』 1765. 12. 23·24.

그림 5 서책 노점

지금은 저작권 때문에 시들해졌지만 얼마 전까지만 해도 교수나 대학원생의 연구실에는 영인본 책을 팔러다니는 사람들이 있었고, 옛날 책이나 외국 책은 이렇게 해서 복사본으로 쉽게 사볼 수 있었다. 이런 책장수들이 조선시대에도 보이는데, 가장 이른 기록은 15세기 후반 김흔1448~1492의 "때때로 책장수가 찾아오네"란 시구에 보인다. 또 김안국1478~1543은 책값과 관련하여 양존인이란 책장수를 적었고, 유희춘1513~1577은 서울의 책장수에 대해서 그의 일기에 이렇게 적었다.

들으니 서울의 의금부 북쪽에 책장수가 있는데, 이름은 박의석이라 한다. 여러 곳의 서책을 모두 반값에 사서 온값으로 판다고 한다. _『미암일기』 1567. 10. 18.

이 사람은 이처럼 곱장사를 하였는데, 그의 아들도 책장수였다. 유희춘은 송희정이란 책장수와 책을 거래하기도 했다.

책장수 송희정이 와서 인사하였다. 『참동계』 『황화집』 『소문쇄록』 『두시』 등을 가져오기로 약속하고 돌아갔다. _『미암일기』 1568. 3. 14.

책상수 송희정을 불러서 『여지승람』 『이두시집李杜詩集』 『구양공집歐陽公集』을 찾아서 가져오게 했다. 내가 장차 종이로 바꾸려 한다. _『미암일기』 1573. 7. 1.

책장수의 모습을 가장 잘 알 수 있는 것은 조생曺生에 관한 기록이다.

조생이 어떤 사람인지 알지 못한다. 책을 팔며 세상을 돌아다닌 지 오래되었으므로, 그를 본 사람은 귀천이나 현우賢愚에 관계없이 모두 그가 조생임을 알아보았다. 조생은 해만 뜨면 저잣거리로, 골목으로, 서당으로, 관청으로 내달렸다. 위로 높은 벼슬아치부터 아래로 『소학』을 읽는 아이에 이르기까지 찾아다니지 않는 이가 없었다. 그가 달리는 것은 나는 듯했고, 그의 품에는 책이 가득 안겨 있었다. … 영조 신묘년1771에 주린이 지은 『명기집략』에 우리 태조와 인조를 모독한 말이 있어서, 중국에 알리고 전국의 책을 대거 거둬들여 불태웠으며 그 책을 판 자는 죽였다. 이때 나라 안의 책장수가 모두 죽게 되었는데, 조생은 이에 앞서 먼 지방으로 달아나 홀로 죽임을 면했다. _『이향견문록』 조생

조생은 정약용 등 몇 사람의 문헌에 등장하는데, 조신선曺神仙이라 불릴 정도로 당대에 유명했다. 이처럼 책장수는 구매자가 원하는 책을 찾아서 공급하기도 했고, 종이 등으로 물물교환을 하기도 했다. 책을 거간하던 이런 영업 행태는 영세할 수밖에 없어 서적의 대량 유통은 애초부터 기대하기 어려웠다. 그나마 영조 때가 되면 책장수는 상당수로 불어났던 모양이다. 조생의 기록에도 보이듯이 영조 47년1771에 청나라에서 불온서적을 사들여 유통시킨 문제가 불거졌을 때에 잡혀온 사람들이 100명 정도였다.

임금이 건명문에 나아갔다. 이때 통역과 책장수로서 『청암집』을 바치지 않았다는 죄목으로 벌거벗긴 채 두 손을 뒤로 묶여 뜨거운 태양 아래 나란히 엎드려 거의 죽게 된 자가 근 100명이었다. _영조실록 47년(1771) 6월 2일

청암집은 조선 조정에서 문제가 된 책의 저자인 청나라 사람 주린의 문집이다. 청나라를 왕래하던 통역관은 그리 많지 않았을 것이므로, 100명 가까운 사람들은 대부분 책장수였을 것이다.

대량 유통의 길이 닫혀 있으니 자연히 책이 귀하고 책값은 비쌌다. 성종 9년1478 1월에 책값이 너무 비싸서 사람들이 괴로워하니, 종이를 공급하여 서적을 많이 인쇄해서 책값을 낮추도록 지시한 적이 있다. 어득강은 중종에게 서점 설치를 건의하면서 이렇게 언급했다.

지방의 유생 가운데는 학문에 뜻을 두었어도 서책이 없어서 책을 읽지

못하는 자가 많습니다. 궁핍한 사람은 책값을 마련하지 못하고, 더러 책값을 마련한 사람이 있어도 『대학』이나 『중용』 같은 책은 상면포常綿布 3, 4필을 주어야 하므로 값이 비싸서 사지 못하게 됩니다. 만약 서점의 책에 값을 정해놓고 감독하는 관리를 두되, 영구히 이런 식으로 매매하게 한다면 폐단이 없게 될 것입니다. 옛날에 집이 가난하여 책이 없는 사람이 시장의 서점에서 책을 열람하여 성공한 사람도 있습니다. _중종실록 24년(1529) 5월 25일

여기서는 『대학』과 『중용』이 상면포 3, 4필이라 했는데, 어숙권이 1554년에 편찬한 『고사촬요』에는 『대학』이 쌀 1두, 『중용』이 쌀 1두 5승이라 하였다. 상면포는 질이 낮은 무명으로 거래의 기준이 되는 5승포 값의 절반 정도 가치를 지녔다고 한다. 『미암일기』에 오승포 한 필이 3두 7승인 점을 고려하면, 책값이 25년 만에 6분의 1 가까이 떨어졌다.

그럼에도 여전히 지식인들에게는 책을 사는 것이 경제적으로 부담되었다. 그런 점에서 구사안1523~1562이나 최한기1803~1877는 예외적인 경우다. 구사안의 묘지명에는 "재물을 아끼지 않고 책을 사들여 방 안에는 평생 모은 책이 좌우로 가득했다"고 하였고, 최한기는 책을 맘대로 사들여서 읽고 다시 헐값에 팔았다고 한다. 책을 갖지 못하는 안타까움은 유희춘의 일기에도 보인다.

도사 민충원이 주자의 『의례경전통해』를 가지고 와서 보여주었다. 이는 내가 평생 보고자 하던 책이나, 이는 그의 책일 따름이다. _『미암일기』 1567. 10. 12.

비싼 책을 살 수 없었던 지식인들은 흔히 책을 빌려보았으니, 책은 누구 하나의 전유물이 아니라 돌려보아야 하는 공유물이라는 생각을 하게 되었다. 2011년 12월에 서점에서 책을 3억 원어치나 훔친 도둑이 잡혔지만, 옛말에 "책 도둑은 도둑이 아니다"는 말이 있다. 공부하고자 하는 사람이 바로 책을 가질 권리가 있다는 생각이다.

옛사람은 책을 빌리면서 한 번 흐느끼고 돌려주면서 또 흐느낀다고 하였는데 나중에 이 말이 와전되어 어리석다고 하였으니, 이는 충후한 맛을 아주 잃어버린 것이다. 책은 본래 한 사람이 사유할 것이 아닌데도, 세상에는 감춰두고 보여주지 않는 사람이 있는가 하면 인색해서 빌려주지 않는 사람이 있으니, 공유하지 않음이 어찌 이리 심하단 말인가?

_『오주연문장전산고』 경사편, 전적잡설, 차서구서장서변증설借書購書藏書辨證說

이 책의 저자인 이규경1788~?은 서책의 수난사를 열거하면서도 책을 감추어두는 것을 특히 비판했다.

우리나라 풍속이 전적을 귀중히 여길 줄 몰라서, 훼손하여 다시 종이로 만들거나 벽지로 발라버려 점점 사라진 것이 아홉째이다.

장서가가 현상금을 걸면서까지 사들여 깊숙이 감추어놓고 스스로 읽지 않고 남에게 빌려주지도 않고, 한 번 넣어두면 나올 줄 모른 채 오랜 세월이 흘러 결국 좀이 슬고 쥐가 갉아먹고 종들이 몰래 팔아먹어서 완질이 없는 것이 열째이다.

내가 일찍이 탄식을 그치지 못하면서 책의 수난 가운데서 장서가 가장 피해가 크다고 한 것이 바로 이것이다. 책을 뜯어 다시 종이를 만들거나 도배를 하는 것은 마땅히 평시의 가장 큰 수난이지만, 장서가 수난 가운데 가장 심하다는 것은 그 뜻이 간절한 것이다. _『오주연문장전산고』 경사편, 전적잡설, 대동서액변증설大東書厄辨證說

그는 우리나라에서 책의 수난이 일어난 역사를 당나라가 고구려를 멸망시키고 국내의 전적을 모아 불태운 것을 필두로 하여 열 가지로 들었다. 그리고 열 가지 가운데 책을 감추어두고 빌려주지 않는 것을 가장 큰 수난으로 꼽았다. 책을 빌려보기 어려운 심정을 구구절절이 표현한 것이다. 그런 마음은 책을 빌려주지 않는 이에게 보낸 정약용 1762~1836의 편지에서도 느낄 수 있다.

그대는 고서를 많이 쌓아놓고 절대로 남에게 빌려주지 않으니, 어찌 그리 빗나간 짓을 하오. 그대는 장차 대대로 전하고 싶어서 그러는 거요? 무릇 천하의 물건이 대대로 전해지지 못하는 것이 오래되었소. 요·순 임금도 전하지 못하고 삼대三代도 능히 지키지 못했는데, 그것을 진시황제가 하려 했으니 어리석은 짓이었소. 그대는 오히려 몇 질의 책을 대대로 지키고자 하니, 어찌 잘못이 아니겠소. 책이란 일정한 주인이 없으니, 선행을 즐기고 학문을 좋아하는 자가 가질 따름이요. … 그런데도 지금 천하의 옛 책을 소유하면서 남에게 빌려주는 선행을 하지 않고, 교만하고 인색한 마음을 품고서 이를 후세에 건네주려 하니, 불가한 일이 아니겠소? 군자는 글로써 벗을 모으고 벗으로써 인仁을 보완해 나가니, 그대가 만약 인을 구하고자 하면 천 상자의 서적을 친구들과 함께 보아서 닳아 없어지게 하는 것이 옳은 일이오. 그런데도 지금 책들을 높은 누각에 묶어두고 구구하게 후세에 전해줄 생각만 한단 말이오? _『연암집』 영대정잉묵, 척독尺牘, 여인與人

반대로 빌려준 책을 받지 못해서 애를 태우는 경우도 많다. 허균1569~1618이 책을 돌려달라고 하소연하며 정구1543~1620에게 1603년 8월에 보낸 편지다.

옛사람의 말에 "빌려간 책은 언제나 돌려주기가 늦고도 늦는다"고 하였습니다. 이 말은 보통 한두 해를 가리키는데, 『사강』을 빌려드린 뒤로 성기가 바뀌려 하니 이제 돌려주시길 바랍니다. 저도 벼슬할 마음을 거두고 강릉으로 돌아가 그 책이나 읽으며 소일하려 합니다. 감히 말씀 드립니다. _『성소부부고』 문부, 척독, 여정한강與鄭寒岡

성기星紀는 목성의 공전 주기인 12년을 단위로 돌아가는 세월을 의미한다. 책을 빌린 지 10여 년이 지나도록 돌려주지 않자 애원하다시피 한 것이다. 때로는 종을 시켜서 빌려준 책을 받아오도록 했다.

송인수의 종 세량이 돌아가려고 하면서 "만약에 책을 안 가지고 돌아가면 분명히 무거운 매를 맞을 것입니다. 사세를 돌이킬 수 없을 것이니, 여기서 도망을 쳐야겠습니다"고 말했다. 송인수는 정신병이 있는 사람이라서 틀림없이 종한테 화를 내면서 무거운 중벌을 내릴 것이므로, 부득이 『삼국사』 20권을 세어서 보냈다. _『쇄미록』 1596. 6. 20.

책을 어렵사리 빌리게 되면 자신의 책인양 고이 다루는 것이 예의였다. 이익1681~1763은 종이를 어렵게 구해서 책을 보수해주었다.

옛 책을 읽으면 사람의 뜻과 지혜를 늘리게 되니, 이는 엄한 스승인 것이다. 그러니 어찌 게으를 수 있겠는가? 판각되어 나온 서적이 많더라도 가난한 선비는 쉽게 얻을 수 없다. 필사해서 전하는 것은 어려울 뿐 아니라 잘못 쓰기도 쉽다. 조상이 소장해온 책들이 점차 결손되어버리면, 자손이 읽으려 해도 할 수가 없게 된다.

그러므로 나는 항상 공경하는 마음으로 다루면서 서책을 훼손하지 않는다. 아는 원님에게 부탁하여 배접하거나 덧붙일 종이를 구해서 파손될 때마다 수시로 보수한다. 남의 책을 빌려볼 때에 꿰맨 끈이 닳아버리면 종이를 꼬아서 기웠으니, 역시 끈을 장만하기 어렵기 때문이다.

_『성호사설』 경사문, 경완서적敬玩書籍

책을 구하기 어려우므로 일단 빌리게 되면 필사하는 일이 많았다. 그런데 이익의 말처럼 잘못 베끼는 경우가 흔했다. 그렇게 되면 다음 사람이 빌려서 역시 틀리게 필사할 수밖에 없다. 조선시대 글에는 이런 오류의 답습이 종종 눈에 띈다.

한편으로 소설책을 빌려주는 세책점貰冊店이 18세기부터 등장하였다. 필사로 유통되던 소설이 출판되기 시작했고, 가까운 사람에게서 빌려보던 방식이 도서대여점에서 돈을 내고 빌려보는 방식으로 바뀌었다. 일본에서는 18세기 초부터 에도, 교토, 온천장 등에 세책업이 발달했고, 전국 곳곳을 돌아다니는 세책 행상이 있었지만, 조선에는 서울에만 한정되어 이런 세책점이 발달했다고 한다. 서울의 일부 독자층을 대상으로 유행했던 것이다. 여기에는 서울 부녀자들을 빼놓을 수 없으니, 18세기 중반에 이들 사이에 소설책을 빌려보는 것이 성행하여 이덕무와 채제공은 이를 걱정하는 글을 남겼다.

> 언문으로 번역한 전기소설傳奇小說을 탐독하면서 집안일을 버려두고 바느질·김쌈 등을 게을리해서는 안 된다. 심지어 돈을 주고 빌려보면서 거기에 정신이 팔려 가산을 탕진하는 자까지 생겨난다. _『청장관전서』 사소절 7, 부의, 사물事物

전기소설이란 귀신이나 지옥 등 괴기하고 신기한 비현실적인 주제를 바탕으로 한 소설로서 중국에서 유행했던 것이다.

> 저으기 보건대, 근래에 안방 부녀자들이 능사로 삼아 경쟁하는 것 가운데 패설을 좋아하는 것이 있다. 패설은 날로 더하고 달로 증가하여 그 종류가 백 가지 천 가지에 이른다. 서쾌는 이를 깨끗이 베껴쓰고, 무릇 빌려주는 일이 있으면 문득 그 값을 받아서 이익을 본다. 부녀자들은 식견이 없어 비녀·팔찌를 팔거나 빚을 내면서 서로 경쟁적으로 빌려와서 긴 날을 보낸다. _『번암선생집』, 서序, 여사서서女四書序

빌려줄 책을 정성들여 필사한다고 했지만, 시간이 흐름에 따라 그런 정성은 사라지고 오자와 탈자 투성이의 책이 자리를 차지하게 되니 돈을 내고 빌린 독자로서는 화가 나지 않을 리 없다. 대체로 19세기 말에

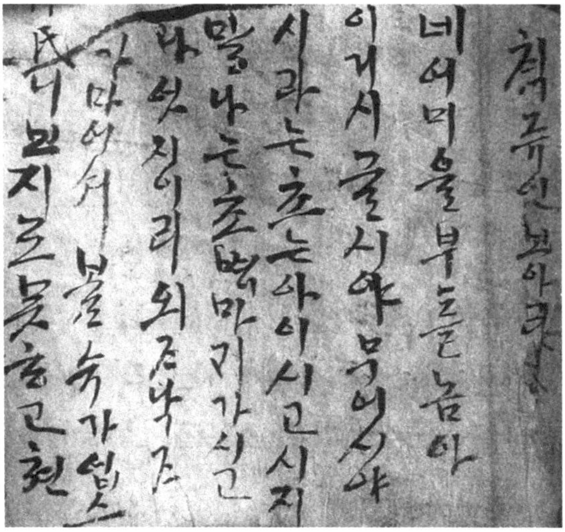

그림 6 욕설 낙서

서 20세기 초에 유통된 세책 도서에는 화풀이한 낙서가 꽤 발견된다. 낙서에는 성적인 욕설을 담고 있는 그림과 글이 주류를 이룬다. 『전우치전』에는 "책 주인 보아라. 네 어미와 붙을 놈아. 이것이 글씨냐 무엇이냐. … 어찌 이리 오자 낙자가 많은지 볼 수가 없으니, 보지도 못하고 천금 같은 돈을 주니, 어찌 원통치 않으랴. 그러나 오늘 밤에 네 어미가 나를 오라고 했다"는 욕설을 늘어놓았다.그림 6

세책과 더불어 돈을 받고 전문적으로 소설을 읽어주던 이야기꾼인 전기수傳奇叟도 출현했다. 조선후기 여항시인 조수삼1762~1849은 그의 문집에서 전기수에 대해서 자세히 언급하였다.

전기수는 동문 밖에 산다. 『숙향전』 『소대성전』 『심청전』 『설인귀전』 등과 같은 한글 전기소설을 암송한다. 매월 초하루에 첫째 다리 밑에

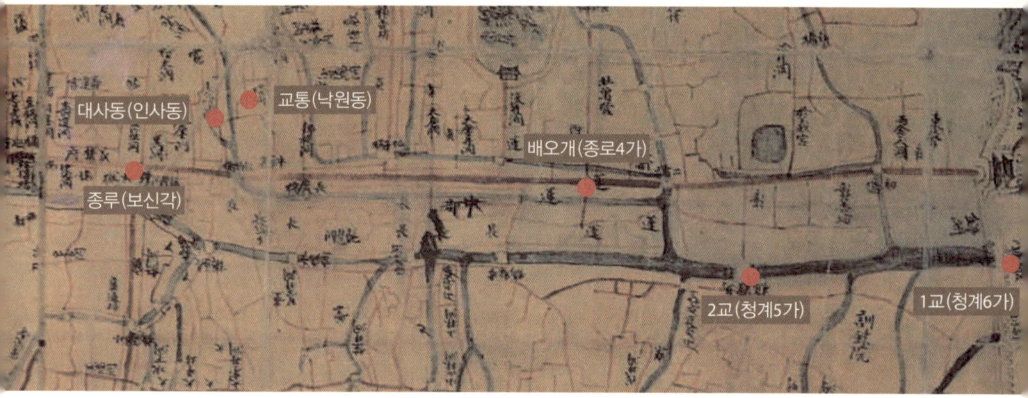

그림 7 전기수의 이동 지역

앉고, 2일에는 둘째 다리 밑에 앉고, 3일에는 배오개에 앉고, 4일에는 교동 입구에 앉고, 5일에는 대사동 입구에 앉고, 6일에는 종루 앞에 앉는다.그림 7 거슬러 올라가기가 끝나면 7일부터는 도로 내려온다. 이렇게 내려갔다가 올라가고, 올라갔다가 다시 내려오고 하여, 한 달을 마치며, 다음 달에도 그렇게 한다. 책을 잘 읽어주기 때문에 구경꾼들이 그의 주위를 둘러싼다. 그는 이야기가 가장 절박하게 돌아가 꼭 들어야 할 대목에 이르면 갑자기 침묵하여 아무 소리도 내지 않는다. 그러면 사람들이 그다음을 듣고자 다투어 돈을 던진다. 이것을 '돈을 부르는 법邀錢法'이라 한다. _『추재집』 시, 기이紀異, 전기수

지금으로 치면 청계천 6가에서 5가를 거쳐 배오개가 있던 종로 4가에서 다시 낙원동 부근과 인사동을 지나 마지막에 보신각 자리까지 가서 돌아오는 것이다. 청중은 전기수의 암송에 빠져들어 슬프게 울기도 하고 통쾌하게 웃기도 하는데, 때로는 웃지 못할 사건이 벌어지기도 하였다.

항간에 이런 말이 있다. 종로거리 연초가게에서 짤막한 민간소설을 듣다가 영웅이 뜻을 이루지 못한 대목에 이르자 눈을 부릅뜨고 입에 거품을 물면서 연초를 자르던 칼을 들고 앞으로 달려나가 책 읽는 사람을 찔러 그 자리에서 죽게 하였다고 한다. 이따금 이처럼 맹랑한 죽음이 있으니 가소로운 일이다. _정조실록 14년(1790) 8월 10일

이 사건은 이덕무의 『아정유고』와 정약용의 『흠흠신서』에도 인용되어 있을 정도로 유명하였다.

금지된 책

해방 직후의 남북 분단과 전쟁은 남쪽 땅에 마르크스주의를 용납하지 못하게 만들었다. 이리하여 사회주의나 공산주의 서적은 오랜 기간 불온서적으로 분류되어 접근이 차단되었다. 월북 작가들의 작품도 물론 볼 수 없었고, 작가 이름조차 제대로 부를 수 없었다. 이 시절에 마르크스주의 경제사는 사회경제사로 이름을 바꾸어 겨우 명맥만 유지했다.

다행히 복사기가 보급된 뒤로는 이런 책들을 몰래 복사해서 돌려볼 수 있었다. 필자가 1980년대에 중국 잡지와 서적을 홍콩을 통해서 샀는데, 종종 연세대학교 앞에 있던 국제우체국에 불려가 책을 빼앗기곤 했다. 당시 중국은 적성국가였고, 적성국가에서 간행된 책은 내용에 상관없이 모두 불온서적이었다.

유신시대는 가히 검열의 전성기였다. 외국의 신문이나 잡지는 곳곳이 검은 매직으로 지워지거나 면도칼로 오려진 채 국내에 시판되었다. 독재를 비판하는 뉴스는 이렇게 삭제되었다. 이 시기에 금지곡도 양산되었다. 유명한 '동백아가씨'는 1965년부터 1987까지 단지 왜색이란 명목으로 금지곡이 되었다.그림 1 그밖에 가사나 창법이 저속하다거나, 퇴폐적이라거나, 불신감을 조성한다는 등의 이유로, 그리고 '독도는 우

그림 1 동백아가씨 앨범

그림 2 국방부 지정 불온도서

리 땅'이란 노래는 일본을 자극할 우려가 있다고 해서 금지했다.

물론 금서도 대폭 증가했다. 적성국가에서 간행되거나 공산주의 내용을 담은 책뿐만 아니라 체제를 비판하는 책도 모두 대상이 되었다. 마르크스를 맑스라고도 쓰다 보니 칼 맑스와 막스 베버를 구분하지 못해서 모두 금서가 되는 웃지 못할 일도 벌어졌다.

민주화가 된 뒤로 금서 문제는 거의 사라졌으나, 2008년 국방부에서 장병의 정신교육에 적합하지 않은 도서 23권을 지정했다가 다시 사회적 관심사가 되었다.[그림 2] 사회에서 권장도서로 뽑힌 것이 있는가 하면 『나쁜 사마리아인들』처럼 베스트셀러도 포함되어 있었다. 급기야 군법무관이 헌법소원을 냈지만, 헌법재판소는 "목적의 정당성이 인정된다"고 하여 합헌 결정을 내렸다.

어느 나라 어느 시대건 금서는 있다. 그러나 우리나라는 역사적 특수성 때문에 현대에 와서도 그런 금서의 질곡에서 벗어나기가 더욱 어려웠다. 현대에도 그러했지만, 유학을 거의 유일사상으로 생각했던 조선시대에서도 금서 정책이 엄격했다. 고려까지는 금서에 관한 기록이 없는 것과 대조적이다. 금서에는 몇 종류가 있으니, 성 윤리에 저촉되는 것은 음란서, 종교적 교리에 어긋나는 것은 이단서, 체제를 흔드는 것은 불온서적이라 한다. 조선시대의 금서는 사상이나 체제와 관련된 것이 대부분을 차지한다.

최초의 금지 조치는 태종 때에 있었다. 새로운 왕조가 성립되는 과정에서 "목자木子가 왕이 된다"는 등의 은어가 퍼졌는데, 이와 같은 예언을 담고 있는 참위서讖緯書를 요사스런 책이라 하여 거두어서 불사르게 한 것이다.

참서를 금하도록 하교하여, 예조에 지시를 내렸다. "참위·술수의 말은 심히 세상을 미혹하고 백성을 속이는 것이다. 나라를 다스리는 자가 마땅히 먼저 제거해야 하므로, 이미 서운관에 명령하여 요사스럽고 허망하고 불경한 책을 골라서 불사르게 했었다. 이제부터 서울과 지방에 사사로이 간직하고 있는 요사스럽고 허망한 책은 오는 무술년1418 정월을 기한으로 자수하여 바치게 해서 역시 불살라 없애고, 만일 정한 기한까지 바치지 않은 자는 여러 사람이 고발하도록 허락하여 요사스런 책을 만든 율에 따라 시행하고, 범인의 재산은 고한 사람에게 상으로 충당하라." _태종실록 17년(1417) 11월 5일

참위나 술수 모두 천재지변과 같은 자연현상 또는 다른 특이한 사실을 바탕으로 미래의 길흉을 점치는 것이다. 이런 것들이 백성을 미혹한

다고 하여 천문이나 역법을 관장하는 서운관에 명령하여 불사르도록 강력히 지시했다.

이보다 5개월 전에 태종은 요언을 퍼뜨린 강계의 무녀 두 사람의 사형을 감해주면서 자신은 참위를 믿지 않는다고 언명하고, 또 이전에 이미 서운관에 이런 책들을 모두 불살라버리게 했는데 어찌 되었느냐고 물은 적이 있다. 그리고 이번에 다시 한 번 강력하게 지시를 내린 것이다. 그다음 달에는 서운관에 간직하고 있던 참서 두 상자를 불사르게 했다.

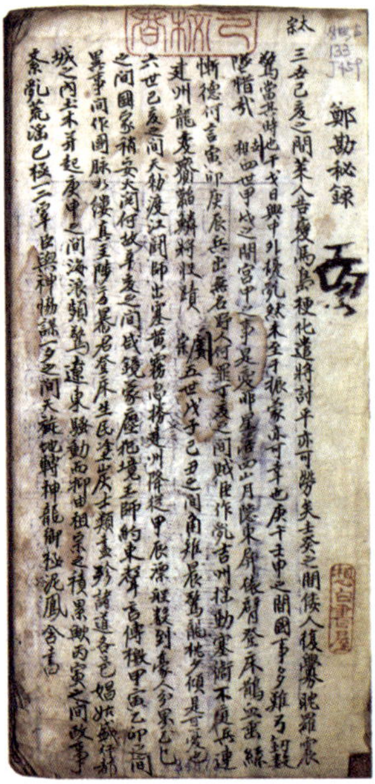
鄭勘秘錄

그림 3 정감록

책을 불사른 것은 진시황의 분서갱유를 떠올리게 한다. 물론 진시황 때에는 자신의 정책에 반대하는 지식인들을 생매장하고 실용적인 것을 제외한 모든 서적을 태웠으므로, 훨씬 강도가 높은 지식의 탄압이었다. 이렇게 태종이 불태웠지만 그후에도 예언서는 사그라지지 않았으니, 『정감록』은 조선후기의 대표적인 예언서이면서 금서였다.그림 3

정조 9년에 일어난 역모사건에 『정감록』에 관한 언급이 있는데, 다음은 죄인의 대답이다.

김이용이 신에게 "구례 화엄사의 중 윤장이 일찍이 그 절에 『정감록』을 간직했던 죄로 흑산도에 귀양갔는데, 나는 본래 그 사람이 문장에 능하고 경문을 잘 외운다는 것을 알고 있다"고 했습니다. _정조실록 9년(1785) 3월 16일이를 보면 이 책을 소지하는 것 자체가 불법이었다. 그런데 이보다 3년 전에는 『정감록』을 소지했다는 것만으로 벌을 줄 수 없다고 하면서 죄인을 방면하는 이유를 설명했다. 참위서의 금지는 혹세무민을 막으려는 조치일 뿐이라는 것이다. 다음은 정조가 황해도관찰사에게 비밀리에 유시한 말이다.

이른바 『정감록』에 대해서는 설령 그의 집에 분명히 있었더라도 그가 직접 지은 것이 아니니 그를 극형에 처할 필요는 없다. 대개 예로부터 서적 가운데 참위서를 금지한 것은 바로 백성의 현혹을 막으려는 것이다. 어찌 당당한 조정이 이를 듣기 싫어서 숨기려 하는 것이겠는가? _정조실록 6년(1782) 12월 10일

금서 목록이 처음 등장하는 것은 태종의 조치 후 40년이 지난 세조 때로 그는 팔도의 관찰사에게 이렇게 유시했다.

『고조선비사』 『대변설』 『조대기』 『주남일사기』 『지공기』, 표훈의 『삼성밀기』, 『안함·노원원로·동중 삼성기』 『도증기』 『지리성모하사량훈』, 문태산·왕거인·설업 등 3인 기록, 『수찬기소』 100여 권, 『동천록』 『마슬록』 『통천록』 『호중록』 『지화록』, 도선의 『한도참기』 등의 문서는 사사로이 간직해서는 안 되니, 만약 간직한 사람이 있으면 진상하도록 허가하고, 그 대신에 원하는 서책으로 바꾸어 하사할 것이다. 관청과 민간 및 사찰에 널리 알리도록 하라. _세조실록 3년(1457) 5월 26일

여기에 실린 책들은 현전하는 게 하나도 없어서, 책 이름을 어떻게 끊어 읽어야 할지도 모호하다. 책 이름으로 보건대 대개 참위서가 중심을 이루면서, 고조선의 역사나 민간신앙 또는 전설을 다룬 책들이 포함된 것 같다.

이런 책을 바치라는 명령은 이 뒤에 또 내려진다. 예종 1년1469 9월에 책 명단을 제시하고 이를 바치라고 하면서 명령에 따른 자는 상을 주고 숨긴 자는 참형에 처하라고 지시했다. 여기에 지목된 책은 『명경수』를 빼곤 위의 목록에 들어 있는 것들이다. 이보다 3개월 뒤인 성종 즉위년1469 12월에는 지목된 책들을 서울로 올려보내고 나머지는 더 받지 말라는 지시를 내렸던 것으로 보아서 제법 성과를 보았던 것 같다. 이 기사에는 『태일금경식』이란 책 이름이 추가로 보인다.

이때에 왜 서적을 거두어들였는지는 분명하지 않다. 개인적으로 소장해서는 안 되고 나중에 발각되면 참형까지 처한다고 했으니, 개인으로 봐서는 금서일 수밖에 없다. 이런 책들은 대개 참위서들로서 앞서 태종의 조치의 연장선에 있는 것처럼 보인다. 그렇지만 성종이 일부 책은 더 바치지 말라고 한 것으로 보면, 뭔가 국가에서 필요해서 바치게 한 것처럼 보이기도 한다. 그런 점에서 역사편찬 자료로 삼기 위한 것이 아닌가 하는 생각도 든다.

성리학이 점차 중시되면서 노자와 장자 등의 서적도 금서가 되었으니, 성종이 우승지 강자평을 꾸짖는 말에서 엿볼 수 있다.

『장자』『노자』『열자』를 안다는 사람을 그대는 4, 5명만 써서 보고했다. 또 "젊었을 때에 단지 글을 짓기 위하여 대강 보았을 뿐이고 자세하게 알지는 못합니다"고 말했는데, 만일 글뜻을 제대로 알지 못하면 어찌 글을 짓는 데 이용할 수 있겠는가? 내가 이단서를 보는 것이 비록 잘못이라고 했지만, 임금을 속인 죄 역시 크다. 이단이 그릇된 것임을 알게 되면 성인의 도리가 높이 뛰어난 것임을 또한 볼 수 있는 것이다. 그대가 내신內臣으로서 이같은 말을 아뢰어 임금을 속이는 것이 옳겠는가? 앞으로는 이처럼 하지 마라. _성종실록 14년(1483) 1월 27일

성종은 이단서를 금하긴 했지만, 이를 보고 잘못된 것을 알게 되면 상대적으로 유학의 우수성을 깨달을 수 있을 것이라 했다. 그러기에 금서를 본 것보다는 임금을 속인 죄가 더 크다고 그를 꾸짖었다. 인조 때에 대제학이 인조와 나눈 대화에서도 이들 책이 등장한다.

또 "요즘 문체는 정해진 형식을 따르지 않아서 부賦에는 운韻을 맞추지 않고, 표表에는 잘못된 염簾, 글자의 평음과 측음을 맞추는 것이 많으니, 앞으로 격식에 어긋난 것은 쫓아내야겠습니다"고 아뢰고, … 또 "노자와 장자의 글은 본디 나라에서 금하는데도 근래에는 큰 단락의 글뜻을 그대로 인용하고 있으니, 이들을 일체 쫓아내버리소서"라고 아뢰었다. _인조실록 23년(1645) 8월 3일

불교적인 내용도 금지했다. 1511년 무렵 채수가 지은 소설 『설공찬전』이 그러했다.

사헌부가 아뢰었다. "채수가 『설공찬전』을 지었는데, 그 내용이 모두

윤회와 화복에 관한 것으로 매우 요망합니다. 그런데도 서울과 지방이 현혹되어 이를 믿고서 한문으로 옮기거나 한글로 바꾸어 전파함으로써 민중을 미혹시킵니다. 부府에서 당연히 공문을 보내어 이를 거두어들이겠지만, 혹시 이를 내놓지 않는 자가 있을지 모르니 다음에 발각되는 자는 죄로 다스리소서." 이에 "『설공찬전』은 요망하고 허황하니 금지하여 거두어들이는 것이 옳다. 그러나 법을 세울 필요는 없으니, 나머지는 윤허하지 않는다"고 답했다. _중종실록 6년(1511) 9월 2일

이보다 사흘 뒤에는 이 소설을 불사르게 하고, 숨기고 내놓지 않는 자는 '요망한 책을 감춘 죄'로 다스리게 했다. 이 사건에 대해서 같은 시대에 살았던 어숙권은 이렇게 전했다.

나재 채수가 중종 초년에 『설공찬환혼전薛公瓚還魂傳』을 지었는데, 그 내용이 매우 괴이했다. 그 말미에 이르기를 "설공찬이 남의 몸을 빌려 몇 달 동안을 머물면서 자기의 원한과 저승에서 들은 일들을 아주 자세히 말할 수 있었고, 말하고 쓴 것을 그대로 써보게 하여 한 자도 바뀌지 않은 것은 그것을 전하여 믿게 하고자 하는 것이다" 하였다. 언관이 이를 보고 논박하여 "채 아무개가 허황되고 거짓되고 불경스런 책을 지어서 사람의 귀를 현혹하고 있으니 사형에 처하소서" 하였으나, 임금이 허락하지 않고 파직시키는 것으로 그쳤다. _『패관잡기』

이렇게 불에 태워진 소설은 자취를 감추었다가 1997년에 와서 국문본 전반부가 세상에 알려지게 되었다. 이문건의 『묵재일기』 뒷면에 필

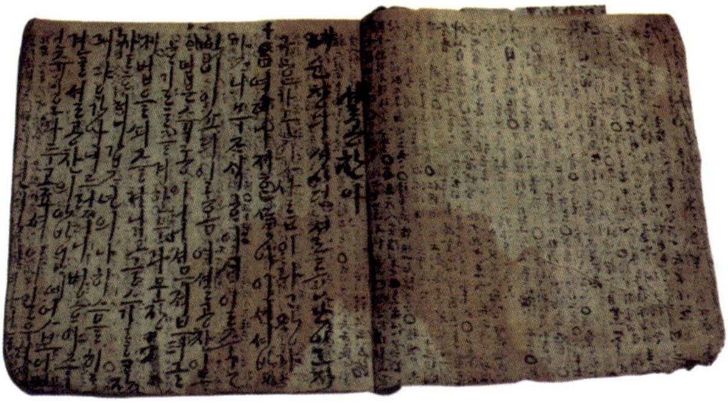

그림 4 설공찬전

그림 5 연극 설공찬전

사되어 숨겨져 있다가 햇빛을 보게 된 것이다.[그림 4] 그러기에 말미에 쓰여 있다는 위의 구절은 현전하지 않는다. 원래는 한문으로 되어 있던 것을 한글로 번역한 것으로, 『금오신화』 이후 두 번째 소설이며 국문소설로는 최초라는 명성을 얻게 되었다. 귀신이나 저승을 주요 소재로 삼았다는 데서 유학자로부터 배척받을 수밖에 없었지만, 이제는 빙의라는 흥미로운 소재 때문에 연극으로도 부활하였다.[그림 5]

공자는 괴이한 것이나 귀신에 관한 것, 무력을 쓰는 것 등은 얘기하지 않는다고 하였고, 이것은 유학자들이 세상을 바라보는 기준이 되었다. 자연히 비현실적 가상의 세계를 그린 소설은 황당하기 그지없는 것이요 배척해야 하는 대상이었다. 가상의 세계를 그린 소설은 현실과 괴리된 것으로서 쉽게 받아들이기 어려웠다. 인기 소설이었던 『삼국지연의』[그림 6]에 대한 생각만 봐도 그러하다. 기대승[1527~1572]이 이 책을 인용한 선조에게 아뢴 말이다.

지난번 장필무를 인견하여 전교하시면서 "장비의 일성에 만군이 달아

그림 6 적벽대전(민화)

났다고 한 말은 정사에는 보이지 않고 『삼국지연의』에 있다고 들었다"고 합니다. 이 책이 나온 지 오래되지 않아서 소신은 아직 보지 못했으나, 간혹 친구들에게 들으니 허망하고 터무니없는 말이 아주 많다고 합니다. 천문·지리에 관한 책은 이전에 숨겨졌다가 나중에 드러나는 일이 있지만, 역사 기록은 처음에 실전되면 나중에 억측하기 어려운 법이라서 잔뜩 부연하게 되면 극히 괴이하고 헛되어집니다.

신이 뒤에 이 책을 보니 정녕코 무뢰한 자가 잡된 말을 모아 옛날이야기처럼 만들어놓은 것입니다. 뒤죽박죽 섞여 있어 무익할 뿐 아니라 의리를 크게 해치는데, 주상께서 우연히 한 번 보셨으니 매우 미안한 일입니다. 한 가지 내용을 들어 말씀드린다면, 동승의 옷 속 조서라든가 적벽 싸움의 승전 등은 각각 괴이하고 헛된 것으로서 근거 없는 말을 부연하여 만든 것입니다. 주상께서 혹시 이 책의 근본을 모르시는 것은 아닐까 하여 감히 아룁니다. _선조실록 2년(1569) 6월 20일

이어서 기대승은 이 책이 『초한연의』 『전등신화』 『태평광기』와 같은 부류로서 의리를 해치고 사람의 심지를 오도한다고 성토했다. 그런 다음 다시 한 번 의견을 개진했다.

『전등신화』는 매우 놀랄 정도로 저속한데도 교서관이 재료를 사사로이 지급하여 인쇄까지 하였으니, 양식 있는 사람들은 모두 가슴 아파합니다. 그 판본을 없애려고도 했으나 그대로 오늘날에 이르러 여염 사이에서 다투어 인쇄하여 보고 있습니다. 거기에는 남녀의 음행이 담겨 있고 신기하고 괴상하여 불경스런 말들이 많이 들어 있습니다. 『삼국지연의』는 괴이하고 헛된 것이 이와 같은데도 인쇄까지 하였으니, 당시 사람들이 어찌 무식한 것이 아니겠습니까? 그 문장을 보면 모두 상스런 말로서 괴벽을 볼 수 있을 따름입니다. _선조실록 2년(1569) 6월 20일

이들 소설은 금서로 지정된 것은 아니었지만 사대부의 기피 대상이었다. 적어도 표면상 그러했다. 그렇지만 재미있는 책을 보지 않을 리 없다.

어느 시대건 금서는 베스트셀러가 되곤 했다. 사람의 궁금증을 자아내기 때문이다. D.H. 로렌스의 『채털리 부인의 사랑』이 명저가 된 데에는 세상에 나오자마자 판매 금지가 된 것도 일조했다고 한다. 우리의 1970~80년대도 금서는 대학가 베스트셀러였다.

프랑스 계몽시대에 금서의 보관과 거래는 궁정에서 더욱 심했고, 귀족이나 교회도 금서를 애독했다고 한다. 조선시대 사대부 사이에 춘화가 유행했던 것도 그런 이면을 보여준다. 유중림은 『증보산림경제』에서 『수호지』와 『금병매』 따위는 즉시 던져버려야 하지만, 『삼국지연의』는 한 번 정도 읽어도 무방하다고 했다.

조선후기가 되면 외국 서적 금지령이 부쩍 늘어난다. 천주교가 퍼지면서 그런 조치는 더욱 강화되었다.

사간 이사렴이 열다섯 가지 일을 새로 아뢰었다. … 그 열세 번째는 "천주교의 요술이 나라 안에 유입되어 민심을 미혹할 염려가 있으니, 청컨대 역관을 엄중히 신칙하고 금지 조목을 만들어 요사한 서책을 무역해 오는 폐단을 끊으소서" 하였다. _정조실록 11년(1787) 4월 27일

이로부터 4년 뒤에는 정조가 채제공과 함께 천주학 서적에 대한 대책을 논의했다.

채제공이 "지금 천주학에서는 이를 실행하는 자가 따로 있지 않고 자세히 캐물을 만한 형적도 있지 않습니다. 오직 드러나는 자부터 죄를 다스리고 책을 태워버려 그 사람을 사람답게 만들면 자연히 사그라질 것입니다"고 아뢰니, 상이 "비록 그 책을 물이나 불 속에 던져넣는다 하더라도, 만약 몰래 감추어두는 자가 있으면 어찌 모두 찾아낼 수 있겠는가?"라고 말했다.

채제공이 "진시황의 엄한 명령으로도 오히려 서책을 모두 금지하지 못했는데, 몰래 감추어두는 것을 어찌 모두 금할 수 있겠습니까? 그리고 금지령을 너무 엄하게 세워 사형으로 처결한다면 도리어 법이 시행되지 않을 것입니다. 그러니 금지 조항을 명백하게 보여주어 스스로 사라지게 하는 것보다 좋은 것이 없습니다. …"고 아뢰었다. _정조실록 15년(1791) 10월 25일

결국 금서를 찾아내서 강제로 없앤다고 해도 한계가 있게 마련이니, 점차 스스로 사라지게 해야 한다고 생각했다. 이날 사신에게 명·청나

라의 문집을 사오지 말라고 지시했다. 하루 전에 정조가 채제공과 나눈 대화에서 그 이유를 알 수 있다.

내가 일찍이 경연 신하에게 "서양학을 금지하려면 먼저 패관잡기稗官雜記부터 금해야 하고, 패관잡기를 금하려면 먼저 명나라 말기에서 청나라 초기에 이르는 문집들부터 금해야 한다"고 말했다. 대체로 근본을 바르게 하는 것은 오활하고 느슨한 것 같아도 힘을 쓰기가 쉽고, 말단을 바로잡는 것은 지극히 절실한 것 같아도 공을 이루기가 어려운 것이다. _정조실록 15년(1791) 10월 24일

정조는 서양학의 유행이 애초 중국 문집의 유입에서 비롯된 것으로 여겼다. 서양학을 금하려면 중국에서 사오는 패관잡기나 문집부터 금지해야 한다는 것이다. 이런 이유로 정조는 중국에서 서적을 사오지 말라는 금령을 여러 차례 내린다. 정조가 동지사로 가는 사신에게 이른 말이다.

우리나라는 문헌의 나라인데 서책을 어찌 금할 수 있겠는가? 그러나 근래에 가지고 오는 책은 패관소품들이다. 요즘 사람들이 소품에 탐닉하여 이러한 것들을 사오니 어찌 엄히 금하지 않을 수 있겠는가? 비록 성경현전이라 하더라도 이미 사온 것으로 외우고 읽을 만하다. 이번의 사신 행차에서는 경서 이하 모든 책은 절대 사오지 마라. _정조실록 18년(1794) 10월 29일

그림 7 주희 초상

성인의 글을 경經이라 하고 현인의 글을 전傳이라 하므로 성경현전聖經賢傳은 공자, 주자그림 7 등의 글을 가리킨다. 또 패관소품稗官小品이란 중국에서 유행했던 패관소설稗官小說과 소품산문小品散文을 의미한다. 패관소설이란 민간에 떠도는 이야기를 다룬 소설이고, 소품산문이란 자유롭게 쓴 짧은 문장이다. 순수한 고문古文을 고집했던 정조에게 이런 것은 이단적인 것이었다.

이보다 2년 전에는 성균관 시험의 답안이 아무리 주옥같을지라도 패관잡기와 관련된 내용이 나오면 과거를 보지 못하게 하라고 지시했다. 당시에 일일이 지적하기 어려울 정도로 문신들이 이런 문장을 구사했기 때문이다. 『열하일기』가 이런 분위기를 조성했다고 지목하여 박지원에게는 그 죄로 순수하고 바른 문장을 지어 올리라고 지시했다. 하지만 왕은 스스로 사적인 편지에서 잡스러운 말을 구사하는 이면이 있었다. 서양에서도 궁정이나 귀족, 교회에서 금서가 애독되었던 것처럼 이율배반을 느끼게 한다.

규장각에는 중국에서 사온 아주 작은 책들이 소장되어 있다. 소매 속에 넣고 다닐 수 있다고 해서 수진본袖珍本이라 하는데,그림 8 손 안의 작은 책인 문고본의 원조라 할 수 있겠다. 흥미롭게 이것도 금지 서적이었다. 동지사의 정사로 가던 심이지에게 정조가 직접 지시한 말이다.

사신 행차가 돌아올 때에 서책에 관한 금령을 이번에도 특별히 더욱 신

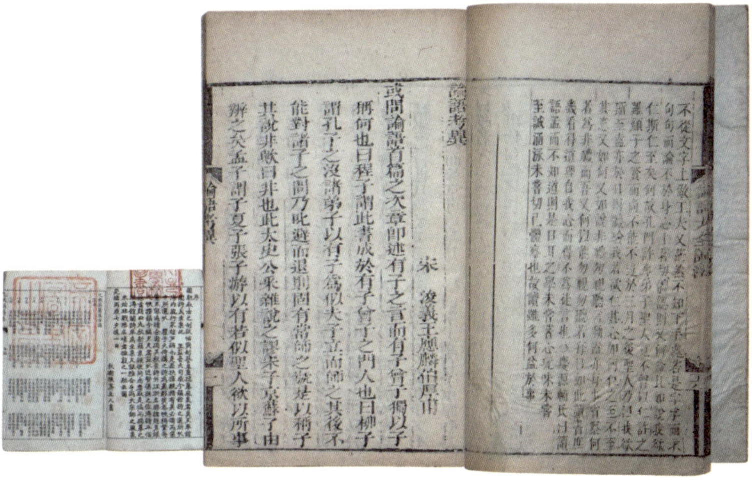

그림 8 수진본과 일반 책 비교

칙해야 할 것이다. 비단 이단과 잡술에 관한 책만이 아니다. 경서, 역사, 문집 등의 책은 우리나라의 판본이 조금 커서 강독하기에 좋다. 반면에 중국의 판본은 누워서 보기에는 편하지만 펼쳐 읽기는 어렵다. 두 다리를 뻗고 앉아서 마음이 게을러지지 않는 자는 없는 법이다. _정조실록 20년(1796) 10월 18일

게으르게 누워서 작은 책을 보는 것도 못마땅하게 생각하여 이런 책을 사오지 못하게 했다. 이보다 4년 전에 동지정사 박종악에게도 비슷한 지시를 내렸다.

앞서 사신 행차 때도 이미 여러 차례 당부했지만, 이번 사행에는 더욱 엄히 신칙하라. 패관소품은 물론이요 경서나 역사서라도 중국 판본唐板

은 절대로 가지고 오지 말도록 하라. 압록강을 건너 돌아올 때에 일일이 수색해서 군관이나 역관 무리라도 만일 가지고 오는 것이 있으면 바로 교서관에 귀속시켜 널리 유포되는 폐단이 없게 하라.

경서와 역사서는 잡서와 다르므로 이렇게 엄금한다면 지나친 것 같지만, 우리나라에 있는 것으로도 빠짐없이 갖추어져 있으니, 이들만 외우고 읽어도 무슨 일인들 상고하지 못하겠으며 무슨 문장인들 짓지 못하겠는가?

더구나 우리나라 서책은 종이가 질겨서 오랫동안 두고 볼 수 있고 글자가 커서 늘 보기에도 편한데, 하필 종이가 얇고 크기도 작고 글씨도 자잘한 중국 판본을 멀리서 구하려 하는가? 누워서 보기에 편리해서 이를 꼭 얻으려 하는 것이니, 이른바 누워서 본다는 것이 어찌 성인의 말씀을 존숭하는 도리이겠는가? _정조실록 16년(1792) 10월 19일

이처럼 정조 때에는 다른 사상이나 사조가 들어오지 못하게 중국 서적의 수입을 막았다. 심지어 선비는 바른 자세로 앉아서 책을 읽어야 한다고 해서 작은 책자도 금지했다. 반면에 중국에서 외부로 반출을 하지 못하게 한 금서들도 있었다. 조선에서는 이런 책을 은밀히 사들이려 하였다. 병조판서 김안국이 중종에게 아뢴 말이다.

전날에 소신에게 중국에서 사올 서책을 가려서 보고하라고 명하셨습니다. 이에 신이 장서각의 동서문무루東西文武樓 서책을 역대의 서책들과 비교해 보니, 우리나라에 없는 것이 매우 많았으므로 역대의 서책 가운데 많이 뽑아서 아뢰니다. … 또 천문·역법·병법 등의 서책은 중국에

서 금하는 것이니, 예부禮部에서 구매할 서책 이름을 물으면 다른 서책과 함께 적어서 보여서는 안 되므로 별도로 적어서 아뢰니다. _중종실록 36년(1541) 8월 27일

중국의 예부가 구매 도서가 무엇이냐고 물으면 일반적인 도서 목록만 보여주고 비밀리에 사들일 도서 목록은 따로 적어두어 보여주지 않겠다는 것이다. 천문이나 역법, 병법 등은 당시로써는 국가 기밀에 해당하는 것이어서 외부로 반출하지 못하게 했다.

『대명일통지』와 같은 지리서도 금서에 속했다. 연산군 1년1495 6월에는 중국 사신이 이 책을 선물로 가져온 적이 있지만, 선조 28년1595 5월의 기록을 보면 금서가 되어 사신이 사올 수 없었다고 한다. 급기야 숙종 때에는 이 책을 사오다가 중국의 검문에 걸렸다고 사신이 돌아와 보고했다.

『대명일통지』를 사오다가 짐 수색에 걸렸습니다. 신이 "역사서 외에는 약속된 조항에 금지령이 없다. 이것은 지리서 종류라서 금지할 것 없다"고 하였으나, 통역관이 끝내 들어주려 하지 않았습니다. _숙종실록 17년(1691) 3월 18일

중국의 이런 조치는 북방세력에 밀리던 송나라 때부터 나타났다. 11세기에 들어서 서적이 거란 수중에 들어가는 것을 막기 위해서 반출 금지령을 여러 차례 내렸다. 신종 원평 3년1080 4월에도 "항주에 조서를 내려서 백성이 변방의 군사기밀과 관련된 서적을 고려인에게 팔지 못하

게 했다"고 한다. 주변국에 당당했던 당나라에서는 없던 조치로서, 북방 이민족에게 밀리던 송나라로서는 혹시 고려가 이들과 연계를 맺을까 두려워 군사 기밀에 관한 서적을 팔지 못하게 했던 것이다.

우리 책의 외국 반출도 막았다. 다음은 19세기 후반 프랑스 선교사 리델의 조선체험기에 나오는 대목이다.

"네 나라로 곧 돌아가게 되었으니, 거기에 가면 조선 책들과 한문책들은 가져가 봐야 아무도 읽을 줄 모를 터이니 필요가 없을 것이다. 그러니 궤짝에 들어 있는 모든 책을 꺼내 여기 네 앞에서 전부 태우라는 포도대장의 명을 받고 왔다."

나는 이에 항의하고 싶었지만 소용없는 일이었다. 그것은 절대로 의견을 바꾸지 않는 포도대장의 명령인데다가 결정권을 쥐고 있는 포도대장 본인은 그 자리에 있지도 않았기 때문이었다. 그래서 다시 모든 궤짝을 열고 모든 책을 검사하며 한문과 조선어로 쓰인 책들, 심지어는 유럽어로 된 책인데도 그 안에 한자나 조선어가 몇 글자라도 들어가 있으면 모두 골라내었다. 그러니 우리의 모든 수고본手稿本들, 언어에 관한 우리의 작업 원고들도 모두 검열에 걸리고 말았다. 다행히 이러한 사태에 미리 대비하여 가장 중요한 서적들은 사본을 하나씩 중국에 남겨두었다. _펠릭스 클레르 리델 책, 181~182쪽

지금까지 금서에 관한 기록을 다루었지만, 무엇보다 조선을 뒤흔든 금서 문제는 영조 때에 벌어졌다. 태조 이성계의 계보를 잘못 적은 중국 책이 국내에 들어와 유통되어 큰 회오리가 일었다. 명나라 책에 이

성계를 고려말년에 전횡을 일삼았던 이인임?~1388의 아들이라고 기재하는 바람에 조선에서는 매번 이를 시정해달라고 청원하였고, 200여 년 만에 뜻을 이룰 수 있었다. 이렇게 해서 잊혔던 것이 영조 때에 와서 다시 불거졌다. 중국에서 사온 청나라 책에 그런 내용이 재차 들어 있는 것이 드러났기 때문이다.

영조 47년1771 5월에 박필순이 우연히 북경에서 사온 『강감회찬』을 보다가 태조에 관한 잘못된 기록이 들어 있는 것을 발견했다고 상소하자, 왕은 책상을 치며 매우 놀랐다. 이 전집에서 문제가 된 것은 주린이 지은 『명기집략』이라는 책이었다.

이리하여 신하들에게 명하여 『명기집략』에 찍힌 도장을 살펴보게 하니, 서종벽이 소장했던 것이었다. 임금이 승지에게 금상문을 나가서 무고한 말이 있는 곳을 먼저 씻어낸 다음에 불태우게 했다. _영조실록 47년(1771) 5월 21일

서종벽은 이미 사망하여 처벌하지 못했지만 관작을 삭탈하였다. 중국에도 이 사실을 알려서 조치를 하도록 호소하는 한편, 책을 사고판 사람들을 잡아들여 극형에 처할 것을 명했다.

과연 이희천 및 책장수 배경도 등을 찾아냈으니, 그 책이 만약 『봉주강감회찬』에 뒤섞여 있었다면 미처 보지 못했다는 것 또한 이상스러운 일은 아니다. 그러나 이것은 망측한 책을 서로 사고판 것이니, 이 사실을 듣고서 마음이 섬뜩하고 뼈가 멍이 든 것 같아서 전례에 따라 처리

할 수가 없다. 이희천과 책장수 배경도는 장막 앞에서 세 차례 조리돌린 뒤에 훈련대장으로 하여금 청파교에서 효시하게 하여 강변에 사흘 동안 머리를 매달아놓도록 하고, 그들의 처자는 흑산도 관노비로 영원히 귀속시키게 하라. _영조실록 47년(1771) 5월 26일

이희천은 책을 산 사람으로서 "책을 사두기는 했지만 읽어보지 않았고, 박필순의 상소를 들은 뒤에 즉시 불태웠습니다"고 자백했지만, 죽음을 벗어나지 못했다. 물론 책 거간꾼도 목숨을 잃고 말았다. 이 책의 저자인 주린도 뒤늦게 기피 대상이 되었다.

고인이 된 판서 이현석의 관직을 소급하여 삭탈하도록 명했는데, 이현석이 편찬한 『명사강목』에 주린의 평이 붙어 있었기 때문에 이런 명령이 있었다. 또 여러 곳의 사고史庫에 소장된 『명사강목』은 책을 볕과 바람을 쐴 때에 즉시 그 부분을 세초하라고 명했다. _영조실록 47년(1771) 5월 29일

2

응시와 부정

좁은 등용문 | 급제의 염원
수종, 협서와 차술 | 시험관과 짬짜미

좁은 등용문

문경새재 옛길을 걷노라면 영남 사람들이 한양으로 과거 보러 가던 오솔길이란 팻말이 종종 눈에 띈다.그림 1 수나라 때에 진사과가 처음 설치되었지만, 과거라는 단어 자체는 당나라 때에 등장했다. 지금은 투표로 사람을 뽑는 것을 선거라 하는데, 전통시대에는 적절한 인물을 골라 벼슬길에 추천하는 것을 말했다. 과거란 말은 '과목에 의한 선거' 즉 수재과, 명경과, 진사과 등의 시험과목에 따른 선발을 의미한다. 또 관광이란 말이 여행하면서 구경하는 것을 의미하지만, 조선시대에는 과거를 보러 간다는 뜻이 있었다. 관광이란 말에는 빛을 본다는 의미와 임금 얼굴을 본다는 의미가 담겨 있다.

지금 대학생들은 진리 탐구는 뒷전이고 취직 공부하기에 바쁘다. 이전에는 사법, 외무, 행정 3과만 고시라 했는데, 이제는 어느 입사 시험이건 고시공부처럼 해야만 하는 세상이 되었다. 시험이 곧 인생의 앞날을 좌우하는 것이다. 고시가 옛날의 과거시험이니, 전통시대에도 과거시험은 곧 등용문登龍門이었다. 중국 황하 상류에 있는 용문은 물살이 세차서 물고기가 거슬러 올라가지 못하는데, 이곳을 올라가기만 하면 용이 된다고 한다. 용문에 오르는 것은 희귀한 만큼, 합격하기 어려운 과

그림 1 과거 보러 상경하던 길(2002. 10)

거 급제의 상징어가 되었다. 한 번 합격하기만 하면 출세의 길이 보장되는 것이다. 과거에 합격하길 얼마나 고대했으면 '무덤이 석 자나 높아진다'는 '총고삼척塚高三尺'이란 속담이 생겨났겠는가.

승려 의관은 성격이 강하여 제멋대로지만 선비들과 교제하는 것을 좋아했고, 선비들도 그를 내치지 않았다. 속언에 "자손이 급제하면 조부모의 혼도 크게 기뻐하여 무덤이 석 자나 높아진다"는 말이 있는데, 의관은 본래 무식하여 '무덤이 높아진다'는 뜻을 알지 못하고 유생 이영서에게 "네가 만약 급제하면 내가 꼭 무덤을 높여주겠다"고 하니, 듣는 사람들이 크게 웃었다. _『고금소총』 동국골계전

맏아들 오윤겸1559~1636이 문과 별시에 급제했다는 소식에 환희작약하는 오희문의 모습에서 과거 급제가 본인뿐 아니라 가문의 경사임을

알 수 있다.

오후에 성균관 사람 5명이 서울에서 달려왔다. 급제 방목을 가지고 큰 소리로 휘파람을 불며 "그저께 저녁때 방이 나오고 평강이 급제했다"고 알렸다. 가지고 온 방목을 보니 조수인이 장원이고 윤겸은 일곱 번째로 급제하였다. 온 집안의 기쁨이지만, 윤해가 실패한 것이 한스러운 일이다. 그렇지만 한 집에 한 사람이 성공한 것으로도 만족할 일이니, 어찌 둘 다 성공하길 바라겠는가? 소식이 계속 전해왔지만 사실인지 믿기지 않는다. 강경講經, 경서 강독시험한 사람 200여 명에서 뽑힌 사람은 19명뿐이라 한다. 오씨 문중에서 현조·고조 이하로 등과한 일이 없었는데, 이번에 내 아들이 처음으로 급제한 것이다. 이제부터는 계속 흥기할 희망이 있으니 한 문중의 경사를 어찌 말로 다 표현하리오. 기쁘고 기쁘기 그지없도다. 하늘에 계신 아버님의 영혼이 어두운 가운데서도 반드시 기뻐하실 것이니, 슬픈 마음 역시 지극하다. …

저녁때 평강현감윤겸이 관청으로 돌아오고, 이 고을의 경주인京主人이 보낸 기별도 전해오니 비로소 그 사실이 믿어진다. 온 집안이 방 안에 둘러앉아서 이야기를 나누다가 밤이 깊어서야 잠자리에 들었다. 난리 중에 등제하여 크게 상관이 없겠지만, 새벽닭이 울 때까지 잠을 이루지 못했으니 필시 기쁨이 극에 다다른 탓이리라. _『쇄미록』 1597. 3. 19.

성균관 사람들이 달려와 미리 급제 소식을 전했으니, 이를 첩보捷報라고 한다. 첩보란 원래 전승 소식을 알리는 보고로서 전쟁 용어가 시험 용어로 쓰이게 된 것이다. 조선시대에는 4조 안에 현관顯官, 높은 벼슬이 없으면 양반이 아니라고 생각했다. 과거시험을 볼 때도 아버지, 할아버지, 증조, 외조 4조의 인적사항을 쓰게 되어 있다. 그런데 5대조 이래 급제자가 없었으니, 아들의 일은 그야말로 가문의 위기를 일거에 날려버린 쾌거였다. 오윤겸은 인조 때인 1628년에 최고의 자리인 영의정까지 올라 과연 그의 집안을 빛내는 인물이 되었다.

하지만 중종 때에 을사사화로 죽음을 맞이한 임형수1514~1547는 아들에게 과거를 보지 말라고 유언했다.

임형수가 제주목사로 있다가 파면되어 나주의 본가로 돌아왔으나 얼마 뒤에 죽음을 받았다. 금부도사가 달려가 나주에 이르렀다. … 임형수가 나와서 꿇어앉아 임금의 명령을 듣고는 그 부모에게 들어가 하직하고 죽기를 청하자 불쌍히 여겨 허락했다. 그를 들여보낸 뒤에는 결별하기 어려워 시간이 지체될까 염려하여 사람을 시켜 지켜보게 하였더니, 그는 방 안으로 들어가지 않고 다만 뜰 아래서 두 번 절하고 나왔다.

그의 아들이 나이 10세가 안 되었는데, 불러서 "글을 배우지 마라"고 훈계했다가, 아들이 떠난 뒤에 다시 불러서 "글을 배우지 않으면 무식한 사람이 될 것이니, 글은 배우되 과거는 보지 마라" 하고 마침내 죽었다. _『동각잡기』 본조선원보록

이때 사약을 받아 마실 때에 주량이 세서 독주 열 여섯 사발을 마셨는데도 까딱도 하지 않았고, 다시 두 사발을 더 마셨는데도 아무렇지 않아서, 결국 목 졸라 죽였다고 전해진다.

우리나라에서 과거제도를 처음 실시한 것은 고려 광종 9년958이다.

중국에서 귀화한 쌍기의 건의를 받아들여 처음 실시한 것이다. 이것은 우리 역사에서 개인의 능력을 중시하기 시작한 획기적인 사건이었기에 시험공부할 때에 열심히 외웠던 기억이 있다. 영국에서는 1860년이 되어서야 경쟁시험에 의한 공무원 등용제도와 능력에 의한 승진제가 도입되었다고 한다.

과거제도 실시 이전인 고대는 엄격한 신분사회였다. 그러기에 개인의 능력보다는 혈통이 중요했으니, 신라에서는 출세하려면 진골 집안에서 태어나야만 했다. 쌍기는 중국사에서 이름이 나오지 않지만, 『고려사』에는 그의 전기가 따로 실려 있고 지금도 많은 사람이 기억할 정도로 우리 역사의 전환점에서 중요한 역할을 한 것으로 평가된다. 왕인 박사가 우리 기록에는 보이지 않지만, 일본에 가서 크게 이바지를 한 것과 유사하다.

과거시험은 조선시대에 와서 전형적으로 발달했다. 조선시대에는 고려 때에 없던 무과 시험을 신설하여 문과와 무과 양과를 두었고, 반면에 승려를 뽑던 승과는 없앴다. 하지만 과거제도는 어디까지나 무인보다는 문인이 지배하는 사회를 뒷받침하는 제도였기에 문과가 항상 중시되었다. 조선시대 문과 시험의 과정은 이러했다.그림 2

소과小科는 예비시험으로 진사시는 문장 짓기 능력을 시험하고, 생원시는 유교 경전의 이해를 시험하였다. '최진사댁 셋째딸'의 최진사도 소과 진사시에 합격한 사람이고, 생원시에 합격한 사람은 생원이라 불렀다. 두 시험을 합쳐서 생진과生進科 또는 사마시司馬試라 하고, 이들의 합격자 명단을 사마방목이라 한다. 이때의 합격을 입격入格이라 하고, 이들에게는 합격증인 백패白牌를 주었다. 초시初試와 복시覆試의 두 단계

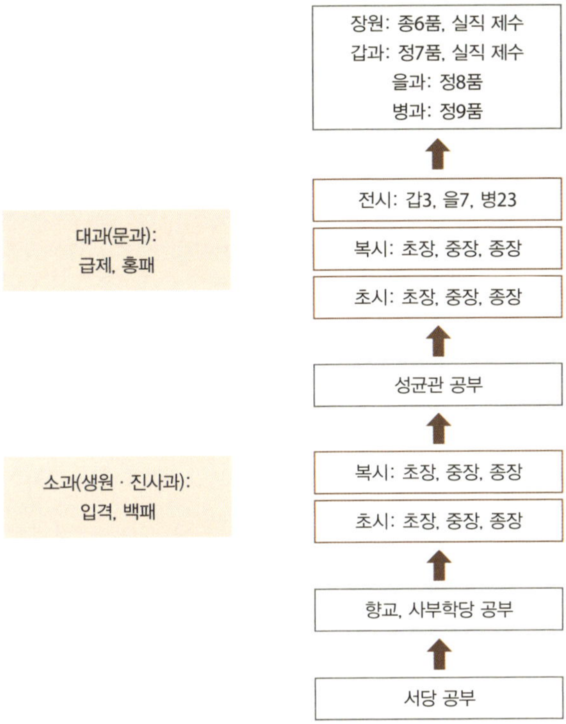

그림 2 조선시대 과거시험 과정

시험이 있었고, 단계마다 3일간 초장, 중장, 종장의 시험이 있었다. 초시는 각 지역에서 치르고, 이들을 서울에 모아서 복시를 치르기에 회시會試라고도 한다. 이렇게 해서 생원 100명, 진사 100명을 최종 선발하여, 성균관 입학 자격을 주었다.

대과大科는 문과, 동당시東堂試라고 하는 본고사이다. 예비시험처럼 초시, 복시를 각각 사흘에 걸쳐 치러서 최종 33명을 선발한다. 아이러니하게도 33이란 숫자는 불교의 33천에서 유래했다고 한다. 이들을 궁궐에 불러들여 마지막 시험인 전시殿試를 치러 장원부터 33등까지 등급을

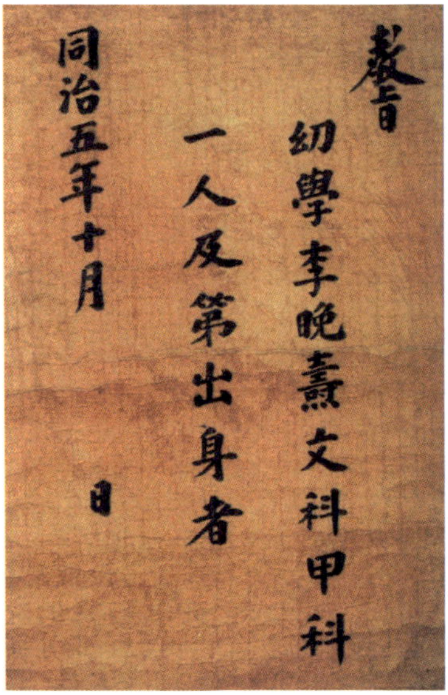

敎旨
幼學李晩燾文科甲科
一人及第出身者
同治五年十月 日

그림 3 이만도 장원급제 홍패

정했고, 그에 따라 벼슬을 제수하였다. 이렇게 3단계로 시험을 치르게 된 것은 송나라부터이다.

고려시대에는 조선시대의 문과에 해당하는 시험으로 문장 시험인 제술과와 경전 시험인 명경과가 있었다. 이 두 시험을 양대업兩大業이라 하는데, 점차 제술과가 중시되었다. 제술과는 당나라 진사과를 받아들인 것이라서 일명 진사과라 한다. 따라서 진사는 고려시대에 대과 급제자이지만, 조선시대에는 소과 급제자를 가리켜 서로 혼동하기 쉽다.

복시는 충분한 시간을 주고 3단계로 치러지지만, 전시는 좁은 궁궐 안에서 하루 만에 끝내는 것이라서 공정하게 평가하기가 어려웠다. 그래서 중국에서는 "복시의 장원은 천하의 재능이요, 전시의 장원은 천하의 복이다會元天下才, 殿元天下福"는 말이 생겨났다. 대과의 합격은 급제及第 또는 출신出身이라 했고, 붉은 종이에 합격자 이름과 과차科次를 적은 합격증인 홍패紅牌를 주었다. 과차는 성적을 의미하는데, 이만도의 장원 급제 홍패를 보면, '갑과'는 과차의 과에 속하고, '일인'은 과차의 차에 속한다.그림 3 무과는 28명을 선발했다.

새벽닭이 울 무렵에 시험장에 들어가서 늦은 밤까지 답안을 작성했다. 대개는 통금을 알리는 밤 10시경 인정人定 종이 울릴 때까지 시험지를 제출했고『미암일기』 1574. 8. 19; 영조실록 1754. 4. 3, 해가 서쪽으로 기울면 북을

울려서 재촉하였다. 어두워서도 시험지를 작성해야 했으므로 횃불을 비춰주게 하였다. 이런 사실은 우의정 신흠의 말에서도 확인된다.

계미년1583과 갑신년1584에 신은 연달아 전시殿試에 들어갔고, 병술년1586 가을에 처음 벼슬길에 올랐습니다. 그 당시에 응시생들은 모두 초경7~9시과 2경9~11시 사이에 퇴장했습니다. 병술년1586 시험에서는 응시생들이 모두 나가고, 신과 동접同接, 같은 글방 친구 한 사람만 남아 있었는데 밤이 이미 깊었었습니다. 그 당시 전각에 있던 시험관이 군사를 시켜 불을 켜주도록 했는데, 신은 그 도움으로 글을 완성하여 올려서 동접과 함께 합격했습니다. _인조실록 4년(1626) 9월 2일

당일 합격자를 발표하는 특별시험에는 시간이 짧게 정해져 있었으니, 1632년 3월 18일에 시행한 알성시는 오시午時, 11~13시를 시한으로 삼았다. 희귀한 일이기는 하지만, 왕의 허락을 받아 시험 시간을 연장해주어 장원 급제를 한 예도 있었다.

선조 13년1580의 별시 때에 시험 시한이 이미 지났으나 응시자 황혁이 아직 답안지를 제출하지 않았다. 시험관이 "황혁이 아직 답안지를 제출하지 않았지만 시한이 이미 다 되었으니, 청컨대 시각을 조금 연장해주어 재주를 모두 발휘하도록 하옵소서" 아뢰자, 상이 윤허했다. 방이 나오자 황혁이 과연 장원을 하였다. _『임하필기』 문헌지장편

33명의 합격자는 중국에 비하면 아주 적었다. 다음은 예조에서 세종

에게 보고한 말이다.

역대의 과거시험에는 따로 정원이 없어서, 당나라에서는 해마다 뽑는 것이 150명을 내려가지 않았고, 송나라에서는 3년마다 한 번 시행하여 많을 때는 1,500명에 이르렀습니다. 우리나라에서는 3년마다 규정에 따라 33명을 뽑아서 을과 3명은 즉시 발탁하고, 나머지 30명은 삼관三館에 나누어 임명했습니다. _세종실록 29년(1447) 1월 4일

이때는 아직 제도가 확정되지 않았으니, 여기서 말하는 을과는 세조 때부터 갑과로 불리게 되었다. 을과 1, 2, 3등 즉 장원과 2, 3등은 실직實職을 즉시 주고 나머지는 우선 품계만 주어 홍문관, 예문관, 교서관의 삼관에 분속시켰다가 나중에 실직을 주었다.

인구 비례로 따지면 조선의 급제자는 중국보다는 많았을 것이지만, 전국의 학생들 가운데서 최종 33명에 든다는 것은 그야말로 하늘의 별 따기였다. 조선시대 전국의 고을은 360개 정도였으니, 11개 고을에서 한 명의 문과 합격자를 배출하는 셈이다. 중국 송나라 때에는 3년에 한 번씩 치르는 과거에 응시하기 위해서 항상 6, 7천 명이 상경하여 대기하였고, 시험 때가 되면 거의 두 배로 불어나서 300명의 합격자는 대략 50 대 1의 경쟁을 뚫고 합격한 것이 되었다. 그러나 유일하게 보장된 출셋길이었으므로 평생 이 어려운 길에 매달릴 수밖에 없었다. 박지원은 이웃집에 보낸 편지글에서 이를 비유하여 '만에 하나'라고 일렀다.

무릇 요행을 말할 때에는 '만에 하나'란 말을 하지요. 어제 과거 응시자

가 수만 명이 넘지만 급제자는 겨우 20명이니, 만분의 일이라 이를 만하지요. 시험장에 들어갈 때 밟고 밟히고 죽고 다치고 하는 자들이 수도 없이 많으니, 형제끼리 서로 부르고 뒤지고 찾다가 급기야 만나게 되면 다시 살아난 사람을 만난 듯이 손을 부여잡으니, 죽을 확률이 10분의 9라 이를 만하지요.

지금 그대는 능히 10분의 9인 죽을 확률에서 벗어나서 만에 하나 가능성을 가진 이름을 얻었지요. 나는 많은 사람 가운데 만에 하나로 영광스럽게 발탁된 것을 축하하기에 앞서서, 10분의 9에 달하는 위험한 곳에 다시 들어가지 않아도 되는 것을 속으로 축하할 따름이오. _『연암집』 영대정잉묵, 하북린과賀北鄰科

그의 편지글은 매우 냉소적이다. 이렇게 만에 하나인 확률을 바라고 응시하는데, 누구는 임금의 특명으로 '우일차' 즉 '한 번 더'의 기회를 잡기도 했다.

김기가 시험장에 들어가니 응시자들이 모두 눈짓하며 "저기 저 사람이 바로 우일차又一次야" 하였다. 우일차라는 것은 지금 각종 군사가 무술을 훈련할 때에 만일 첫 번에 떨어지면 한 번 더 시험하고 또 떨어지게 되면 그때야 쫓아내는 것을 말한다. 김기가 이미 회시 강경 시험에서 떨어졌는데, 얼마 안 있어 특명으로 전강殿講에 나아갔고, 그때 받은 점수에 따라 지금 회시의 중장과 종장에 나아가게 하였으므로 '우일차'라고 말한 것이다. 시험장의 응시자들이 우일차라고 했을 뿐 아니라 나라 사람들도 모두 "김기는 우일차다" 했다. 과거시험에 우일차는 전에 없

그림 4 연지와 영화당 및 춘당대

던 일인데, 김기로부터 시작되었다. _중종실록 26년(1531) 9월 18일

임진왜란을 거치면서 과거시험은 제 기능을 잃기 시작하지만, 시험에의 열망은 오히려 대단하였다.

임금이 성균관에 거둥하여 옛 성인을 뵙고 작헌례를 행한 뒤 춘당대로 돌아와 문무의 선비들을 시험하였다. 임금이 시험을 치르는 유생을 바라보고 "굉장하다. 몇 사람인가?" 하니, 승지가 "문에 들어온 자가 1만 6천 명입니다"고 했다. 이때에 과거시험을 너무 자주 실시해서 요행히 급제하기를 바라는 자가 많았다. 이리하여 서울과 시골에서 무릅쓰고 응시하는 자가 해마다 더욱 늘어나 시권試券, 시험지을 거둔 것이 때로 1만 7, 8천에 이르기도 하였다. _영조실록 15년(1739) 3월 19일

춘당대는 창덕궁 안에 있는 곳으로 과거시험을 많이 치르던 곳이다. 부용정이 있는 연못 동쪽에 영화당이 있고, 그 동쪽으로 너른 마당이

그림 5 시사단(2010. 3)

있는데 그곳이 춘당대그림 4로 지금은 잔디밭으로 변해 있다.

과거시험은 원래 3년마다 치르게 되어 있다. 자子, 오午, 묘卯, 유酉자가 들어가는 해에 치르는 것으로 식년시式年試라고 한다. 이밖에 특별한 일이 있을 때에 치르는 별시別試가 있었다. 위의 시험도 별시이다.

조선시대에 문·무과 741회에 1만 4,620또는 1만 4,615명이 급제했는데, 정기 시험인 식년시는 163회에 6,063명, 특별 시험인 별시는 581회에 8,557명을 배출하였다. 후기로 가면서 별시를 빈번히 시행하여 식년시 합격자보다 많아졌다. 이처럼 조선후기에 각종 명목으로 시험을 자주 치르게 되어 과거 합격자를 양산하게 되었고, 상대적으로 합격하기가 쉬워서 요행을 바라는 사람들도 늘어나 응시자가 폭증하였다. 참고로 고려시대에는 425년간 251회에 걸쳐 6,167명의 제술업 급제자와 415명의 명경업 급제자가 배출되었으니, 양과 급제자는 총 6,582명이었다.

안동의 도산서원 앞에는 시사단이란 곳이 있다. 안동 댐이 건설된 뒤 수몰 위기에 처해서 10미터 높이로 올려놓아 이상하게 되어 있지만,그림 5

원래는 소나무 숲이었다. 여기서 정조 16년1792에 별시가 치러졌는데, 이인좌의 난 이후 영남 남인들의 벼슬길이 막혀 있다가 처음으로 길을 열어준 것이었다. 이때에 입장한 유생이 1만 명 가까이 되고, 답안지를 제출한 자가 거의 5천 명이나 되어 '영남에 사대부가 만 명'이란 말이 생겨났다고 한다.

이렇게 많은 사람이 몰리다 보니 박지원의 지적처럼 시험 장소에서 밟혀죽는 사람까지 종종 나타났다.

임금이 과거를 보던 유생 두 사람이 시험장에서 밟혀 죽었다는 말을 듣고는, 특별히 오늘은 음악을 정지하고 그 아들이나 동생을 등용하라고 명했다. _영조실록 49년(1773) 10월 22일

실제로 박지원은 아들에게 보낸 편지에서 "시험에 붙고 안 붙고는 관계없는 일이며, 다만 과장에 출입할 때 조심해 다치지 않도록 하거라"고 당부했다. 정조 7년1783 8월에는 여섯 명이나 밟혀죽었다. 과거가 문란해진 후대에만 그랬던 것은 아니다. 세종 14년1432 1월에도 박효손이 밟혀죽었으니, 이때도 학생들이 휘파람을 불며 떼를 지어 입장하다가 사단이 벌어졌다.

과거를 보고 지방으로 돌아가던 유생들이 한강에서 모두 익사한 사고가 발생한 적도 있다.

고향으로 돌아가던 응시자 80여 명이 한강을 건너는데, 날이 저물어 먼저 배를 타려고 다투다가 너무 많이 타서 배가 뒤집혔다. 응시자와 동

승자 모두 익사했다. _숙종실록 44년(1718) 10월 28일

과장科場 즉 시험장은 너른 평지로서 좌석이 따로 있는 것이 아니었다. 궁궐에서 치르는 정시庭試만 해도 정전 마당이거나 춘당대였다. 이러다 보니 비라도 오게 되면 난리가 났다.

이때 비가 매우 많이 왔다. 우의정 허적이 승지 민희로 하여금 아뢰게 하였다. "노천에서 과장을 열었는데, 갑자기 큰비를 만나 수천 명의 유생이 흠뻑 젖어 제술을 할 수 없습니다. 추위를 견디지 못해 밖으로 나가 생명을 부지할 수 있게 해달라고 일제히 호소하니, 임시변통이 없어서는 안 되겠습니다."

상이 영상 정태화에게 의논하도록 명했다. 정태화가 "과장의 일은 체통이 매우 중요하고, 또 훗날 이 일을 끌어다가 전례로 삼을까 염려됩니다. 빨리 나가기를 자원하는 자는 허락해주고, 나머지는 그대로 제술하게 해야 하겠습니다"고 아뢰니, 상이 원하는 대로 유생을 내보내주라고 명했다.

이리하여 수천 명이 일시에 일어나 나가니, 흠뻑 젖어 엎어지는 모습을 형언할 길이 없었다. 일부 유생만 제술을 냈으니 겨우 56장이었다.
_현종실록 7년(1666) 4월 10일

이처럼 과장을 나갈 때도 일정한 시간이 되어야 가능했고, 함부로 나갈 수는 없었다. 함경도 길주에서 별시를 치르는 모습이 그려진 '북새선은도'1664를 보면,그림 6 마당에서 무과가 치러지고 관청 뜰에서는 문과

그림 6 북새선은도 길주과시도(한시각)

가 치러지고 있다. 무과 장면을 보면, 마당 아래쪽에 사람들이 시험을 기다리고, 중앙에서는 말을 타고 허수아비에 활을 쏘는 시험이 진행되고 있으며, 관아 건물에는 시험관들이 있다. 문과는 관아의 남쪽 측면 뜰에서 이루어져, 마루에는 시험관이 앉아 있고 뜰에는 18명의 응시자와 감시를 담당한 두 명의 군졸이 보인다.

이런 시험 장면은 전용시험장이 있는 중국의 경우와 다르다. 중국에서는 마구간처럼 기다란 건물이 나란히 늘어서 있는 공원貢院에서 시험을 치렀다. 시험관이 입장하는 그림에서 옆으로 많은 건물이 들어서 있는 것을 볼 수 있다.그림 7 건물 안에는 벌집처럼 되어 있는 호방號房, 즉 독방이 가득 차 있는데, 시험 보는 사흘 동안 이 안에서 꼬박 갇혀 생활하게 되어 있다. 주야를 막론하고 며칠씩 잠을 자지 않고서 여러 편의 글을 지어야 하니, 정신이 강한 사람이 아니면 견뎌내지 못했다고 한다.

명나라 때의 과거시험 장면을 보면,그림 8 큰 건물에 감독관이 앉아 있고, 좌우 작은 건물에도 관리가 앉아 있다. 중간의 누각 위에는 두 사람이 깃발을 흔들어 명령을 전달하고 있다. 응시자는 좌우에 설치된 독방

그림 7 시험관 입장 장면 (위)
그림 8 명나라 과거시험장 (아래)

에 갇혀 있고, 방 앞에는 한 사람씩 서서 부정행위를 감시하고 있다. 출입구 앞에는 천자문 순서의 번호를 적은 간판이 서 있다.

조선에서도 원래는 시험장 출입을 엄격히 통제했지만, 단속이 느슨해지면서 문란해졌다. 이에 대해서 박제가는 이렇게 비판했다.

하물며 이전 과거는 지금 과거와 같지 않았다. 왜냐? 선대 임금 때에는 과거 응시 유생이 400명이나 된다고 하여 축하한 일이 있기 때문이다. 무릇 400명이 응시한 것을 두고 가장 많다고 하였으니, 다른 것은 논할 것도 없고 다만 과장에 들어가는 한 가지 일만 해도 앞을 다투어서 밟고 밟히는 폐단이 없었을 것이다.

지금은 백 배나 되는 유생이 물과 불, 짐바리 등을 들여오고, 힘센 무인들이 들어오고, 심부름하는 노비들이 들어오고, 술 장사치가 들어오니, 뜰이 어찌 비좁지 않을 리 있으며, 마당이 어찌 혼란스럽지 않을 리 있겠는가? 심지어는 방망이로 서로 치고 장대로 서로 찌르니, 문에서 횡액을 당하고 거리에서 욕을 얻어먹으며, 변소에서 급제를 애걸하기도 한다.

하루 동안 과거를 치르면 머리털이 희어지고, 종종 살상하거나 압사하는 자도 발생한다. 온화한 모습으로 겸양의 예를 표해야 할 곳에서 강도질이나 전쟁질을 해대니, 옛사람은 오늘날과 같은 과장에는 분명히 들어가지 않았을 것이다. _『북학의』 외편, 과거론

과거시험에는 정보도 중요하였다. 이황1501~1570은 1553년 변경된 시험 방법을 알려주는 편지를 아들에게 보내면서, "너의 학업은 부진하고 때때로 법은 더욱 어려워지니 어찌하랴? 다행인 것은 진사시에는 율부律賦가 채용되지 않고, 또 『고문선』도 외우고 풀이하는 시험을 보지 않으니 이것은 조금 기쁠 뿐이다" 하였다. 이후에도 몇 차례나 변경된 시험 정보를 알리는 편지를 보냈다.

무관 노상추1746~1829도 서울 이곳저곳을 다니면서 각종 소문과 시험

정보를 수집했다. 하지만 정보에 어두운 시골 선비였던 그는 시험 과목이 바뀐 줄 모르고 응시했다가 떨어졌다. 또 오윤해1562~?는 동생과 함께 시험을 보러 평강에서 서울로 떠났다가 철원에서 시험이 연기되었다는 말을 들었다『쇄미록』 1599. 2. 18. 이리하여 소식에 밝은 서울의 대갓집 자제들이 합격자의 대다수를 차지할 수밖에 없었다. 이런 사정을 아는 정조는 지방민을 배려하기도 했다.

또 들으니 시골 선비로서 서울에 올라온 사람들도 많다고 하는데, 어찌 빈손으로 강을 건너 돌아가게 할 수 있겠는가? 내일 답안지試券 첫머리에 서울 선비는 경京자를 쓰고 3도都. 한성, 개성, 평양와 8도의 선비들은 각각 고을 이름을 쓰도록 하라.

우리나라에서 인재 등용은 오로지 과거로만 하기 때문에 벼슬길이 더욱 좁아졌다. 예전에 먼 지방에까지 두루 미치게 한 것은 자랑할 만했는데, 근래에는 경기와 호서에도 미치지 못한다. 또한 한강 안쪽과 도성 밖에도 미치지 못하여, 요행으로 급제하는 집은 모두 남산과 북악산 사이에 있다. 이처럼 좁아서야 인재 등용의 기회를 넓히려 한들 될 수가 있겠는가? _정조실록 18년(1794) 2월 20일

이렇게 서울의 대갓집에서 과거를 독점하다시피 하니, 시골 선비가 급제하는 것은 하늘의 별따기였다. 설령 급제했다고 해도 한정된 벼슬자리에서 역시 문벌과 연줄이 없으면 출세 가도를 달리기가 어려웠다.

우리나라 제도에 자·오·묘·유가 들어가는 네 해를 식년으로 삼아, 문

과에 33명, 생원과와 진사과에 각각 100명씩이나 많이 뽑는다.

입사에서 치사까지 대략 30년으로 잡으면 그 한 세대에 2,330명이 배출된다. 지금 내직으로는 병조가 관장하는 것을 제외하고 이조가 인사권을 가진 것이 400자리가 안 되고, 외직도 이와 맞먹는다. 그런데 무과·음서·천거·유품流品 따위도 여기에 끼어 있으니, 이마저 제외하면 500여 자리에 불과하다. 이 500여 자리에 2,330명을 등용해야 하니 골고루 미칠 수 없는 형편이 된다. 그러므로 생원과 진사는 오직 현달한 근신의 도움을 받아야만 벼슬을 얻고, 비록 문과라도 끌어주는 힘이 없으면 한 번 체직된 뒤에는 다시 벼슬길에 나아가지 못한다. _『성호사설』 인사문, 과천합일科薦合一

벼슬자리는 고려 문종 때에 문관 518명, 무관 3,867명으로 합계 4,385명이었고, 조선 정종 2년1400에는 문관 520명, 무관 4,170명으로 합계 4,690명이었다고 한다. 무관 고위직은 문관들이 겸하고 있었으니, 실제적인 관직은 문관직 500여 개 정도여서, 이익의 기록과 일치한다. 정조는 과거에 급제하고도 제대로 서용되지 않은 명단을 적어들이라고 하면서 이렇게 말했다.

그들이 과거에 오르고 벼슬에서 떨어진 시기로 논하면, 모두 내가 즉위하기 이전의 일이다. 그러나 지금까지 생존해 있으면서 한 번도 관모를 쓰지 못하였다. 옛말에 석 달 동안 벼슬을 하지 않으면 마음이 급하여 허둥댄다는데, 지금 벼슬에서 떨어진 지 3, 40년이 되어 대궐 문도 모르고 있으니 어찌 가엾지 않은가? _정조실록 12년(1788) 8월 18일

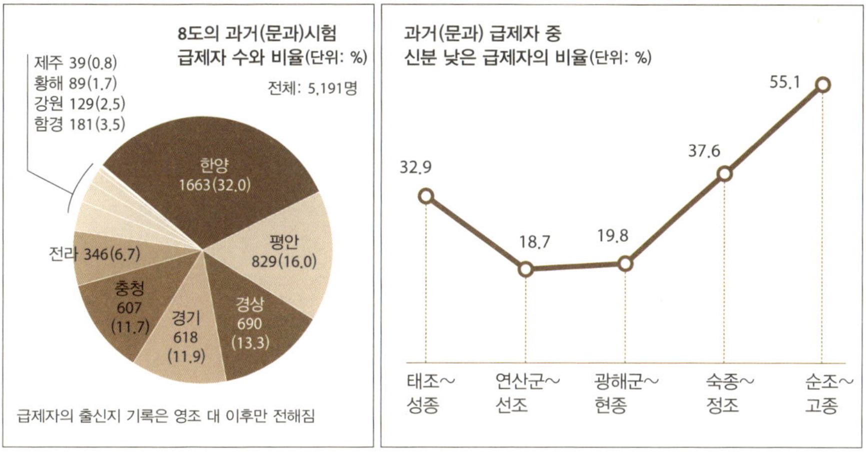

그림 9 조선시대 과거 급제자(동아일보)

과거시험은 혈통 중심의 사회에서 능력 중심의 사회로 변해가는 역사의 발전을 단적으로 보여준다. 열린사회로 나아가는 지표가 되는 것이다. 과거시험을 통하여 지식인, 즉 문관이 통치하는 세상을 만들게 되었다. 또 상층과 하층의 신분 이동이 끊임없이 일어나 권력의 세습화를 방지하는 역할도 하였다. 과거 급제자에 대한 최근 연구를 보면, 과거제는 양반특권층이 신분을 세습하는 장치보다는 신분이 낮은 사람들이 '개천에서 용이 나는 출세의 사다리' 역할을 했다고 한다. 조선초기에 신분이 낮은 급제자가 40~50퍼센트에 이르렀다가 16세기 후반부터 양반의 벼슬 세습이 굳어졌지만, 18세기 중반 이후 다시 양반 이외 출신자의 비율이 50퍼센트를 넘었다고 한다.그림 9 북쪽 사람들을 차별했다고 알려졌지만, 평안도 출신이 예상 밖으로 많은 것도 놀라운 일이다. 다만 이들에게 벼슬길에서 동등한 기회를 줬는가 하는 것은 별개 문제이다.

지금도 좋은 대학에 들어가거나 고시에 합격하려고 기를 쓰듯이 이전에는 과거시험에 매달릴 수밖에 없었다. 그래야 출세가 보장되어 집안을 일으킬 수 있기 때문이다. 조선후기에 전국적으로 응시자가 몇만 명 정도였는데, 1840년대에는 생원·진사시 응시자가 대략 13만 명 정도로 늘어나 90 대 1의 경쟁률을 뚫어야 했다. 응시자가 가장 많은 시험은 고종 16년1879에 시행된 정시庭試로 무려 21만 3,500명에 달했다.

과거제도는 중국에서 수나라 때에 탄생하여 1905년까지 지속되었고, 당나라와 송나라 때에 가장 이상적으로 실현되었다. 우리나라에서도 1894년 폐지 때까지 900년 이상 유지되었고, 조선전기에 가장 잘 운영되었다. 베트남에서도 한때 실시된 적이 있지만, 일본에서는 과거제를 채택한 적이 없다. 1748년 일본에 사신으로 간 조명채1700~1764는 이렇게 적었다.

나라에 과거제도로 사람을 취하는 법이 없어서, 이것으로 높은 직위에 등용되지 못한다. 비록 총명하고 재주가 있는 사람들도 자포자기하고 어리석게 되는 것을 달게 여긴다. 정사는 가신家臣에게 맡기고 문서는 서기書記에게 맡겨서, 관직이 높은 자는 낫 놓고 기역 자도 모른다.

_『봉사일본시문견록』 문견총록, 총론

이해에 실록에 실린 견문록에도 "이 나라에는 과거로 인재를 선발하는 일이 없고 모두 세습하고 있었다"고 적었다. 일본에서 아직도 직업의 세습성이 강한 것도 이 때문이라 한다. 한편으로 유럽에서도 이런 시험제도를 시행한 적이 없다가 19세기에 와서야 필기시험 제도가 생겨났다고 한다.

우리나라에서 교육열이 비정상적일 정도로 높은 것도 이와 무관하지 않다. 출신에 관계없이 누구나 열심히 공부하면 출세할 수 있다는 꿈을 가지게 하였기 때문이다. 오바마 대통령이 한국 교육을 배워야 한다고 누차 지적한 것도 이런 면을 본 것이리라.

급제의 염원

영국 케임브리지 대학에서는 매년 학기말 시험이 끝나면 개인에게 성적을 통보하지 않고 본부 건물 앞에 일괄해서 성적을 게시한다.그림 1 누가 어떤 성적을 받았는지 모두 공개되는데다가 어떤 칼리지가 성적이 좋은지 경쟁이 되는 상황이 되니 학생들의 스트레스가 심하다고 한다. 그래서 최근에는 학생들의 요구로 방식을 다소 변경하였지만, 무려 300년이나 된 전통이라서 쉽게 포기하지는 않을 것 같다. 만일 근래에 처음 시행된 것이라면 프라이버시 문제가 크게 불거졌을 일이다. 연구년으로 있는 동안에 이런 방을 보면서 과거의 방을 떠올리게 되었다.

그림 1 케임브리지 대학의 성적 공개(2013. 7)

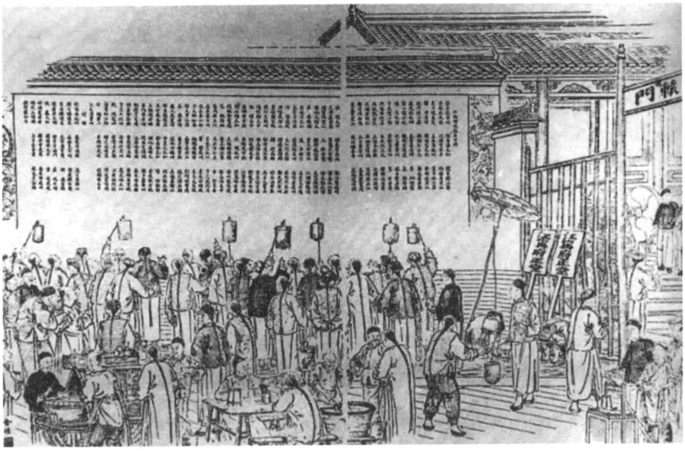

그림 2 남위방방도

고등학교 시절에 시험 성적을 1등부터 차례로 벽에 방을 붙여 발표했었고, 대학 합격자 발표 때도 전체 명단을 적은 방을 붙여 공고했었다. 학교 대운동장 난간에 기다랗게 붙인 방에서 내 이름을 찾았던 기억이 있다. 당시에는 사회적 관심사였기에 라디오에서도 합격자 명단을 발표했다. 그러나 전화와 인터넷이 발달하면서 이런 모습은 거의 사라지고 말았다. 지금도 이런 식으로 방을 붙이는 경우가 있는가 본데, 이 경우에 학생들이 미국 문화의 영향을 받아서 '빌보드 차트'라고 부른다고 들었다.

중국의 '남위방방도南闈放榜圖' 1891를 보면 방을 붙여서 과거 합격자를 발표한 것을 볼 수 있다.그림 2 중국에서는 담당자가 방을 가지고 나와 대중 앞에서 합격자 이름을 성적순으로 직접 써내려가며 발표했다고 한다. 북경의 공묘孔廟에는 역대 급제자의 이름을 새긴 비석 숲이 있다.그림 3 원나라 때부터 시작되어 청나라까지 198기의 비석에 5만 1,624

그림 3 공묘 비림(2002. 2)

명의 이름이 새겨져 있다고 한다.

인생에서 잊을 수 없는 최고의 기쁜 일이 네 가지가 있으니, 그중 하나가 금방金榜에 이름을 올리는 것이다. 금방이란 합격자 명단이 적힌 종이로서 천자의 도장이 찍혀 있어서 금방이라 한다.

오랜 가뭄에 단비를 만났을 때 久旱逢甘雨
타향에서 옛 친구를 만났을 때 他鄉遇故知
신혼 밤에 화촉을 밝힐 때 洞房華燭夜
금방에 이름을 올릴 때 金榜掛名時 _미야자키 이치사다 책, 165쪽

합격자 이름을 일일이 부르면서 합격 증서를 주어서 방방放榜 또는 창방唱榜이라 한다.그림 4

그림 4 우리나라에서 가장 오래된 과거 합격증(1205)

인정전에 나아가 생원시험의 방을 발표하였다. 유학 민원 등 100명이 푸른 깃의 옷에 유생의 관을 쓰고 이름을 부르는 차례대로 궁전 뜰에 들어가 네 번 절을 했다. 술과 과일을 내려주니, 학생들이 모두 허리를 굽혀 엎드렸다가 일어나 꿇어앉아 술잔을 받았다. 다시 구부려 엎드렸다가 일어나서 네 번 절했다. 근신과 삼관三館, 홍문관, 예문관, 교서관이 모두 절차대로 예를 행하고, 생원들은 사흘 동안 유가를 하였다. _세종실록 2년(1420) 윤1월 18일

방방 의식을 치르는 모습은 그림으로 제법 남아 있는데, 1795년 윤2월에 정조가 화성에 행차하여 문무과 과거시험을 치른 뒤에 낙남헌에서 합격자를 발표하고 상을 내리는 장면그림 5도 그 하나이다. 화성 인근에 사는 선비와 병사들의 사기를 높여주기 위해서 치른 시험으로, 위쪽에 정조의 어좌가 표시되어 있고 그 앞에 시험관들이 앉아 있으며, 섬돌 아래에는 홍패와 어사화가 놓인 탁자가 있다. 뜰에는 푸른 옷을 입은 급제자들이 머리에 어사화를 꽂고 서 있다.

유가游街란 소과이건 대과이건간에 급제자가 시험관이나 선배, 친척

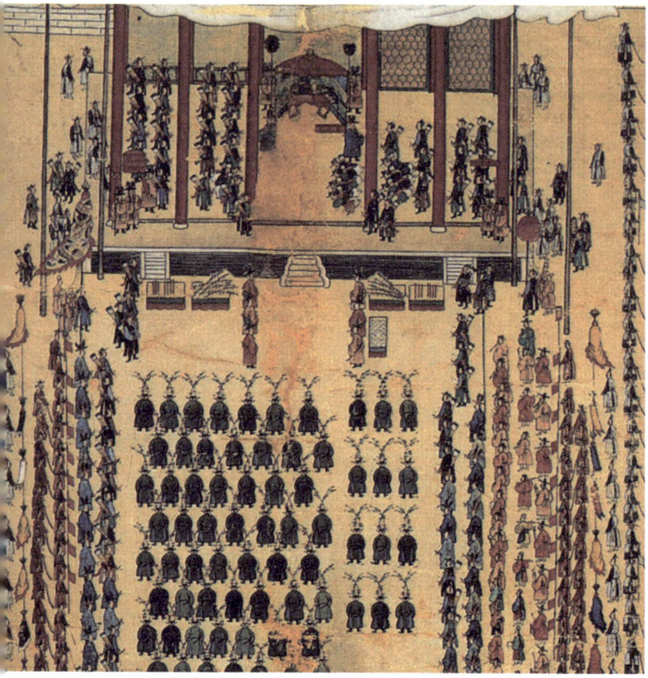

그림 5 낙남헌 방방도(김득신)

그림 6 삼일유가(전 김홍도)

등을 찾아다니며 사흘 동안 예를 올리는 행사이다. 간략화된 오케스트라인 삼현육각이 맨 앞에 서고 광대가 뒤를 따르며, 그 뒤로 어사화를 꽂은 급제자가 의기양양하게 말을 타고 행진을 했다.그림 6 좋은 성적을 거둔 운동선수들이 시가에서 행진을 펼치는 것과 같은 것이다. 당연히 이때에 구경꾼이 몰려 장관을 이루었고 부러움의 대상이 되었다.

급제한 집에서는 친구나 친지들을 불러서 자축연을 벌였으니, 이를 문희연聞喜宴이라 한다. 이를 위해서 때로는 금주령을 해제하기도 했다. 4월 9일에 서울에서 창방 행사에 참석하고 돌아온 오윤겸이 시골에서 치른 행사는 다음과 같다.

16일. 느지막에 평강현감 윤겸이 돌아왔는데, 5리 밖에서 장막을 치고 옷을 갈아입고서 꽃을 세우고 풍악을 울리며 왔으니, 쇠락한 가문에 그 얼마나 경사가 아닌가? 우리 가문에서 비로소 어사화를 보았고, 이제부터 계속 일어날 것이니 다행이고 다행이도다. 어머님께서는 슬픔과 기쁨이 교차하며 눈물이 줄줄 흐르는 것을 깨닫지 못하신다. 먼저 신주 앞에 제사를 올렸다. …

17일. 이른 아침에 윤겸은 향교에 가서 공자 사당에 참배하고 돌아왔다. … 21일에 경사 잔치를 열려고 사람을 보내서 손님을 청했다. …

21일. 경사 잔치를 베풀었다. … 재인들은 각각 백 가지 재주를 보여 주었다. 선생들도 새로 급제한 사람을 축하하기 위해 얼굴에 온통 먹칠을 하기도 하고, 혹 가인佳人, 기생을 업게 하기도 하고, 혹 땅에서 한 치에 이르도록 고개를 숙여 절하게 하고, 혹 노래도 하고 춤도 추게 하니 사람들이 가득 모여 구경했다. 종일 수작하느라 내가 먼저 크게 취했다.

_『쇄미록』 1597. 4.

여기서 선생이란 먼저 급제한 선배를 이르는 말이다. 고관에서 낮은 관리까지 과거에 급제한 관리는 선생이라 하고, 비록 고관이라 해도 급제 출신이 아니면 대인大人이라고 구별해서 불렀다. 새로 관리가 된 자를 괴롭히듯이, 새로 임금의 은혜를 입은 신은新恩도 신고식을 치르게 하였다. 그러나 가난한 집에서는 이런 잔치마저 열지 못했으니, 같은 고을에 사는 무인 최수영이 그러하였다.

장원이 되면 대우가 달라졌다. 중국에서도 장원은 영광스런 특별 대우를 받았으니, 북경에서 만난 중국 선비가 홍대용에게 이렇게 설명했다.

또 묻기를, "중국도 과거 방이 나면 원근에 전하여 보입니까?"라고 하자, 엄생이 말하기를, "방이 난 후에는 사람이 종을 울리며 붉은 단자에 성명을 써 가지고 급히 와서 전합니다." … 반생이 말하기를, "속담에 이르기를 한 번 과거에 이름을 이루면 천하에 들린다 하였으나 한 달이 지나면 아는 사람이 없습니다. 다만 장원의 이름은 비록 100년이 지나도 일컬어 마지않고, 비록 높은 벼슬이 있어도 종신토록 장원이라 일컬으니, 이러하므로 장원의 영화로움은 비할 곳이 없습니다. 장원에게는 묘한 일이 두 가지 있습니다. 한 가지는 창방 후에 황상이 태화전에 자리를 잡고 오봉문과 태청문을 열어 장원으로 하여금 말 타고 가운데 문으로 나가게 하고, 순천 부윤이 친히 채를 잡아 장원의 뒤를 따르며, 입히는 비단옷은 다 궁인이 친히 지은 것입니다. 또 한 가지는 장원의 부인이 수레를 타고 고을의 성 위에 올라 돌아다니며 온갖 곡식을 뿌려 다른 사람에게 복을 나누니, 이 두 가지 일은 비록 재상이나 대인이라도 얻지 못합니다." _『을병연행록』 1766. 2. 17.

황제의 전용문인 가운데 문을 이용했으니, 이 얼마나 영광스럽겠는가? 그런데 홍대용은 부인의 행사에 대해서는 의아하게 생각했다. 조선시대적 사고로는 부인이 공공연히 나다니는 것이 이해가 되지 않았기 때문이다.

조선에서는 이런 정도는 아니었지만, 감히 이름을 부르지 못하고 장원이라 존대했으며, 만나게 되면 절을 하고 감히 읍을 하지 못했다. 장원에게는 종6품 실직이 제수되었다. 대부분 행정직은 7품 이하 참하관에 속하고, 7품과 6품 사이에는 넘기 어려운 경계선이 있어서 6품으로의 승진을 출륙出六, 陞六이라고 불렀는데, 이런 분계선을 단숨에 넘은 것이다. 종9품에서 정3품 당하관까지 올라가려면 1만 4,784일, 즉 41년 정도가 걸리는데, 장원은 2,700일 즉 7년여를 한 번에 면제받은 셈이다.

고려 중엽부터 장원 급제자들끼리 축하 모임을 가졌으니 이를 용두회龍頭會라 한다.

고려 때 매번 방을 내걸 때에 장원 급제한 이는 용두회를 열어 세상 사람들이 부러워하였다. 김양경은 뛰어난 재주로 과거시험에 방안榜眼, 2등을 하여 재상 벼슬에까지 올랐어도 여전히 불만스러워 했다. 이웃에 용두회를 여는 자가 있자 시를 지어 보냈다.

듣자니 그대 집의 귀빈 잔치는 聞道君家宴貴賓
아름다운 숲 나뭇가지마다 봄이네 佳林渾是一枝春
성대한 모임에 참석하고자 하나 분수 아님이 부끄러워 欲參高會慙非分
물러나 그때 2등 됨을 한탄하네 却恨當年第二人

조선에서는 이 모임을 열지 않은 지 오래되었다. _『견한잡록』

김양경은 고려 명종 24년1194에 2위로 급제한 인물이다. 중국에서 1등은 장원, 2등은 방안, 3등은 탐화探花라 했는데, 우리나라에서도 이를 따랐다. 다만 3등은 화랑이란 말과 겹쳐서 그런지 탐화랑探花郎 또는 담화랑擔花郎이라 불렀고, 왕 앞에서 어사화를 받아 급제자들에게 나누어 꽂아주는 역할을 하였다.

용두회처럼 역시 고려시대의 독특한 제도로서 좌주문생제가 있었다.

시험 주관자를 좌주座主라 하고, 그 아래서 합격한 사람을 문생門生이라 하는데, 양자 사이는 죽을 때까지 부자관계처럼 대했다. 이런 제도는 무신정권기에 발생하여 마침내 서로 도와주고 의지하는 세력집단이 되었다. 고려중기 이후의 문벌세력은 이러한 유대관계를 바탕으로 하였다. 이것이 폐단을 일으켜 조선시대에 들어서 폐지되었다.

우리 조정에서는 지공거知貢擧, 시험관 우두머리의 제도를 없앴으나, 아직 문주門主니 좌주座主니 하는 이름이 있어 혹 술자리를 베풀어 찾아보고, 죽으면 그 집에서나 여행길에서나 모두 제물을 배설하여 제사지냈다. 그런데 지금은 문생과 좌주가 오랑캐 보듯이 하고 도리어 서로 배척하니, 여기에서도 세태의 변화를 볼 수 있다. _『용재총화』

송나라 태조가 전시 시험을 처음 만든 것도 자신이 스스로 좌주가 되어 문생의 후견인이 되려는 의도였다고 한다. 천자의 권력으로 사적인 당파 형성을 막아보려 했던 것이다.

아들 하나가 등제해도 기쁜데, 여러 아들이 그러했다면 부모는 얼마나 행복했을까? '오자등과五子登科'란 말이 있으니, 다섯 아들이 합격하면 국가에서는 부모에게 쌀이나 벼슬을 특별히 하사했다.

우리나라에서 세 아들이 과거에 급제한 이는 많으나, 다섯 아들이 급제한 이는 드물다. 따라서 부모가 죽었으면 벼슬을 추증하고, 살아 있으면 한 해에 쌀 20석을 하사하였다. 고려에서는 홍우수·홍부·홍강·홍덕·홍명뿐이고, 조선에 들어와서는 이예장·이지장·이성장·이효장·

그림 7 조선시대 별전

이서장 5형제와 안중후·안근후·안관후·안돈후·안인후 5형제가 모두 등과하였다. _『용재총화』

5형제 등과는 그야말로 꿈이어서, 조선시대에는 이 기원을 담은 동전인 별전別錢이 만들어졌다. 별전은 정식 화폐를 만들기 전에 시험용으로 만들거나 특별한 행사를 위해 기념용으로 만든 것으로, 왕실이나 사대부가에서 소원을 적은 장식물이나 패물로 애용되었다. 그런 것 가운데는 '오자등과'나 '오자출신'이란 문구가 새겨진 것도 있다.그림 7 중국에서는 여인들이 사용하는 구리거울 뒷면에 흔히 '오자등과'라는 글자를 새겼으니, 이미 아이를 가질 때부터 아들 다섯을 낳아 모두 급제시키는 희망을 품었다. 또 아들이 태어나면 하인들에게 축하의 팁을 주었는데, '장원급제'라는 글자가 새겨진 동전을 뿌려서 줍게 했다고 한다. 이런 식의 풍습은 조선에서도 있었을 것이다. 조선에서는 심지어 6형제가 등과한 사례도 있다.

6형제가 등과했다. 원해굉의 아들 원식은 인조 임오년1642에 등과하고, 원집은 인조 을유년1645에 등과하고, 원적은 효종 갑오년1654에 등과하고, 원격은 효종 신묘년1651에 등과하고, 원절은 현종 정유년경자년 1660의 잘못에 등과하고, 원철은 현종 계묘년1663에 등과했다. _『청장관전서』 이목구심서 耳目口心書 2

그런가 하면 세 차례 시험에서 연거푸 장원하는 것도 보기 드문 일이다.

세 차례 과거시험에서 장원한 일이 있다. 율곡 선생이 생원시, 회시, 전시에서 장원하고, 동주 이민구도 진사시, 회시, 전시에서 장원하였다. _『청장관전서』 이목구심서 2

특히 율곡은 한 해에 소과, 대과의 여러 차례 시험에서 모두 장원하였고, 이전의 급제까지 합치면 모두 아홉 번 장원했다고 해서 '구도장원九度壯元'이란 별명을 얻었으니, 그는 필시 하늘이 낳은 인재였다. 이때 그의 나이 29세였다.

이이가 생원시의 초시와 회시에서 장원하고 문과에서 또 초시·회시·전시의 세 차례 시험에서 장원하는 등 1년 사이에 아홉 번이나 시험에서 일등이 되니, 사람들이 그를 구도장원이라 불렀다. _『임하필기』 문헌지장편 文獻指掌編

삼대 또는 형제가 장원한 일도 있다.

3대에 걸쳐 장원급제한 것은 김천령·김만균·김경원이고, 형제가 장원한 것은 유자한·유자빈, 민정중·민시중, 유명천·유명현, 오원·오찬이다. _『청장관전서』 이목구심서 2

하지만 중국의 경우를 보면 장원하고 재상까지 승진한 사례는 별로 많지 않다고 한다. 시험 성적이 성공의 핵심 열쇠는 아니었던 모양이다. 드물기는 하지만 왕의 판단으로 전시에서 장원이 바뀐 일도 있다.

권남은 권제의 아들인데 재주가 있다는 평판이 있었다. 그러나 오래도록 급제하지 못하다가 이때에 이르러 향시·회시에 모두 으뜸을 차지하였다. 하지만 전시의 대책對策, 정책에 관한 시험에서는 시험관이 처음에 4등을 주고 생원 김의정을 으뜸으로 삼으니, 사람들이 모두 시끄럽게 떠들었다. … 한밤중에 임금이 권남의 대책문을 바치라고 명하여 읽어보니, 권남이 중 신미·학열 무리의 간사했던 일을 극력 꾸짖어 "옛날 신돈이란 중 하나가 고려 500년의 업을 족히 망쳤는데, 하물며 이 두 중이겠는가?" 하였다. 임금이 읽기를 마치고 "권남이 회시에 장원하고 또 본래 명성이 있었는데, 이제 대책문을 보니 역시 훌륭한 작품이다. 권남을 장원으로 삼는 것이 어떤가?" 하니, 허후가 "다시 권남의 대책문을 보니, 진실로 우수한 작품입니다. 다만 시정의 폐단을 직설적으로 진술하여 말이 불손한 데가 있기에 4등에 두었습니다. 이제 권남의 성적을 성상께서 정하소서" 대답하여, 마침내 1등에 두었다. 권남의 부자가 서로 잇달아 장원하니, 당시 사람들이 영예롭게 여겼다.

무릇 문과의 급제 성적은 시험관이 이름을 보지 않고 먼저 글이 잘 되었는지 못 되었는지를 보고 그 등급을 정한 다음에 가린 이름을 뜯어보는데, 이것은 공정성을 보이고자 함이다. 권남의 일은 비록 임금의 지극한 공정성에서 나오기는 했지만, 당시 여론은 혹시 후일의 폐단이 될까 두려워하였다. _문종실록 즉위년(1450) 10월 12일

이 때문에 '어필 장원'이란 말이 생겨났다. 하지만 사관은 이것이 빌미가 되어 혹시 후세에 성적을 뒤바꾸는 일이 발생할까 염려하여 다소 비판적으로 평가했다. 왕 앞에서 치러지는 마지막 과거시험인 전시는 등급을 매길 뿐이었지 당락과는 무관하였다. 그럼에도 최종적으로 왕이 주관함으로써 왕의 권위를 과시하는 의미가 있었다. 그러기에 권남의 등급을 바꾸었는가 하면, 다음처럼 특별히 급제시키기도 했다.

시험관 신숙주 등이 이육 등 12명을 선발하여 아뢰었는데, 선전관 양진손이 들어 있지 않았다. 임금이 바야흐로 양진손을 중용하고 있는데, 선발에 끼지 못한 것을 괴이하게 여겨 시권을 가져오게 하여 보고 "문장이 비록 잘 되지는 못했으나 뜻이 자못 가상하니, 이 또한 두루 쓸 수 있는 인재가 될 만하다" 하고는 드디어 급제에 두었다. 문과에서 특별 명령으로 등제하는 것은 양진손으로부터 시작되었다. _세조실록 10년(1464) 3월 7일

반대로 어느 시대건 요행으로 합격하는 사람이 있게 마련이니, 이를 속칭 "짚그물로 호랑이를 잡았다"고 하였다.

세속에서 재주 없이 우연히 문과에 급제하거나 생원·진사과에 합격한 자를 두고 "짚그물로 호랑이를 잡았다"고 한다. 관찰사 홍서주는 찬성 홍숙의 아들로 어린 나이에 급제했다. 급제자 이름이 발표되는 날에 판서 한형윤이 가서 찬성에게 "공의 집 짚그물이 어찌 썩지 않았는가?" 고 축하했으니, 이는 찬성 부자가 모두 우연히 급제한 것을 말한 것이다. 그러나 관찰사는 몇 해가 안 되어 옥당玉堂에 선발되어 들어가서 휴가를 받아 독서를 하니 당시에 이름을 날렸다. 그러니 어찌 짚그물로 호랑이를 잡았다고 말할 수 있겠는가? _『패관잡기』

과거시험을 잘못 주관하여 "눈에 티가 들었다"는 비판을 듣기도 했다.

문과 중시重試에서 삭녕군수 윤장 등 10명을 뽑았는데, 다수가 인망에 맞지 않아서 당시 사람들이 "눈에 티가 든 성지사요, 탈을 바꾼 윤장원이라" 말했다. 이때 시험관 정문형 등이 다 글 잘하는 사람이 아니고, 오직 지사知事 성현1439~1504만 문장으로 이름이 있었다. 그런데 선발한 것이 이러했으므로 이렇게 지목된 것이다. _연산군일기 3년(1497) 9월 12일

임진왜란 때에는 왜군 머리 하나를 베어오면 과거를 보게 하여 '참수급제'란 말도 생겨났다. 또한 아무 실력도 없이 무과에 급제한 것을 두고는 '경진년 무과'라고 하였다.

광묘光廟, 세조가 즉위한 지 6년째 되는 경진년1460에는 사방을 순행하면서 이르는 곳마다 반드시 무과를 시행하였다. 초시를 보지 않고 규정의 제

한도 없이, 맞힌 화살의 다과에 따라서 뽑았다. 1년 동안에 뽑힌 사람이 1,800여 명이나 되었다. 지금까지도 무사로서 말을 부리지 못하고 활을 당기지 못하는 자를 '경진년 무과'라고 부른다. 이후부터는 무과 시험도 가벼워졌다. _『송와잡설』

합격하기가 쉽지 않아서 급제자의 나이도 다양하였다. 인조 때에 신흠이 아뢴 말에서 합격자의 나이 분포를 짐작할 수 있다.

방을 살펴보니 16명 중에 삼십, 사십, 오십, 육십 된 자들이 모두 들어 있고, 이십세 전후는 반도 안 되었습니다. _인조실록 4년(1626) 9월 2일

인생의 마지막에 가서 비로소 급제의 뜻을 이룬 예도 있었다.

남원 유생 이요팔은 나이 81세로 감시監試, 소과 초시에 입격하고, 정주 유생 신수채는 나이 84세로 강경講經 초시에 입격했다. 임금이 향시 방목을 읽게 하다가 이상히 여겨서 해당 도에 명하여 모두 올려보내되, 연도 고을에서 보살펴 보내도록 하였다. 이때에 이요팔 등이 앞뒤로 도착하니, 임금이 불러보고 이요팔에게는 목릉참봉, 신수채에게 정릉참봉을 특별히 제수하였다. _영조실록 46년(1770) 10월 12일

소과의 합격은 입격入格이라 하고 대과의 합격은 급제及第라 한다. 두 사람이 80대의 나이에 제일 처음 치르는 소과 초시에 뽑힌 것이다. 지금도 고시 공부에만 매달리는 '고시 낭인'이 있지만, 조선시대에는 '과

거 낭인'이 있었던 것이다. 세월이 한없이 흘러 홍안의 미소년이 어느 샌가 노인이 되어버렸다. 당나라 때에는 "쉰 살이면 오히려 젊은 진사다五十少進士"는 말이 있었고, 송나라 때에는 노년에 진사가 된 사람은 "50년 전에는 스물세 살이었다네五十年前二十三"라는 말이 있었다. 중국에서 진사가 되었다는 것은 조선으로 치면 대과에 급제한 것을 말한다. 낙방한 늙은 선비가 시험관에게 매달려 다시 시험을 치르게 해달라거나 합격시켜 달라고 애걸하는 걸과乞科 행각도 있었다. 이처럼 늘그막에 가까스로 급제한 사람이 있는가 하면, 누구는 약관의 나이에 급제하여 급제 후 60년회갑이 되는 해에 다시 조정으로부터 은전을 받았다.

제조 민진후가 "올해는 지중추부사 이광적이 급제한 지 회갑이 되는 해입니다. 일찍이 들으니, 이전 급제자에게도 이런 일이 있어서 그때에 특명으로 어사화를 내렸다고 합니다. 전해지는 말이라서 자세하지는 않지만, 이제 특별히 노인을 우대하는 은전을 내린다면 합당할 듯합니다"고 하니, 임금이 해당 관청에 명하여 쌀·고기·베·비단을 내리게 하였다. _숙종실록 42년(1716) 9월 14일

시험에는 으레 운이 없다거나 운이 따른다는 말이 생겨난다. 운이 좋으면 문제를 예상하는 일도 생겼다.

파서공 이집두1744~1820가 감시 회시의 시험관에 차출되었는데, 그때에 추석이 되어 달이 밝았다. 궁벽진 동네에 사는 몇 명의 늙은 유생이 서로 "이 어른이 달밤에 술에 취해 북악으로 가셨으니, 그 글제는 틀림없

이 '산은 높고 달은 작다'로 낼 것이다" 말하고는 각각 한 편씩 글을 지었다. 이튿날에 과연 이 글제가 나와서 한 사람은 장원이 되고 한 사람은 그다음이 되었다. _『임하필기』 춘명일사春明逸史

이규보1168~1241는 꿈의 계시를 받아 장원 급제하여 규보奎報라는 이름을 얻게 되었다.

공은 처음에 이름이 인저였다. 기유년1189에 사마시를 보려 할 때에 꿈을 꾸었다. 시골 농부 같은 사람들이 모두 검은 베옷을 입고 마루 위에 모여 앉아 술을 마시는데, 옆 사람이 "이들은 28수별자리다" 하므로, 공이 놀라고 송구하여 두 번 절하고 "제가 올해 과거에 합격할 수 있겠습니까?" 물었다. 한 사람이 다른 사람을 가리키며 "저 규성奎星이 알 것이다" 하므로, 공은 즉시 나아가 물었다. 그러나 그의 대답을 미처 듣기 전에 꿈에서 깨서 끝까지 가지 못한 것을 한스럽게 여겼다. 조금 뒤에 또 꿈을 꾸었는데, 그 노인이 찾아와 "자네는 필시 장원하게 점지되어 있으니 염려하지 마라. 이는 하늘의 기밀인 만큼 누설하지 말아야 한다"고 말했다. 그래서 지금 이름으로 고치고 과거에 나아갔는데 과연 제1인으로 합격하였다. _『동국이상국문집』 연보, 무자년

급제에 관한 꿈은 남공철, 박기수의 이야기에서도 찾을 수 있다.

금릉 남공철1760~1840이 과거에 급제하기 전에, 그 부인이 뜰에서 시신을 거두어 후원에 장사지내는 꿈을 꾸자, 이를 아주 좋지 않게 여기고는

공에게 말했다. 하지만 공이 기뻐하며 "내가 정시庭試에 장원할 것이오" 말했다. 대체로 시屍는 시試, 장葬은 장壯, 원園은 원元과 음이 같기 때문이었다.

탄재 박기수1774~1845는 과거 급제자를 소리쳐 알리는 자들이 모두 검은 옷을 입은 꿈을 꾸고서 매우 놀랐는데, 그가 등과하던 날에 그의 당숙이 병조낭관으로서 대궐에 있다가 근위군사를 내보낼 때에 보니 모두 검은 옷을 입고 있었다. _『임하필기』 춘명일사

우리 생활에는 금기가 있다. 신부의 혼수에는 칼이나 가위를 넣지 않는데, 신랑과의 인연이 끊긴다는 속설 때문이다. 신부는 선풍기나 에어컨도 준비하지 않으니, 신랑이 바람을 피울까봐 그런 것이다. 하지만 시어머니는 칼을 사주게 되어 있다. 부부 싸움은 칼로 물 베기란 속담을 상징하기 때문이란다.

시험이 닥치면 미끄러지지 말라고 미역국이나 바나나를 주지 않고, 철썩 붙으라고 엿을 선물로 준다. 미역국은 실제로는 유익한 음식인데도 어감 때문에 기피 대상이 된 것이다. 지금은 다소 장난기가 생겨서 잘 풀라고 휴지를 주거나 잘 찍으라고 포크를 주기도 한다.그림 8

중국과 조선에서는 장원 급제하라는 뜻으로 게를 그렸다. 김홍도의 게 그림에 "바다 용왕의 처소에서도 옆으로 가네"라고 화제가 되어 있지만,그림 9 과거 급제의 소원을 담은 그림이기도 하다. 게는 게딱지 즉 갑甲이 있는데, 과거시험에 갑과, 을과, 병과 등의 구분이 있었기에 과갑科甲은 과거시험 자체를 의미한다. 또는 갑을병정의 첫째이기에 장원을 의미한다고도 할 수 있다. 게는 갈대와 함께 그렸다. 갈대를 전한다

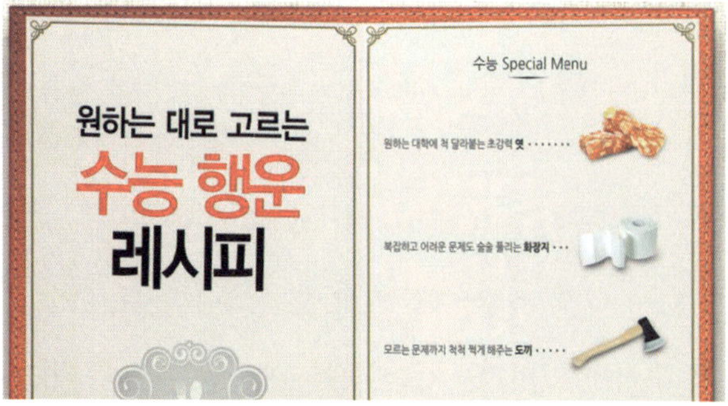

그림 8
수능 기원 광고(조선일보)

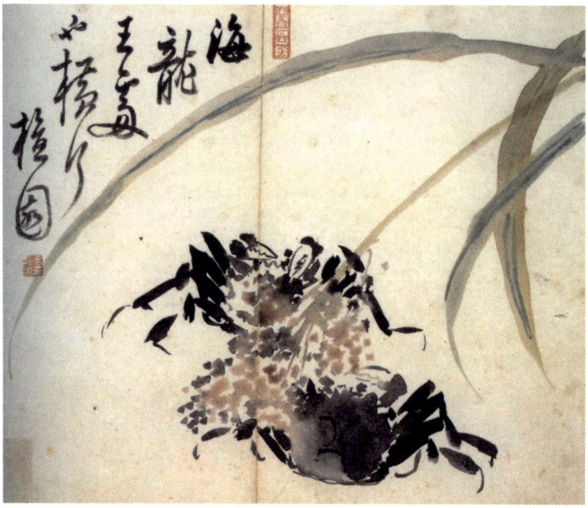

그림 9
게와 갈대(김홍도)

는 전로傳蘆는 과거에 급제하여 황제에게 호명되는 전려傳臚와 음이 같기 때문이다. 게는 보통 두 마리를 그렸으니, 이갑전려二甲傳臚란 말이 되어 두 번의 과거시험에 모두 우수한 성적으로 합격하라는 희망을 담았다. 또 쏘가리도 그렸다. 쏘가리의 한자어인 궐어鱖魚의 '궐'이 궁궐의 궐자와 발음이 같아서 과거에 급제하여 궁궐에 들어가 벼슬살이를 하라는 기원을 담고 있다.

조선시대에 내시들에게는 '자른다'는 말이 금기어였듯이, 과거 응시자들에게는 '떨어진다'는 말이 금기어였다.

근래 한 서생이 과거 날짜가 가까워져 오면 낙落자를 쓰기 싫어서, 타락駝駱, 낙타은 타립駝立이라 하고, 물고기 낙지落池는 입지立池라 하였으니, 혹시 '낙'자를 쓰게 되면 반드시 벌을 주었다. 장차 시험장에 들어갈 때 군중 가운데서 시험지를 땅에 떨어뜨리고 가자, 다른 사람이 등 뒤에서 "네 시험지가 섰다"고 하였으나, 그 서생이 알아듣지 못하고 잃어버리고 말았다. _『해동잡록』 서거정

영남에서 새로 온 서생이 다른 서생들의 물음에 낙생역樂生驛에서 자고 왔다고 대답했다가 '낙'자가 상서롭지 못하다고 해서 쫓겨나기도 했다. 과거시험 전에는 낙제絡蹄, 낙지를 먹지 않았으니, 과거의 낙제와 음이 같기 때문이다. 그러기에 낙지를 구워 먹을 때에도 "입제를 드시오"라고 했다. 까치가 둥지를 튼 집에서는 급제한다는 속설도 있었다.

성종이 행차하다가 어떤 사람이 까치집이 있는 나무를 찍어다 문 앞에 세우는 것을 보았다. 사람을 시켜 물어보니 "까치가 문 앞 나무에 둥지를 튼 집에서는 급제를 얻는다고 들었습니다. 문 앞에 나무가 없어서 까치집을 바랄 수 없기에 이것으로 대신하여 징험이 있기를 바라는 것입니다"고 대답했다. 또 "외우기를 잘하는가, 짓기를 잘하는가?" 하고 물으니, "둘 다 잘합니다만, 낙방하기를 거의 수십 년이나 했습니다"고 대답하니, 임금이 곧 급제를 주도록 명했다. _『오산설림초고』

때로는 급제자의 기물을 얻어가기도 했다.

또 성균관 사람들이 이틀을 머무르고는 아들이 입고 있는 겹옷 철릭과 흰 모시 두루마기를 강제로 벗겨갔다. … 나는 옷을 벗어주고 싶지 않았으나 아들이 두 옷을 벗어주기에, 모시옷은 내 것이라 말하고 주지 않았다. 축하 잔치를 할 때에 광대에게 벗어줄 생각이다. _『쇄미록』 1597. 3. 21.

필자가 1974년 예비고사에 수석 합격했을 때에도 이와 비슷한 경험을 했다. 내가 쓰던 책과 교복을 사람들이 모두 가져가버렸다. 막상 뒷날 행사에 참석하려는데, 교복이 없어서 친구 것을 빌려 입고 간 기억이 있다.

아버지는 과거 합격자의 붓을 빌려와서 자식이 시험을 잘 보기를 기원했다. 조선시대 편지글에는 자식이 과거 공부를 잘하는지 채근하는 것이 많다. 박지원이 큰아들에게 보낸 편지에서도 아버지의 애타는 심정을 느낄 수 있다.

과거 볼 날이 점점 다가오는데, 시는 몇 수나 지어봤고, 빨리 짓는 데는 애로가 없느냐? 문제를 대하여 어렵게 느껴지지 않은 뒤에라야 시험장에 들어가고, 비록 반도 못 썼더라도 답안지는 내고 나오거라. 중존박지원 처남은 네 요즈음의 글을 보고 뭐라 하더냐? 또 네 아저씨는 뭐라 하더냐? 자세히 적어 알려주면 어떻겠니? 글씨 연습을 하지 않아서는 안 되니, 좋은 간장지簡壯紙, 편지지와 붓을 사서 성의를 다해 기름지고 견실하게 써보는 게 어떻겠니? 다섯 냥을 보내줄 테니 시험지 및 과거 볼 때

필요한 물건을 사는 데 보탰으면 한다. 다만 그때 임박해서 보내겠으니, 잘 헤아려서 처리하라. _『고추장 작은 단지를 보내니』 60~61쪽

옛날이나 지금이나 자식이 잘되는 것이 최대의 기쁨이다.

수종, 협서와 차술

2012년에 한국학중앙연구원에서 한글편지 한 장을 공개했다. 조선시대 선비 이동표李東標, 1644~1700가 과거시험을 본 뒤에 어머니에게 보낸 편지에 "과거를 이틀 동안 무사히 다 본 후에 선비들이 남을 데리고 들어온 사람이 있다고 해 방을 내지 않고 그 과거를 파장하고 다시 회시를 보게 해 처음에는 8일로 정하였다가 또 16일로 연기했는데 그날이나 반드시 볼지, 머물기가 민망하고 민망합니다"고 적었다.그림 1 1677년 2월에 회시를 치른 뒤였다. 그는 이 시험에서 장원을 차지했으나, 남이 저지른 부정행위 때문에 시험 자체가 취소되고 마는 불운을 겪었다. 이렇게 부정행위 때문에 파방罷榜이 되는 경우가 있었다.

김구 선생이 1892년 해주에 가서 과거시험에 응시했을 때의 모습이다. 과거시험이 폐지되기 불과 2년 전이다.

과거 비용을 준비하지 못했던 우리 부자는 먹을 좁쌀을 등에 지고 선생님을 따라 해주에 도착하여 아버님이 이전부터 잘 알고 있던 계방 집에 기숙하였다. 드디어 시험 보는 날, 선화당 옆 관풍각 주변 사방에는 새끼줄로 망을 둘러쳤고 정면에 있는 과거장 입구로 선비들이 열을 지어

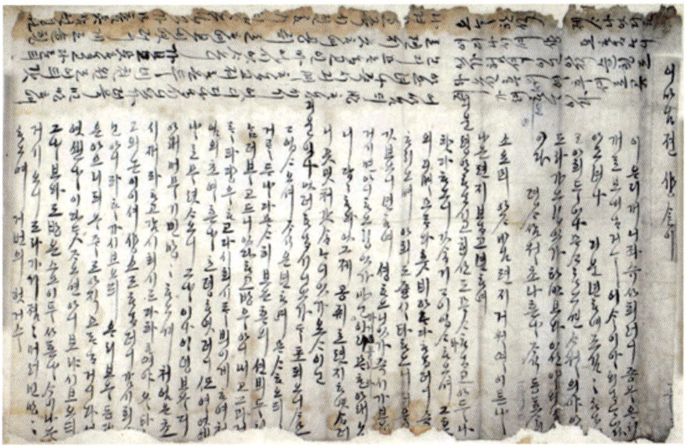

그림 1 이동표 한글편지(동아일보)

들어갔다. 흰 베에 '산동접山洞接'이니 '석담접石潭接'이니 하는 접의 이름을 써서 장대 끝에 매달고 자기 접의 자리를 먼저 잡으려고 힘있는 자를 앞세워, 큰 종이양산을 들고 도포 입고 유건 쓴 선비들이 접접이 들어가는 대혼잡의 광경은 참으로 볼 만하였다. 과거장에는 노소 귀천이 없이 무질서한 것이 내려오는 풍습이라 한다.

또 볼 만한 것은 늙은 선비들이 걸과하는 모습이었다. 관풍각을 향하여 새끼줄망 구멍 사이로 머리를 들이밀고 "소생의 성명은 아무개이옵는데 먼 시골에 살면서 과거 때마다 참석하여 올해 칠십 살입니다. 요 다음 다시 과거에 참석하지는 못하겠습니다. 초시라도 한 번 합격하면 죽어도 한이 없습니다"며 진정하는 것이다. 어떤 이는 큰소리로 외치고, 어떤 이는 목놓아 우니 비굴하기도 하고 가엾기도 하였다.

본접本接에 와서 보니 선생과 접장들이 글을 짓는 자는 짓기만 하고 글씨를 쓰는 자는 쓰기만 하였다. 나는 선생님에게 늙은 선비들의 걸과하는 모습을 말씀드린 후 "이번에 제가 아니라 아버님 명의로 과거 답안지를 작성하여 주시면 좋겠습니다. 저는 앞으로도 기회가 많지 않겠습니까?" 하고 부탁하자 선생님은 내 말에 감동하여 흔쾌히 수락하셨다. 이런 대화를 들은 어떤 접장 한 분이 "네 글씨가 나만은 못할 터, 네 아버님 답안지의 글씨는 내가 써주마. 너는 후일 과거 공부를 더 해서 직접 짓고 쓰도록 해라" 하고 거들어주신다. 나는 "예, 고맙습니다" 하였다. 이렇게 선생님이 짓고 접장이 쓴, 아버님 명의의 과거 답안지를 새끼줄망 사이로 시관試官, 시험관 앞을 향해 쏘아 들여보냈다.

그러고 나서 과거에 얽힌 이런 말 저런 말을 들었다. 시관에 대해 불평하는 말로는 "통인놈들이 시관에게는 보이지도 않고 과거 답안지 한 아름을 도적하여 갔다"는 것이나, "과거장에서 글을 짓고 쓸 때 남에게 보이지 말아야 하는데 그 이유는 글을 지을 줄 모르는 자가 남의 글을 보고 가서 자기 글로 제출한다"는 것이다. 또 괴이한 말은 "돈만 많으면 과거도 벼슬도 다 할 수 있다. 글을 모르는 부자들이 큰선비의 글을 몇백 냥 몇천 냥씩 주고 사서 진사도 하고 급제도 하였다"고 한다. 그뿐인가. "이번 시관은 누구인즉, 서울 아무 대신에 편지를 부쳤으니까 반드시 된다"고 자신하는 사람, "아무개는 시관의 수청 기생에게 주단 몇 필을 선사하였으니 이번에 꼭 과거를 한다"고 자신하는 자도 있었다. _『백범일지』 36~37쪽

접接은 서당 학생 또는 유생의 동아리를 가리킨다. 이들이 접장接長의 인도 아래 출신지를 적은 깃발을 앞세우고 무리지어 위세를 부리며 시험장에 입장하였다. 시험장에는 원래 잡인이 출입할 수 없었지만, 왕조 막바지에 와서는 이렇게 혼란스러웠다. 심지어 다른 사람 이름으로 답

안지를 제출하는 것이 예사롭게 느껴질 정도이다. 이렇게 질서없이 선비들이 뒤죽박죽된 과거시험장을 난장亂場 또는 난장판이라 한다.

접장은 원래 서당 유생의 대표를 의미한다. 큰 서당에서는 훈장 혼자 학생들을 지도할 수 없어서 학생 대표로서 그 아래에서 조교 역할을 하게 한 것이다. 그런데 지금은 선생을 얕잡아 부르는 글로 변해버렸다.

과거시험의 문란상에 대해서는 박사기가 정조에게 상소한 글에서도 찾을 수 있다.

오늘날의 폐단 가운데 과거의 폐단이 심합니다. 그 대략을 논하자면, 선비들이 글을 읽지 않는 것이 첫째이고, 시관이 먼저 낸 시권試券, 답안지을 취하는 것이 둘째이고, 과거시험장이 난잡한 것이 셋째이고, 세력있는 자들이 차술借述하는 것이 넷째입니다.

대체로 시험에서 쓰는 글이 비록 경전의 문장과는 다르지만, 그래도 반드시 육경六經, 여섯 가지 경서에 근원을 두고 제자백가에도 통달해야 합니다. 그런 까닭으로 옛날에는 인재를 취했다 하면 틀림없이 신실한 재능자였고, 시험을 보였다 하면 틀림없이 현명한 선비였습니다. 그러나 지금의 선비들은 독서에 힘쓰지 않아서 문체가 거칠고 졸렬하여, 수십 년 전과 비교하면 몇 단계나 떨어진 정도가 아닙니다.

옛날 시관들은 비록 어지럽게 쌓인 두루마리와 늦게 제출한 시권 가운데서도 실수 없이 선발했는데, 지금은 오로지 빨리 낸 시권만 취합니다. 그러니 한유나 사마천같이 재주가 있더라도 시권을 일찍 바치지 않으면 급제할 수 없습니다. 선비 된 자는 자기 재능은 헤아리지 않고 바삐 서둘러 글을 얽어 바치려고 하니, 반드시 시험 제목이 걸려 있는 아랫자리를 차지하려 다투고, 또한 반드시 글씨를 빨리 쓰는 사람을 찾게 됩니다. 혹은 글 하나를 두 사람이 짓기도 하고, 혹 답안지 한 장에 두 사람이 쓰기도 하며, 심지어 미리 써두는 투식이 있기까지 합니다. 옛날의 과장에서는 대과에서 바친 시권이 1천 장이 차면 성황을 이루었다고 하는데, 지금은 향시라도 시권이 4, 5천 장 아래로 떨어지지 않으니, 이것이 어찌 사람들 재주가 옛날보다 나아서 그런 것이겠습니까? 학문도 없는 무리가 다른 사람의 초고를 베끼니, 심지어 대과에서도 한 사람이 글을 지어 수십 명이 써먹습니다.

권세있는 집안의 자제 한 사람이 과거를 볼 때에는 수종隨從이나 사수寫手, 글씨 쓰는 자란 자가 무려 수십 명이나 따라붙으니, 이것이 어찌 난잡함의 원인이 아니겠습니까? 과거의 폐단 가운데 소과小科가 심하고, 소과 가운데 향시가 더욱 심합니다.

대개 시관들이 눈여겨보는 것은 시권의 종이가 두껍고 얇은 것과 글씨를 잘 썼느냐 못 썼느냐에 지나지 않습니다. 이와 같으니 학식이 많고 덕망이 높은 늙은 선비는 언제나 침체되어 뜻을 굽히는 근심이 항상 있고, 외적인 갖춤에 능한 자가 학문도 없으면서 시험에 응시합니다. 사수와 거벽巨擘, 대리 작성자은 공공연히 가격이 정해져 있습니다.

네 가지 폐단에서 하나라도 있으면 과장이 정제될 가망성이 없는데, 하물며 이 네 가지 폐단이 모두 있어서야 어찌 되겠습니까? _정조실록 13년(1789) 3월 27일

여기서는 책을 읽지 않는 것, 답안 제출 순서로 당락을 결정하는 것, 시험장이 난잡한 것, 남의 글로 바꿔치기하는 것을 들었다. 과장이 어

지럽다 보니 낫 놓고 기역 자도 모르고 손으로 붓을 잡을 줄도 모르는 자들까지 요행을 바라고 함부로 과거에 응시하는 일이 숱하게 벌어졌다정조실록 1794. 2. 23.

이제 문란상을 하나씩 살펴보겠다. 첫째, 독서의 문제이다. 과거시험 공부에는 일정한 순서가 있었으나, 점차 요령만 배워서 시험을 보니 문장력이 떨어질 수밖에 없었다. 김안로가 중종에게 아뢴 말이다.

옛날의 유학자들은 책문策問, 정책 문제을 최상으로 여겼습니다. 옛날에는 처음 공부하는 선비는 처음에 시詩와 부賦를 배우고, 그다음에 논論과 표表를 배웠습니다. 이렇게 두루 독서한 뒤에 책문을 배웠으니 그 문장이 볼 만했습니다. … 대저 책문이란 무엇인가 하면, 유학자가 온갖 서적을 두루 독서하여 어느 문장이건 능하지 않은 것이 없은 뒤에 그의 포부를 담아놓은 것이라 할 수 있습니다. 그러므로 국가가 시험장에 책문 과목을 설치하여 사람을 뽑는 것은 시무時務, 시급한 정책를 아는 인재를 가리기 위해서입니다. 문장가의 처지에서 보면 책문은 문장이라 할 수 없으며, 시와 부를 지을 수 있으면 책문은 누구나 다 지을 수 있습니다. 또 책문의 문제로는 시무를 묻거나 재변災變, 재이에 관해서 묻고 혹은 역대의 인물이나 시급한 폐단을 묻기도 하여 문제의 의도에 유사한 것이 많으므로, 많은 사람들이 간추리거나 표절하여 한 편의 글을 만듭니다. 이러하니 간단한 서찰마저 쓸 줄 몰라도 모두 책문을 지어 요행으로 합격하고 있습니다. _중종실록 31년(1536) 2월 6일

세종 때에는 3년마다 시험을 보니 학생들이 평소에는 놀다가 기일이

닥쳐서야 벼락공부를 한다고 성균관 대사성이 아뢰었다.

우리나라에서 3년마다 과거 보는 법은 그 유래가 이미 오래되었습니다. 그렇지만 공부하는 자들이 미리 시험볼 시기를 알고서 한가히 놀고 공부를 폐하고 있다가, 때가 닥쳐오면 이것저것 주워 모아 요행이나 바랍니다. 그러니 일찍부터 학교에 상시 거처하면서 학업을 익히려는 뜻이 없게 됩니다. 바라건대 지금부터는 송나라의 고사를 따라서 무시로 선비를 뽑으소서. … 그러면 공부하는 자들이 미리 기한을 알지 못하여 모두 학교에 상시 거처하며 학업을 익힐 것입니다. _세종실록 15년(1433) 8월 22일

둘째, 조정早呈의 폐단이다. 응시생이 많아지자 시험관이 모든 답안지를 읽을 수 없게 되어 먼저 제출한 답안지만 채점하는 폐단이 생겨났다. 또 먼저 낸 답안지마저 몇 줄만 읽고 적당히 평가했으니, 앞부분만 제대로 작성하고 뒷부분은 엉터리로 써내는 속임수마저 생겨났다. 옛날에 대학에서 시험지를 선풍기에 날려서 떨어지는 순서에 따라 엉터리로 점수를 주었다는 우스개가 있었는데, 이처럼 점수를 매긴 것이다.

이리하여 답안지를 빨리 내려고 온갖 협잡이 벌어졌다. 이런 폐단에 대해서는 영조 때부터 본격적으로 언급되기 시작한다. 과장에는 좌석이 따로 없었기에 문이 열리자마자 좋은 자리를 얻기 위해서 화살처럼 달려들어가면서 치열한 몸싸움을 벌였다. 시험 문제가 게시되는 곳 근처가 선호하는 자리였다. 단체로 좋은 자리를 차지하려고 접마다 몸싸움을 담당할 건장한 선접꾼先接軍을 내세웠다.

정언 홍성이 과장에서 시권을 일찍 바치는 폐단을 금지할 것을 청하니, 임금이 윤허하였다. 이에 앞서 지공거知貢擧, 시험관가 일찍 바친 글을 선발하는 경우가 많았기 때문에, 오시11~13시가 되기도 전에 시험장이 거의 비었다. 이리하여 경쟁적으로 먼저 내는 것을 서로 숭상하게 되어 이미 고질적인 습속이 되었으므로, 홍성이 아뢰고 임금도 허락하였다. 그러나 그 폐단은 끝내 바로잡지 못했다. _영조실록 39년(1763) 8월 21일

정조는 "이전에는 밥을 몇 번 지을 동안에 답안을 작성해서 바쳤는데, 지금은 한 번 숨 쉴 시간에 바치니, 어느 겨를에 힘들여 고치고 윤색하겠는가?"정조실록 1791. 8. 9고 지적했다. 심지어 시험지에 일부 내용을 미리 써왔다가 빈자리만 채워서 재빨리 제출하는 행태도 발생했다. 다음은 좌의정 채제공이 정조에게 아뢴 말이다.

근래에 선비들의 풍습이 옛날과 달라서 과거가 열리기 하루 전에 부賦·의疑·의義 같은 글을 미리 얽어놓는데, 그것은 동東도 서西도 아니요 갑甲도 을乙도 아닌, 아무런 근거도 없는 말들입니다. 시권의 문장 적는 곳에 이렇게 미리 써넣되 6, 7자 정도는 비워놓았다가 글 제목이 나오면 제목 중에 핵심이 되는 글자를 비워둔 곳에 즉시 적어넣습니다. 신은 항상 이를 걱정하고 한탄했습니다.

이번 종장 시험날에 유생들이 전하는 말을 들으니, 이전에는 두세 줄 미리 쓰던 것이 지금은 10여 줄씩이나 되는데, 도처에서 모두 그랬다고 합니다. 지금 과거보는 사람들은 훗날 조정에서 쓸 사람들인데도 전혀 이상하게 여기지 않고 아무 말이 없습니다. 오직 시권을 빨리 바치고

속임수로 합격하는 것을 묘책으로 삼고 있으니, 이런 악습이 전염되어 온세상이 모두 이를 본받고 있습니다. _정조실록 14년(1790) 8월 5일

그림 2 과장에 들어가는 선비(김준근)

이렇게 미리 써둘 수 있었던 것은 시험볼 종이를 본인이 마련하여 지참했기 때문이다. 과장에 들어가는 선비 모습을 그린 기산 풍속도를 보면, 도포를 입고 미투리를 신고 유건을 쓰고 손에는 돗자리와 두루마리 종이를 들고 있다.그림 2

셋째, 시험장이 문란한 것이다. 그중에서도 과거시험장에 데리고 들어가는 수종隨從의 폐단, 책이나 커닝할 종이 등을 가지고 들어가는 협서挾書의 폐단이 큰 것이었다.

먼저 수종을 데리고 들어가는 문제이다. 원래는 잡인이 과장에 접근하는 것을 엄격히 금지했고, 함부로 들어가는 자는 체포하여 수군水軍으로 삼았다. 출입문에서 응시자의 소지품과 옷을 검색하고, 입장한 뒤에는 서로의 거리를 여섯 자 간격으로 떼어서 머리를 맞대고 서로 이야기하지 못하게 하였으며, 문에 자물쇠를 잠그고 잡인들이 접근하지 못하도록 엄중히 지켰다. 대소변을 보러 갈 때에도 반드시 보고한 다음에 나가게 하였다예종실록 1469. 6. 11. 그렇지만 임진왜란 이후에 단속이 느슨

해지면서 문란해지기 시작했다. 시험장에 떡, 엿, 술, 담배 장수까지 다닐 정도였다영조실록 1773. 4. 9. 좋은 자리를 차지하기 위해서 몸싸움을 벌였고, 각종 수종을 데리고 들어갔다.

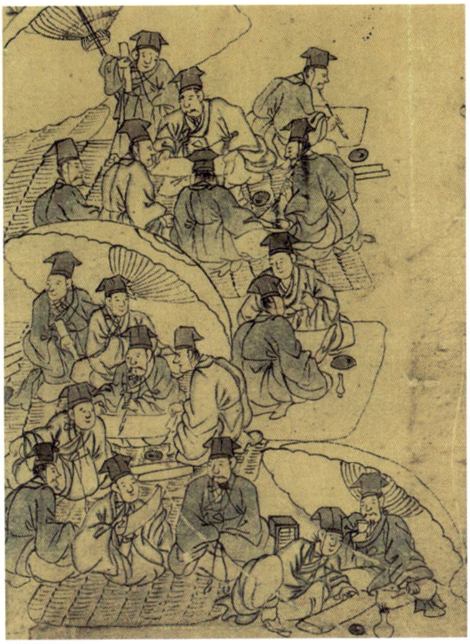

그림 3 소과 응시 장면(미상)

이런 모습을 보여주는 19세기 필자 미상의 '평생도'가 있다. 소과 응시 장면을 그린 것인데, 홀로 시험을 보는 것이 아니라 몇 사람씩 패를 이루고 있다.그림 3 일산과 바닥에 깐 자리를 한 단위로 하여 답안지를 작성하거나 구경하고 있는 모습이다. 평화로운 듯하면서도 문란한 과장의 모습을 잘 보여준다.

책을 끼고 들어가는 문제이다. 조선초기만 해도 운문을 지을 때에 필요한 운서韻書 이외에는 책을 가지고 들어갈 수 없었다.

과장에 들어가는 응시자가 서책을 끼고 들어가는 것을 수색하는 금령이 예전에는 극히 엄했으니, 운서 외에는 사사로이 한 권도 소지하지 못했다. 그런 까닭에 감시監試, 소과에 응시한 자가 산립옥색山立玉色의 뜻을 작은 글씨로 써서 콧구멍에 넣고 들어갔으니, 당시 사람들이 그 콧구멍을 의영고義盈庫, 물품 조달 관청라 불렀다. 지금은 금법이 해이해져서 공공연히 끼고 들어가므로 과장이 온통 책방처럼 되었다. 진실로 놀랄 일이다. _『지봉유설』 관직부, 과목科目

그림 4 책상 낙서(2001. 5)

그림 5 호사에서 시험보는 모습

몸을 수색하여 책을 소지한 것이 발각되면 몇 년간 시험을 보지 못하게 벌을 내렸다. 이렇게 되자 잔글씨로 깨알같이 쓴 커닝 종이가 유행했다. 위에서는 콧구멍에 숨긴 사례가 소개되어 있다.

지금 대학교 책상에는 새까맣게 낙서가 되어 있다.그림 4 시험볼 때에 몰래 적어놓은 부정행위 답안들이다. 대학에서는 일정한 때마다 칠을 해서 이를 지우기도 한다. 조선시대의 커닝 종이는 보지 못했지만, 중국의 자료는 몇 가지 남아 있다. 중국에서는 독방에 들어가서 홀로 답안을 작성하기 때문에그림 5 들어갈 때에 들키지 않으면 되었다. 청나라의 부정행위 자료로는 종이에 깨알같이 적은 것뿐 아니라 속옷 전체에 글씨를 까맣게 적어넣은 것들이 있다. 이 자료도 그중 하나로 비단옷에 글을 적어놓았다.그림 6 어느 속옷에는 안팎으로 70여만 자나 쓰여 있다고 하니, 그 정성이면 공부를 하는 편이 나았을 것이다.

이수광의 지적처럼 과장에 책을 가지고 들어갈 수 있게 되자, 커닝

그림 6 커닝용 속옷

종이가 따로 필요하지 않았을 것이니, 광해군 2년1610 3월의 기록을 보면 종을 시켜 책을 지고 입장하였다고 한다. 신하들이 중종에게 아뢴 말에서 일찍부터 이런 일이 벌어졌던 것을 짐작할 수 있다.

사간 권응정이 "우리나라는 과거로 사람을 뽑는데, 물건을 가지고 들어가는 것을 수색하는 금령이 엄하지 않아서 과장까지 책을 지고 들어가 표절하여 지어내니, 그 글이 아무리 좋아도 사실은 모두 남이 지은 것입니다. 특별히 더욱 금지하고 단속해서 책을 가지고 들어가지 못하게 하면, 글이 모두 가슴으로부터 나와서 모두 실질적인 재목감을 얻게 될 것입니다"고 아뢰고, 시독관 임열이 "지금의 유생들은 독서에 힘쓰지 않고 제목이 나오면 오직 예전 우리나라 사람들이 지은 글로 써내는데, 마음에서 우러나온 것으로서 책에는 없는 글이 없습니다. 심지어 과장에 책 상자를 지고 들어가서 모르는 것이 있으면 곧 서적을 뒤지고 모두 스스로 짓지 않으니, 실질적인 재목감이 있을 수 없습니다. 예전에 어찌 이것을 헤아리지 않고 법을 세웠겠습니까? 옛법을 밝히소서"라고 아뢰었다. _중종실록 34년(1539) 8월 6일

원래 과장에 들어갈 때에는 수협관搜挾官을 두어 몸수색을 하게 했는데, 정조 1년1777 8월에는 몸수색을 너무 심하게 하여 선비를 대하는 도리에 어긋난다고 상소하자, 정조는 품속에 서책을 감추는 자가 있더라도 어찌 조정 자체가 먼저 의심할 것이 있겠는가 하고 호응하였다. 중국의 시인 이태백은 몸수색 당하는 것을 수치스럽게 여겨 평생 응시하지 않았다고 한다. 이런 소지품 검사는 고려 공민왕 16년1367부터 실시하였다.

넷째, 남의 힘을 빌리는 차술借述의 문제이다. 남의 글을 베끼거나, 아예 대리로 시험을 보게 하거나, 글씨 잘 쓰는 사람을 데려다 정서하게 하였다. 대리시험의 사례는 고려 때 이규보의 손자 이익배?~1292의 인물평에서 이미 찾을 수 있다.

이익배는 문장으로 세상에 이름이 났으며, 총명하고 잘 기억했다. 그러나 색을 즐기고 술에 절제가 없었다. 일찍이 김홍유의 뇌물을 받고 글

을 대신 지어주어 과거에 급제시킨 일이 있었으므로, 선비들이 비루하게 여겼다. _『고려사』 이규보 전기

조선시대 전기에는 비교적 엄정했지만, 선조 때에 와서 비로소 차술이 성행하기 시작했다. 차천로1556~1615가 그 효시로 지적되었다.

개성 사람 여계선이 성균관 관리 차천로와 교제하여 대신 지어준 표문으로 장원하였다. 얼마 뒤에 일이 발각되어 차천로를 가두어 국문하니 그가 승복하였으므로, 멀리 명천으로 유배 보냈다. 여계선도 관리 명단에서 이름을 삭제한 뒤 유배 보냈다. 병과로 합격한 허징도 이문학관吏文學官, 승문원 관리으로 급제했는데, 역시 이전 사람의 작품을 베껴 냈기에 이름을 삭제했다. 이 당시 선비들의 풍습이 크게 무너져 과장에서 차술하는 자가 왕왕 있었다. _선조수정실록 19년(1586) 9월 1일

광해군 때에 이대엽1587~1623도 차술로 합격했다고 한다. 당시에 그를 가리켜 통공학사라고 비꼬았다.

이대엽은 겨우 글자를 알아보는 정도로서, 전후 과거시험에 급제한 것도 모두 차술 때문이다. 또 글도 잘 쓰지 못하여 공문서를 쓸 때에 '통정通政'을 '통공通攻'이라 쓴 일이 있었으니, 사람들이 그를 가리켜 '통공학사'라고 하였다. _광해군일기 5년(1613) 12월 1일

이대엽은 아버지의 문객이 대신 써주어서 여러 차례 장원하였다고

한다. 또한 돈림급제, 즉 돌림급제란 말도 생겨났다.

이우정은 사람됨이 어리석고 음흉하며 글이 짧아서 이돈림의 글로 과거에 급제하였다. 이 때문에 사람들이 '돈림급제'【방언으로 윤회시키는 것을 돈림이라 한다】라 하였는데, 남천한·목창명·이옥과 함께 네 명의 간흉으로 지목되었다. _숙종실록 1년(1675) 3월 27일

심지어 대신 지어주는 것을 직업으로 삼은 인물도 사헌부가 인조에게 아뢴 말에서 찾을 수 있다.

새로 급제한 이진1582~?은 본래 차술을 업으로 삼았으니, 혼란했던 앞 임금 때에 이재영1553~1623과 함께 이름이 났습니다. 글을 팔아 합격시킨 자가 한둘이 아닌데, 이재영과 함께 형벌을 받지 않아서 사람들이 모두 분통스럽게 생각합니다. 감히 유관儒冠을 더럽힌 그가 급제까지 하여 듣는 자들이 모두 놀라 이상하게 여깁니다. 이진을 급제자 명단에서 삭제하고 그가 차술한 죄를 다스려 혼탁한 풍속을 경계하소서. _인조실록 16년(1638) 5월 19일

이리하여 이익1681~1763의 시기에 와서는 시험장에서 답안을 작성하는 사람이 열에 하나 정도라고 한탄하였다. 조선초기의 문신인 임원준1423~1500은 젊어서 차술로 벌을 받았으나 임금이 재능을 보고 구제해주었다고 고백했다.

신이 스물두 살이던 세종 임금 때에 과장에 나가 놀면서 정문程文, 과거 문장을 대신 지었다가 친구 30여 명과 일시에 벌을 받았습니다. 얼마 뒤 세종께서 신의 헛된 명성을 잘못 들으시고 불러서 시와 부를 시험하여 크게 칭찬하고 서책과 의복을 상으로 하사하였고, 벼슬을 뛰어올려 제수하여 용비어천가 편찬에 참여하게 하셨습니다. 신이 성스런 임금께서 알아주시는 은혜를 받은 것이 진실로 여기에서 비롯되었습니다. _성종실록 9년(1478) 4월 30일

임원준은 세종의 마음에 들 정도로 문장이 뛰어났고 풍수에도 능통했다. 그러나 성품이 탐욕스러웠다고 한다. 위의 상소문은 탄핵에 대한 변명을 위해서 작성한 것이다. 그의 아들 임사홍, 손자 임숭재도 간사하여 정사를 그르쳤다.

외부 사람에게서 글을 받기 위해서 성균관 뜰에다 끈을 묻어놓은 것이 나중에 발각된 적이 있었다. 성균관에서 아뢴 말이다.

반수당은 바로 과장을 열었던 곳입니다. 평상시 반수당이 텅 비어 있어서, 며칠 전에 반촌泮村, 성균관 동네에 사는 한 여인이 들어가 나물을 캐다가 갑자기 땅속에 있는 새끼줄을 발견하고 잡아당겨 보았습니다. 그랬더니 그 새끼줄은 땅속을 통하여 담장 밖까지 나왔습니다. 그래서 성균관 사당지기와 다른 관노館奴의 무리가 가서 보고 땅을 파헤치니 새끼줄 구멍이 제2대第二臺 밑에 있었는데, 한 가닥의 통로가 평지에서 반 자쯤 되는 땅속에 있었습니다. 그 속에 대나무 통을 비늘처럼 죽 이어서 묻어 구멍을 통하게 했고, 다시 기와로 덮어서 20여 간間, 6자을 지나 동쪽

담장 밖 벽송정 부근으로 나왔습니다. 이것은 바로 과장에 들어간 유생이 외부 사람으로부터 제술을 빌렸던 곳입니다. 더러는 썩어서 상한 것도 있고 더러는 완전한 것도 있으니, 요즈음에 새로 묻은 것은 아닌 듯하였습니다. _숙종실록 31년(1705) 2월 18일

이렇게 과장에 시설을 미리 해놓을 정도로 치밀하고 대담하게 부정이 저질러졌다. 이와 유사한 부정 때문에 다른 사람이 행운을 차지한 우스갯소리도 전한다.

한 선비가 시험장에 들어가 개구멍에 오줌을 누는데, 구멍 속에 있는 실이 나뭇가지에 매여 있어 당겨보니 실 끝에 매단 종이 한 장이 있었다. 해서로 쓴 한 편의 시험 문장인데 매우 훌륭했다. 이를 이용하여 마침내 장원으로 급제했다. 대개 차술한 자가 수험생과 서로 약속을 했던 것인데, 졸지에 다른 사람이 횡재한 것이다. _『어우야담』 도적

시험관과 짬짜미

응시자는 시험지를 미리 준비해야 했는데, 시험지 시작 부분에 자신과 4조四祖의 신상을 쓰고 그 위에 종이를 붙여 봉하였다. 그런 다음 제대로 되었는지 녹명錄名할 때에 확인 도장을 받았다. 녹명이란 응시자의 등록 절차로서, 시험 전에 사조의 단자單子 및 보단자保單子를 바치게 한 것이다. 4조 단자는 응시자의 이름, 본관, 거주지와 부·조·증조·외조의 관직과 이름, 본관을 기록한 종이이고, 보단자는 6품 이상의 관리가 써준 신원보증서이다.

과거에 응시하는 법에는 사조에 서얼이 있거나, 자신이 공노비 또는 사노비거나, 사관四館, 예문관, 성균관, 교서관, 승문원에서 정거停擧, 응시 정지 처벌을 받았거나, 죄인 명단에 이름이 올랐거나, 죄를 짓고 성명을 바꾸었거나 하면 지원을 하지 못하게 했고, 6품 이상의 선생先生, 앞서 급제한 관리에게 서명을 받아서 증거로 삼았다. 도중에 이 법이 점점 해이해져서, 선생인 자는 선비가 과거에 응시하는 것만 중히 여겨서 알고 모르고를 막론하고 모두 서명해주었다. 선비 또한 벽으로 돌아앉아 거짓 서명을 하여 응시 문건에 이름을 올리며, 담당 관청인 사관에서도 캐묻지 않았다.

예전에 임당 정유길1515~1588이 새로 6품에 올랐는데, 그의 서명은 모방하기가 아주 쉬워서 이를 위조한 선비들이 매우 많았다. 이에 사관에서 회의를 열어 그 진위를 판별하여 위조자는 과거를 정지시켜 폐습을 징계하고자 했다. 그 문건을 모아서 정유길에게 보내 스스로 진위를 판별하게 하니, 그가 이렇게 답장했다. "모두 내가 한 것입니다. 혹은 앉아서 하고, 혹은 누워서 하고, 혹은 술에 취한 김에 하고, 혹은 졸면서 한 것입니다. 비록 다르지만 모두 내가 한 것입니다."

사관에서 편지를 열어보고 크게 웃는 소리가 건물에 떠들썩했는데, 이로부터 다시는 진위를 판별하지 않았다. 듣는 이들이 모두 그가 뒷날에 재상이 될 줄 알았다. _『어우야담』 과거

다른 사람의 허물을 덮어주는 정유길의 호쾌함을 전하는 일화이다. 그의 무덤이 바로 서울 동작구 사당동의 동래 정씨 임당공파 묘역에 있다. 이 얘기를 통하여 6품이 되면서부터 다른 사람의 신원 보증을 서주었다는 사실과 함께, 그러한 보증이 점차 허례화되어가던 사실도 확인할 수 있다.

시험을 공정하게 치르기 위해서 송나라 때부터 실시한 봉미封彌와 역서易書의 제도를 도입하였다. 응시자의 이름을 가리는 봉미법은 고려 문종 16년1062부터 시작했고, 응시자의 답안지를 베껴서 그 사본으로 채점하는 역서법은 공민왕 14년1365부터 실시했다.

그 뒤에 부정이 날로 늘어나자, 공민왕 14년에 이인복과 이색이 건의하여 거자擧子, 응시자의 책 소지를 금지하고 답안지의 글씨를 바꾸어 써서

부정 확산을 방지했으니, 이것이 오늘날 역서의 시작이다. 역서는 송나라의 봉미에 비하여 더욱 엄정하지만, 역서로 방지하고자 하면 다시 역서로 간사한 짓을 할 것이니, 마침내 도움은 되지 않고 헛되이 물자만 낭비하게 될 것이다. _『성호사설』 인사문, 과장역서科場易書

봉미는 호명糊名이라고도 하는 것으로서, 답안지 오른쪽에 응시자의 성명과 본관 및 4조의 신상을 적은 뒤에 접어서 풀로 붙인 다음 채점을 하게 한 것이다. 지금도 중요한 시험에는 응시자를 가리고 채점하는 것과 마찬가지다. 하지만 시험관이 몰래 뜯어서 부정을 저지를 염려가 있어서 봉한 것을 따로 떼어두는 방식으로 바뀌었다. 또한 답안 글씨를 통하여 부정을 저지를 소지가 있기 때문에, 서리로 하여금 답안지를 모두 베껴서 그 사본을 가지고 채점하게 했으니, 이를 역서법이라 한다.

예를 들어서 박경규의 답안지를 보면, 맨 오른쪽부터 본인과 4조의 신상이 적혀 있으며, 잘린 부분에 끈이 묶여 있고 사우四宇라는 글자도 보인다.그림 1 서로 떼어두었다가 출방할 때에 다시 짝을 맞추기 위해서 봉미관이 천자문에서 따온 글자인 자호字號를 부절처럼 양쪽에 나누어 썼고, 나중에 서로 합친 다음에 노끈으로 묶었다. 시험지를 거두어 오른쪽은 따로 떼어 보관하고, 왼쪽은 서리에게 붉은 글씨로 베껴 쓰게 하였다. 중국에서는 검은 글씨로 쓴 원본을 묵권墨卷, 붉은 글씨로 쓴 사본을 주권朱卷이라 하였다.그림 2 잘못 옮겨적었는지 대조하여 수정할 때에는 황색 글씨를 썼다.

제도가 아무리 좋아도 운영을 제대로 하지 못하면 농간이 끼게 된다. 더구나 시험관이나 그 아래 관리와 짜고 저지르는 부정은 수종을 동반

그림 1 과거 답안지 오른쪽 부분(2005. 11)

하거나 책을 가지고 들어가거나 답안지를 대신 작성하는 개인적인 부정에 비해서 죄질이 더 나쁜 것이다. 시험관과 짜거나 글씨를 바꾸어 쓰는 서리를 매수하여, 시험지를 고치거나 남의 시험지와 바꿔치기한 것이다.

무엇보다도 시험 주관자는 학덕과 인망이 높은 사람으로 정해야 하는데, 항상 그런 것만은 아니었다. 이런 난맥상은 고려 충숙왕 때 허부의 전기에서도 찾을 수 있다.

허부는 충숙왕 때에 우대언右代言, 정3품의 왕 측근 벼슬으로서 거자시擧子試, 국자감 과거시험를 관장하면서 정을보 등을 선발했다. 허부는 글을 몰랐으므로 제일 첫머리에 발표할 사람 하나만 뽑고, 나머지는 봉한 이름을 열어서 그 차례대로 급제시켰다. 시험장의 방비가 엄하지 않아서 검열 유세홍이 출입을 금한 시험장에 들어와서 합격자의 높낮이를 정했고, 수찬 정

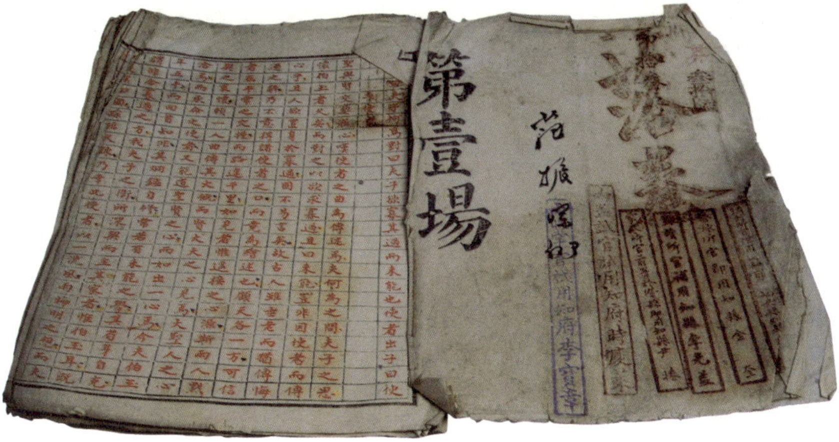

그림 2 청나라의 주권

이가 몰래 봉한 이름을 뜯어보았으니, 국가시험의 체모가 전혀 없었다.

_『고려사』 허공 전기

조선 광해군 때에는 시험이 문란해져 자기 당파를 불리는 수단으로 전락했다. 전시에서 시험관과 짜고 자기 패거리를 뽑은 것을 비판한 시가 걸렸으니, 이 시구가 과거 부정을 상징하는 말이 되었다.

식년 전시에서 강경講經으로 이상빈 등 32명을 뽑았다. 【뽑힌 사람은 대부분 흉악한 당파의 자제나 시세에 빌붙은 자들이고, 공정하게 급제한 사람은 겨우 몇 명이었다. 대개 과거를 시행하기 전에 시험관으로 추천될 사람을 미리 정하여, 응시자들과 서로 짜고 삼경과 사서 가운데 각각 한 대목씩 골라 외우게 하였기 때문에 강경시험을 볼 때에 모두 순통이었다. 한찬남의 아들 한급1597~1623은 너무 어려서 책을 읽지 못했는

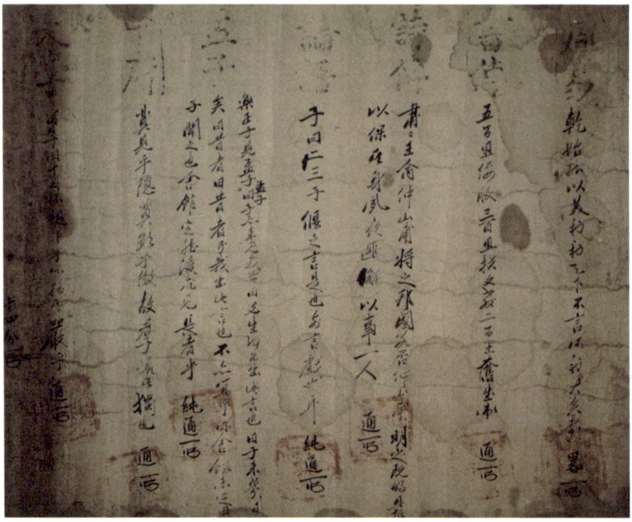

그림 3 이시향의 조흘강 채점지

데도 좋은 성적으로 급제했다. 어떤 사람이 밤에 그 집 대문에 이렇게 썼다. "경서에 밝은 선비 이때에 융성하니, 200년래 처음 보는 일이로다. 일곱 경서의 대목은 제 원대로 통했으니, 외울 대목을 서로 짠 것은 귀신이나 알겠지."】_광해군일기 7년(1615) 4월 19일

한급은 18세일 때 을과 성적으로 급제하여 이런 비난이 일었다. 강경과는 사서삼경의 일곱 경전을 암송하게 하는 시험으로서, 성적을 순통純通, 통通, 약略, 조粗, 불不의 다섯 등급으로 나누었다. 순통은 최우등이다. 대과에 응시할 자격을 미리 시험하는 조흘강照訖講의 채점지를 보면, 그림 3 7명의 시험관이 각각 약, 통, 통, 순통, 순통, 통, 통을 주고 사인을 한 뒤에 성적 부분에 도장을 찍었다.

강경시험이건 제술시험이건 광해군 때에는 과거 부정이 횡행하였다.

시험장에서 유생들이 난동을 부린 사건을 적으면서 사관이 이렇게 지적했다.

이 당시에 시험장은 당파를 끌어모아 은혜를 파는 진기한 보배였다. 강경 시험에서는 일곱 경서에서 외울 대목을 미리 출제하였고, 제술 시험에서는 글 제목을 미리 냈으니, 글을 모르는 사람이라도 과거 급제를 지푸라기 줍듯 쉽게 하였다. 이번 과거에서 시험관 임성지 등이 그의 당파 사람들과 9개 제목을 내기로 미리 약속하고 글을 대신 지어 익히게 하였는데, 그 말이 먼저 누설되어 응시자들 가운데 아는 자가 많았다. 시험을 시작하자 과연 그러하여, 한 제목을 냈다가 문제를 제기하자 다른 제목으로 고쳐서 모두 아홉 제목에 이르렀는데, 모두 들은 것과 똑같았다. 이에 과거장이 시끄러워지면서 사람들이 손뼉을 치며 웃어댔다. _광해군일기 9년(1617) 7월 19일

시험 문제가 미리 유출되자 답안을 만들기 위해서 책을 빌리러 다닌 일을 윤선도가 상소하여 보고했다.

진사 민심은 바로 신의 아비와 동년 급제한 사람의 아들인데, 이이첨의 당류로서 신은 한 번도 만난 적이 없습니다. 반시泮試, 성균관시가 있기 며칠 전에 신의 친구로서 첨지중추부사를 지낸 송희업의 편지를 가지고 와서는 신의 『사문유취』를 빌려보고자 하였습니다. 신이 전체를 빌려주고 싶지 않아서 어느 책을 보고자 하는지 물었더니, '청명절'이 들어 있는 책이었습니다. 그 책이 마침 신의 서재에 있었기 때문에 갖다

주었습니다. 민심이 "다른 책도 보려고 하니 전체를 빌려주십시오" 하기에, 신이 필요한 곳을 물어보니 "등촉부입니다"고 대답했습니다. 신이 "그것이 들어 있는 책은 친가親家에 있으니 어찌합니까?" 하였더니, 민심이 "사람을 시켜서 갖다주십시오" 하였고, 신이 "찾으러 보낼 사람이 없습니다"고 하자, 민심이 "제가 가서 찾아오겠습니다" 하였습니다. 신이 "안방에 있어서 외부 사람이 찾을 수 없습니다" 하니, 민심이 "그대가 내 말을 타고 가서 가져오는 것이 어떻겠습니까?" 하였는데, 신이 "지금 다른 손님을 대하고 있어서 갈 수 없습니다"고 하였습니다.

민심이 망연자실하여 일어나 가려고 하지를 않더니, 오랜 뒤에 어쩔 수 없자 그 책만 가지고 돌아갔습니다. 시험장에 들어가기 전에 그 책을 간신히 가져올 수 있었는데, 뒷날 성균관 시험장에 들어갔더니 바로 유류화楡柳火라는 제목이 걸려 있었습니다. 『사문유취』에서 찾아보니 바로 청명절에 하사하는 것이었고, 등촉부에도 볼 만한 글이 많이 있었습니다. 신이 비로소 이상하게 여기며 마음속으로 말하기를 "성상께서 시험에 친림하시어 임금의 위엄이 지척에 있는데도 감히 미리 유출한 제목으로 출제했으니, 임금을 무시하는 마음이 드러난 것이다. 이이첨이 이렇게까지 되었단 말인가?" 하였습니다. _광해군일기 8년(1616) 12월 21일

시험 부정이 잘못되어 엉뚱한 사람이 합격하는 우스운 사건도 벌어졌다. 이때는 남인이 정권을 잡고 서인은 밀려나 있어서 34명 급제자 대부분을 남인으로 채우고 서인은 두세 명만 포함시켰다.

한 서인西人 응시자가 입장하자, 한 사람이 뜰 위에서 내려와 "오 판서

댁 진사인가?"라고 물었으니, 오정위의 아들 오시만도 초시에 합격했기 때문이었다. 그 사람이 멋대로 대답했는데, 방이 나오자 그 사람이 과연 등제하였다. 당시에 이를 비웃어서 오선달이라고 불렀다【권시경을 이른다】. 오시만은 이 때문에 혼자 떨어졌는데, 오정위가 크게 화를 내어 시험관들을 꾸짖었다.

뒤에 정시庭試, 궁궐에서 보이던 시험에서 오정위가 호조戶曹에 오시만의 시험지를 별도로 만들게 하여 표시를 하였고, 성적·산출 때에 '시만' 두 글자를 손바닥에 쓴 다음 오시만이 지은 것이 나오자 손바닥을 들어 시관들에게 보였다. 윤이도가 지은 글을 장원으로 삼으려고 하자, 오정위가 이름 봉한 것을 일부러 재빨리 뜯고서 "이 작품이 좋지만, 이름을 봉하지 않았다"고 하여, 윤이도가 마침내 낙방하고 오시만이 장원이 되었다. _숙종실록 1년(1675) 11월 1일

오정위가 집에 이르러 하인 수십 명으로 "내 아들이 새로 급제했다"고 외치게 하니, 이를 들은 사람들이 이 말을 이용하여 "오씨 아들이 손바닥 거울로 급제했다"고 비웃었다. 여기에 오선달이 나오는데, 봉이 김선달로 많이 알려진 선달은 원래 급제한 사람을 부를 때 쓰는 말이었다. 시험 주관자가 부정을 저지르니, 그 아래 관리들도 가만있을 리 없었다. 다음은 송시함이 영조에게 상소한 말이다.

근래에 과장이 엄격하지 않은 것이 진실로 고질적인 폐단이 되었습니다. 이번 소과 시험장 두 곳에서 시권을 받는 군졸이 선비들에게 돈을 요구하였고, 돈의 다소多小를 보아서 시권을 올리는 조만早晩으로 삼았습

니다. 또 돈을 끝내 주지 않으면 버려진 두루마리 가운데 넣어 채점 대상에 넣지 않았으니, 그 폐단이 매우 많습니다. _영조실록 17년(1741) 9월 3일

이미 말한 조정早呈의 폐단 때문에 시험지를 빨리 바쳐야 했다. 그래서 받은 돈에 따라 바치는 시기를 조절하거나 아예 채점 대상이 되지 않도록 군졸이 농간을 부렸다. 민응형은 일 처리를 아랫사람들에게 맡겨서 물의를 빚었다.

승지 민응형이 관서지방의 시험을 관장하면서 문서를 전적으로 하리下吏, 글씨 담당 서리들에게 맡겼다. 그런데 이들이 응시자에게서 수천 금의 뇌물을 받았고, 차비관差備官, 임시 담당관들도 연줄을 이용하여 간사한 짓을 해서 말들이 자자하였다. 대간이 민응형을 파직하고 서리書吏를 효시하며 차비관을 잡아다 국문할 것을 주청했는데, 상이 듣지 않고 민응형을 소환한 뒤 승지 이덕수를 다시 보내어 대신하게 하였다. _인조실록 14년(1636) 10월 12일

여기에 서리와 차비관이 나오듯이 시험을 관리하는 데는 여러 사람이 딸렸다.그림 4 예조에서 건의한 시험 관리 규정에서 이들의 역할이 드러나고, 이들이 할 수 있는 부정 유형도 알 수 있다.

고시考試, 감독, 대독對讀, 보조감독, 수권收券, 시험지 거두기, 봉미封彌, 이름 가리기, 역서易書, 글씨 베끼기, 금란禁亂, 질서 단속, 응판應辦, 물자 담당, 입문入門, 입구 지키기 등을 담당한 관리 및 서리書吏, 글씨 담당 등으로서, 시험 문제를 누설한 자, 답안

그림 4 길주과시도에 보이는 시험관 및 아랫 관리들(한시각)

> 첫머리의 내용을 몰래 내통한 자, 봉인한 이름을 엿본 자, 필적을 살펴서 알아두는 자, 그런 사실을 알고 고의로 놓아두는 자들도 위의 항목에 의하여 죄를 논하소서. _예종실록 1년(1469) 6월 11일

두사頭辭, 즉 답안 첫머리의 글자를 알려주거나 특정 단어를 써서 채점자와 내통하는 부정은 원이곤의 상소문에 자세히 소개되어 있다.

> 전시나 복시에 이르러서는 상께서 직접 임하시는데도 미리 지어온 글로 급제를 할 뿐 아니라, 문장 첫머리를 서로 내응하거나 글제와 무관한 글자로 서로 약속하는 자도 있습니다. '정운미로定運微勞'는 형효갑이 지

은 책문의 두사였고, '명절낙양지소년名竊洛陽之少年'은 권의가 지은 책문의 두사였습니다. 때로는 행적으로 표시하거나 이름으로 표시를 하니, 그 간교함이 극에 달합니다. 어찌 응시자가 홀로 간교함을 부리고 고시관은 여기에 응하지 않고서야 이런 일이 벌어질 수 있겠습니까? _광해군일기 8년(1616) 11월 27일

답안지를 고치는 일도 자주 벌어졌다.

봉미관 정기태를 의금부에 하옥했다. 정기태는 전시 응시자 권규의 시권 가운데 두 곳을 몰래 고쳤는데, 네 자는 칼로 긁어 고치고 두 자는 먹으로 지우고 옆에다 썼다. 일이 탄로 나자 권규는 합격 대상이었지만 제외되고 정기태는 시관의 보고에 따라 체포되어 심문을 받았다. "술을 마시고 취했는데, 전체 문장은 매우 좋으나 한두 글자가 미진한 것이 아까워 부지불식간에 이런 행동을 하였다"고 자복하였다. _현종실록 11년(1670) 11월 7일

술에 관대한 관습에 의지해 면해보려 했지만, 정밀하게 고친 것으로 보아서 취해서 그런 것이 아니라고 하여 해남현으로 쫓아내 군인으로 편입시켰다. 아예 시험지를 바꿔치기하는 수법도 동원되었다. 사헌부에서 단종에게 아뢴 말이다.

이번 문과 회시 1소一所의 정문程文, 과거 답안을 상고해보니, 마지막날 시험의 답안지 가운데 4조의 이름을 지우면서 다만 할아버지 이름과 외할

아버지 이름을 한 자씩 지우지 못한 것이 있었습니다. 여러 답안지를 살펴보았더니, 생원 원선장의 할아버지 이름 및 외할아버지 이름과 같았습니다. 원선장을 체포하여 국문하니 "생원 박서남은 내 친구로 대책문에 능한 까닭에 시험보던 날 밤에 박서남의 답안지를 가져다가 몰래 4조의 봉함을 뜯어내 4조의 이름을 써넣고, 또 내 답안지에는 박서남의 4조를 쓰려다가 급하여 미처 다 지우지 못했습니다"고 진술했으니, 청컨대 가두어 추궁하게 하소서. _단종실록 1년(1453) 3월 27일

세종 때부터 과거시험 장소를 두세 군데로 나누어 보아서 각각 1소, 2소 등으로 불렀다. 1소 시험관의 자제나 친척 등은 2소로 보내고, 2소의 경우에는 1소로 보내어 과거 공정성을 높이려는 제도적 장치였다. 부자지간에 시험을 볼 때에도 서로 실력 경쟁을 벌이는 모양새를 방지하고자 다른 장소에서 보게 하였다. 시험장에 따라 시험관도 다르고 문제도 달라서 공평성에서 문제는 있었다. 이를 분소법分所法이라 한다. 지방에서는 수령이나 수령 자제는 다른 도에 가서 시험을 보게 하는 환도법換道法이 있었다.

시험지 바꿔치기는 분명히 범죄 행위지만 미담으로 전해지는 일도 있다.

태종 병신년1416 중시重試, 문무관에게 보이던 시험에서 이조정랑 김자가 병조정랑 양여공과 함께 시험장에 들어갔는데, 양여공은 문장에 능하고 김자는 호걸이었다. 양여공이 해가 질 무렵에 글을 완성했는데, 김자가 양여공에게 "너는 시골 유생으로 병조낭관이 되었으니 그만하면 충분하

다" 하고는 답안지를 빼앗아 이름을 고쳐 써서 바쳤다. 김자가 마침내 장원이 되었다. _『용재총화』 권9

심지어 정조 7년1783 4월의 상소문을 보면 시장에서 답안지를 빼돌려 파는 일도 일어났다. 시험 부정은 결국 글공부보다는 로비에 힘을 쏟게 하였다.

심지어는 과거로 선비를 뽑을 때도 모두 사사로운 정을 써서, 시험관과 응시자가 공공연히 내통하거나 남에게서 글을 빌려다가 쓰고서도 조금도 거리낌이 없다. 이미 벼슬을 얻은 뒤에는 대성臺省, 대간과 간관, 관각館閣, 홍문관·예문관·규장각을 본디 자기 자리인 듯이 여기고, 벼슬 순서를 뛰어넘어도 사람들이 감히 말하지 못한다. 이를 물으면 누구의 문하에서 나와서 무슨 일을 주재하는 자라 한다. 그러므로 과거를 보인다는 명령이 내리자마자 시험 제목이 이미 밖에 퍼지고, 방을 내걸기도 전에 응시자의 합격 여부가 미리 정해진다. 이리하여 수년 이래로 과거 보려는 선비가 글공부는 전폐하고 분경奔競, 벼슬 청탁에 힘쓰고, 이들과 함께하기를 부끄러워하는 자는 모두 과거를 버리고 밖으로 나가 숨어 사는 자도 많다. _『상촌잡록』

실력보다는 돈으로 합격을 사는 세태를 풍자한 동요도 퍼져나갔다.

방이 나오던 초기에 동요에 "어사화냐? 금은화냐?" 하는 노래가 있었는데, 이때에 이르러 돈에 관한 말이 여러 사람의 자백에서 낭자하게

그림 5 어사화 꽂은 급제자(김준근)

나왔으므로 그 노래가 과연 맞게 되었다. 또 사람들이 시를 지어 "백지 시험지에 합격증 나오니, 머리에 어사화 꽂고 길에서 쳐다보는 이에게 자랑하네. 도적의 소굴에서 밤중에 휘파람 소리 들리니, 이 무리 또한 청렴하다 말할까?白地生紅紙, 頭花詑路瞻. 綠林聞夜嘯, 此輩亦云廉." 하였으니, 당시에 두루 전하며 암송되었다. _숙종실록 26년(1700) 1월 20일

어사화그림 5를 금은으로 샀다는 비난을 담고 있다. 이따금 왕이 과거 합격자에게 글을 다시 짓게 하여 부정이 들통나는 경우도 있었다.

왕강은 왕의 먼 친척인데 공민왕 20년1371에 과거에 응시하여 회시에 합격했다. 왕강은 또래 가운데 가장 어렸기에 왕이 불러 보고 "판관 조숭례, 진사 민안인같이 노성한 선비들도 아직 급제하지 못했는데, 이렇

게 젊은 사람이 어찌 급제하였는가? 필시 남의 손을 빌린 것이다" 하고, 회시 볼 때의 책문 문제를 다시 쓰게 했으나 쓰지 못했다. 왕이 노하여 전시에 응시하지 못하게 하고, 이로부터 15세 미만은 과거에 응시하지 못하게 명령했다. _『고려사』 왕강 전기

이와 같은 일이 조선 정조 때에도 벌어졌다.

삼일제에 합격한 유생들을 불러 접견하고, 표表에서 수석을 차지한 윤명렬에게는 진퇴표進退表, 부賦에서 수석을 차지한 임업에게는 진퇴부를 짓게 명했다. 좌의정 이성원이 "표와 부에서 수석을 차지한 사람들이 지금 명을 받고 진퇴표와 진퇴부를 지었는데, 표는 한 글자도 써내지 못했고, 부도 다섯 구절을 썼지만 문장이 제대로 되지 않았습니다. 과거시험은 매우 엄정해야 하니 합격자 명단에서 빼버릴 수밖에 없습니다"고 보고했다. _정조실록 13년(1789) 2월 28일

삼일제三日製란 삼월 삼짇날 치르는 시험으로 성균관 학생들의 사기를 높이기 위해서 시행되었다. 여기서 1등을 하면 문과 전시로 직행하는 특전을 주었다.

시험 부정의 역사는 시험제도가 생기면서 이미 시작되었을 것인데, 고려말기에는 '분홍방' 또는 '홍분방'이란 말까지 생겨났다.

신우 11년1385 3월에 윤취가 시험관이 되어 선발한 자가 모두 세력가의 젖내 나는 어린아이들이었다. 당시 사람들이 이를 '분홍방粉紅榜'이라고

희롱했으니, 아이들이 흔히 분홍 옷을 입는 데서 나온 말이다. _『고려사』 선거지, 국자시시원國子試試員

조선 성종 때에는 '임구정 3인'이니 '이철 생원', '중금 진사'니 하는 말이 생겨났다. 다음은 생원시와 진사시 결과를 적은 다음에 사관이 논평한 말이다.

임희재는 임사홍의 아들로서 나이가 아직 어리고 재주에 대한 명성이 없었으나, 외람되게 장원을 차지하자 물의가 일어나 대부분 의심스럽게 여겼다. 심지어 대문 벽에 "임씨 아이가 이제 장원이 되니, 두 원로의 문장이 빛을 내지 못하네任童今得壯元郎, 二老文章不顯光"라고 쓴 시가 걸린 적이 있었다. 두 원로는 임원준과 임사홍을 가리킨다. 하남군 정승조의 아들 정승충과 지사 구수영의 아들 구승경도 재주가 없는데 시험에 합격했으므로, 사람들이 아울러 의심하여 '임·구·정 3인'이라 하였다.

세조 때 이래로 과장이 허술하여 남의 글을 빌리는 자가 아주 많았는데, 과장 안에서 차술하기도 하고 혹은 밖에서 차술해오기도 했다. 밖에서 차술해오는 자는 몰래 성균관의 종 중금·이철에게 뇌물을 준 뒤에 품속에 감추고 성균관에 입장했다. 이를 가리켜 '이철 생원'이니 '중금 진사'니 하였다. _성종실록 17년(1486) 9월 15일

또 중종 때에는 청백방, 세체방, 가증방이 등장했으니, 당시의 부정한 세태를 과거의 방에 비겨서 풍자한 것이다. 도승지 이환이 아뢴 말이다.

신이 성균관에서 의례를 미리 연습할 때에 들으니, 유생들이 청백淸白이라는 방을 만들어 재상 몇몇을 나열하고 마지막에 "아무는 탐오하므로 끼지 못하였다" 하였다고 합니다. 이른바 청백이니 탐오니 한 것은 다 반대로 말하여 재상을 품평한 것인데, 확실히 알지는 못합니다. 세체細體·가증可憎이라는 방은 신들이 감찰의 소행이라는 말만 들었고, 역시 자세히 알지 못합니다. _중종실록 23년(1528) 9월 3일

어떤 사람이 청백방을 성균관 명륜당 뒤에다 몰래 걸었다고 한다. 여기에 든 장순손, 이귀정 등은 반대로 탐오한 사람들이고, 탐오한 사람이라 지목된 조원기, 손중돈은 청백한 인물이었다.

또 관리들의 비위를 감시하던 사헌부의 감찰들이 과거시험의 방처럼 세체방, 가증방을 만들어 조롱하였다. 세체방에는 옷을 꾸며 입는 데 신경쓰는 인물들, 가증방에는 가증스러운 인물들을 나열한 것이다. 세체란 당시에 복식을 아름답게 꾸민 사람을 지칭하는 말이고, 가증이란 용모가 거칠어 사랑스럽지 않은 사람을 의미하는 말이라고 한다. 지금은 가증스럽다 하면 아주 얄밉다는 뜻으로 쓰이고 있다.

3

벼슬과 정치

벼슬길과 인사 | 신고식을 거쳐야 | 무식한 관료들 | 수령과 선정비
청백리와 탐관오리 | 징계와 유배 | 선례와 여론 | 당파 싸움 | 시대의 맞수들

벼슬길과 인사

지금이야 개인기업, 금융 등 다양한 직종으로 나갈 수 있지만, 전통시대에는 벼슬길로 나아가는 것이 유일한 출세였다. 상업으로 돈을 버는 경우도 있었지만 조선시대에는 바람직한 것이 아니었다. 벼슬하여 이름을 드날리는 것이 바로 입신양명이다. 그러기에 벼슬과 관련된 일화는 많을 수밖에 없다. 까치집과 관련된 속설도 흥미롭다.

사람들이 말하기를, 집 남쪽에 까치가 와서 집을 지으면 주인이 벼슬을 얻는다고 한다. 세상에 이런 말이 전해진다. 태종의 오랜 친구 한 명이 고생하며 뜻을 얻지 못했더니, 임금이 행차하는 것을 엿보고 종을 시켜 길하다는 곳에 까치집을 만들게 했다. 임금이 과연 사람을 시켜 "왜 이렇게 하느냐?" 물으니 "집 남쪽에 까치집이 있으면 반드시 작록을 얻는다 하는데, 우리 주인이 오랫동안 벼슬을 얻지 못하여 이렇게 합니다"고 대답했다. 임금이 가련히 여겨서 벼슬을 제수했다고 한다. _『청파극담』

작록爵祿이란 원래 관직에 뒤따르는 작위와 녹봉이지만 벼슬을 통칭하는 말이기도 하다. 벼슬살이는 항상 좋은 것만은 아니었다. 속담에

그림 1 고을 원의 행차

'원살이가 고공살이'라 하였으니, 고을 원 노릇 하는 것은 품을 파는 사람이나 다를 바가 없다는 말이다. 호피를 깐 가마에 타고 구실아치나 궤짝을 멘 종을 대동하여 당당히 행차하지만,그림 1 그 이면에는 그런 고달픔이 있었다. 근대 여행기에 이런 말이 나온다.

이 무사태평한 사람들 사이로 근심 어린 표정으로 급히 지나가는 사람이 있을 때에는 업신여기는 웃음을 띠고는 길을 내준다. 불행하게도 그는 일을 해야 하는 관리이기 때문이다. 심지어 "거지 팔자가 도승지 팔자보다 낫다"는 속담도 있다. _조르주 뒤크로 책, 83쪽

고려초기에 과거제도가 처음 실시된 이후 벼슬길에 나아가는 주된

통로는 과거科擧와 음서蔭敍였다. 과거는 시험을 통해서 선발하는 것이라서 개인의 능력이 중요했고, 음서는 조상의 음덕에 따라 선발하는 것이라서 가문과 혈통이 중요했다. 음蔭이란 조상이 드리워준 그늘을 의미한다. 대체로 고려시대는 음서가 중시된 데 비해서 조선시대는 과거가 중시되었다. 그만큼 조선은 고려에 비해서 능력 위주의 개방사회로 발전해간 것을 의미한다.

조선시대에는 문관이 되는 문과가 우선시되었고, 그다음이 무과, 그다음이 음서였다. 다음은 최명길이 왕에게 건의한 글이다.

또 조상 대대로 벼슬하는 집안 자제는 독서를 부지런히 하여 과거 급제에 힘을 쏟습니다. 문과로 뜻을 이루지 못하면 문과를 포기하고 무과를 취하고, 문과나 무과 두 가지를 모두 이루지 못한 후에야 비로소 음관 벼슬로 나아갑니다. 이처럼 그 경중에 차이가 나는데, 근래에는 문과로 급제한 자 가운데 독서한 사람이 아닌 경우가 많고, 무과로 급제한 자 가운데 서얼 출신이거나 지방인이 많습니다. 이 때문에 조정에 들어와 직무를 담당하는 문·무관 가운데 그 성가가 음관만 못한 자들이 많습니다. _인조실록 11년(1633) 7월 12일

전쟁의 여파로 인조 때에는 음관이 우세를 점하여 이런 말이 나오게 되었다. 이처럼 시대에 따라 상황은 조금씩 달랐다. 성종은 문무를 동등하게 쓰는 정책을 펴 한때 무신을 승정원에 임용하였다. 또 명종 때부터 무관도 수령으로 나가기 시작했다.

과거와 음서 외에 벼슬로 나아가는 또 하나의 길이 천거다. 이것은

개인의 덕행이나 재능을 바탕으로 추천되는 것이다. 이순신도 유성룡의 천거를 통해서 명장이 될 수 있었다.

이수광1563~1628이 이렇게 말했다. "이순신이 무신으로 있으면서 이름이 드러나지 않았는데, 신묘년1591에 서애 유성룡이 재상이 되어 그를 쓸 만한 인재로 천거했다. 이리하여 정읍현감에서 등급을 뛰어넘어 전라좌수사로 임명하였기에 마침내 국가 중흥에 첫째가는 명장이 되었다. 아, 지금 세상에 어찌 이와 같은 사람이 없겠는가? 다만 사람을 알아보고 천거할 수 있는 사람이 없을 뿐이다." _『임하필기』 문헌지장편文獻指掌編

천거의 기회를 잡지 못하면 결국은 초야에 묻혀 일생을 마쳐야 했다. 다음은 이조판서가 영조에게 아뢴 말이다.

예로부터 재주를 품고 묻혀 사라진 자는 일일이 손가락으로 꼽을 수 없을 정도로 많습니다. 예를 들어 송익필의 경학, 박지화의 절의, 신희계의 문장, 최명룡의 지략, 우경석의 재주, 양사언의 시문이 그러합니다. 하지만 이들은 일생 벼슬을 하지 않고 마쳤거나 말단 관리에 그치고 말아 마침내 그 품은 뜻을 펴지 못했으니, 신은 실로 아깝게 생각합니다.

_영조실록 21년(1745) 7월 4일

지금은 자천타천으로 인사물망에 오르는 사람이 있지만, 과거에 자천은 미덕이 아니었다. 정조 때에 한성판윤 정창성이 어진이를 천거하는 것이 형식적으로 흐른다고 하면서 "선비는 스스로 자기 자랑을 할 수 없고 반드시 불리기를 기다리는 것이 도리"라고 말했듯이, 선비는 요즘처럼 자기 홍보를 하지 못하고 남이 알아줄 때까지 기다려야 했다. 이렇게 숨어서 때를 기다리는 선비들, 즉 유일遺逸을 위해서는 천거가 필요했다.

천거제는 음서제와 함께 묶어서 이해되기도 하고 분리해서 이해되기도 했다. 이와 관련하여 선조 때에 음관蔭官의 범위를 두고 논란이 인 적이 있다. 다음은 과거시험을 거치지 않고 적당히 추천으로 벼슬길에 오르려는 문제를 둘러싸고 논란이 일 때에 사관이 적어놓은 글이다.

우리나라 벼슬길에는 문·무·음 세 가지가 있으므로, 천거를 통해 벼슬한 자를 '미출신인未出身人'이라고 불렀다. 상이 미출신인까지 합쳐 음관이라 범칭한 적은 있지만, 이이李珥 등은 이를 뒤섞어 일컬은 적은 없었다. _선조수정실록 16년(1583) 8월 1일

조선시대에는 음서와 천거를 묶어서 남행南行이라 하여 과거 출신자와 구별해 불렀다. 조회 때에 동쪽에 서는 문관, 서쪽에 서는 무관과 비교하여 남쪽에 선다고 해서 유래한 말이다. 남행은 음직을 대변하는 말로도 사용되어 음직으로 임명된 수령을 남행수령이라 불렀는데, 시간이 흐를수록 과거급제자인 문관이나 무관 출신보다 그 수가 더 많아졌다. 인조 9년1631 4월에 왕은 "수령 자리가 빌 때마다 음관으로만 충당하기 때문에 문인도 아니고 무인도 아닌 자들이 좋은 자리를 차지하고 있다"고 지적했다.

천거제는 이미 고대부터 시행되었다. 고대에는 신분제 사회였기에

혈통이 출세의 기준이 되었지만, 주류에서 벗어난 사람들에게 기회를 준 것이 천거였다. 고구려 때 을파소가 바로 그런 인물이었다.

이에 따라 4부가 공동으로 동부에 사는 안류를 천거하자, 왕은 그를 불러 국정을 맡겼다. 이에 안류가 왕에게 말했다. "미천한 신은 용렬하고 어리석어 본래 큰 정치에 참여하기에 부족합니다. 서압록곡 좌물촌에 사는 을파소는 유리왕 때의 대신 을소의 후손으로서, 굳건한 성격에다가 지혜가 많고 사려가 깊습니다. 그러나 세상에서 쓰이지 못하여 힘들게 농사지어 생계를 유지하고 있습니다. 대왕께서 만약 나라를 다스리려 한다면 이 사람이 아니면 불가합니다." 왕은 사람을 보내 겸손한 말과 두터운 예로써 그를 불러들였다. _『삼국사기』 고국천왕 13년(191) 4월

고국천왕이 어진 사람을 추천하라고 하여 마침내 을파소가 지목된 것이다. 그는 당시에 수도였던 국내성 부근 압록강 변그림 2 어느 골짜기에서 농사짓고 살던 인물이었다. 그는 최고위직인 국상이 되었고, 가난한 백성을 위해서 봄에 곡식을 빌려주는 진대법을 실시하여 역사상 유명한 인물이 되었다.

조선 선조 때에 허준을 내의원에 추천해준 이는 유희춘1513~1577이었다.

허준을 위하여 이조판서에게 편지를 보냈다. 내의원으로 천거해준 것이다. _『미암일기』 1569. 윤6. 3.

그림 2 국내성과 압록강(1993. 8)

유희춘은 집안사람이 치료받은 것을 계기로 이렇게 허준을 천거했다. 이로부터 2년 뒤에 허준이 실제로 내의원에 근무한 것이 확인되므로, 아마 이 천거가 받아들여졌던 것 같다. 그리고 마침내 어의御醫가 되어 임진왜란 때에는 함께 피란 다니며 선조를 보살폈고, 2009년 유네스코 세계문화유산에 등재된 『동의보감』그림 3을 비롯하여 각종 의서를 편찬했다.

천거제는 시골에 묻혀 있는 인재를 발굴하기 위한 것으로 비정규적인 인사였다. 을파소가 그런 경우이다. 그렇지만 그런 인재를 찾아내기란 현실적으로 어려운 일이고, 과거에 합격하고도 벼슬을 제수받지 못하거나 하급직에 머물러 있는 인재를 발탁하는 경우가 많았다. 당쟁이 심해지면 이마저도 자기 사람을 심는 데에 급급했을 것이다. 다음은 신하들이 정조에게 건의한 말이다.

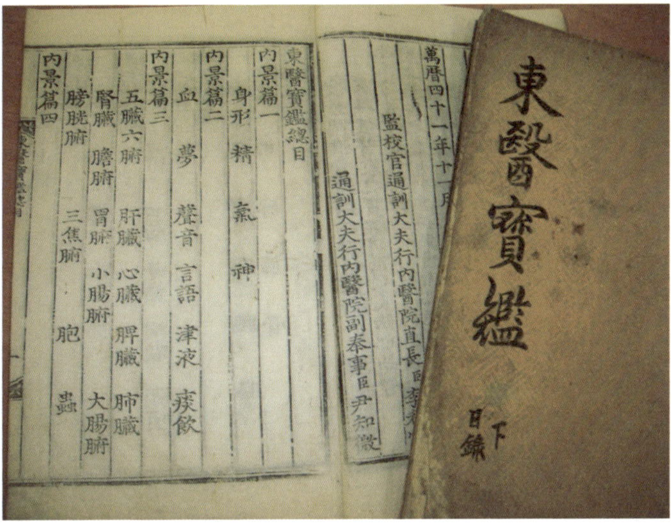

그림 3 동의보감

신들은 말씀드립니다. 이제부터 안으로는 의정부에서 밖으로는 감사에 이르기까지 사람들을 널리 수소문해서 각각 한두 명을 선발하되, 당파에 구애되거나 문벌을 따지지 말고 오로지 덕과 재능이 제대로 있는 사람을 신중히 뽑아 추천에 응하게 해야겠습니다. 조정에서도 대뜸 그들에게 직책을 제수할 것이 아니라, 먼저 벼슬 없는 상태 그대로 불러서 참으로 재능과 학문이 있는지를 타진한 다음에 실력을 평가해본다는 의미를 살려서 중앙이나 지방의 직책을 부여하여야겠습니다. _정조실록 7년(1783) 1월 5일

벼슬은 관직과 품계로 이루어진다. 관직이란 '어느 관청의 어느 직책'이란 의미이고, 품계란 이 직책을 담당하는 사람의 벼슬 등급을 의미한다. 지금 공무원을 예로 들면, 교육과학기술부의 인사과장은 관직이

고, 이 과장은 4급 서기관급에 해당한다는 것이 품계이다. 품계는 2급 이사관, 4급 서기관, 5급 사무관과 같은 공무원 직급과 비길 수 있다.

품계는 원래 품品과 계階를 합친 것이니, 4급은 품이요 서기관은 계이다. 품으로서 지금은 9급 공무원부터 1급까지 있고 그 위에 정무직이 있지만, 조선시대에는 종9품에서 정1품까지 18등급이 있었다. 정1품이 바로 영의정이니, 이 자리는 왕 아래 만민 위에 군림하는 '일인지하 만인지상'의 자리로서 모든 벼슬아치의 꿈이었다.

계에 해당하는 것으로서 지금은 일반직, 기술직 등으로 구분되어 있듯이, 조선시대에는 문관과 무관으로 구분되어 있었다. 예를 들어서 정3품에 문관으로는 통정대부와 통훈대부가 있었고, 무관으로는 절충장군과 어모장군이 있었으니, 정3품은 품이요 통정대부나 절충장군은 계에 해당한다. 정3품 통정대부, 절충장군부터 고위 관료인 당상관에 속하는데, 지금으로 말하면 2급 이상으로 이루어진 고위공무원단에 비길 수 있다. 우리나라 행정부 공무원 100만 명 가운데 1,500여 명만 고공단에 속하니, 얼마나 올라가기 어려운 자리인지 짐작할 수 있다.

아주 순조롭게 승진한다고 해도 종9품에서 정3품 당하관까지 올라가려면 1만 4,784일450일×6품계+900일×13품계 즉 41년 정도가 걸렸으니, 20세에 시작하면 60세가 되어서야 가능했다. 기술관의 경우는 1만 5,784일514일×6품계+900일×13품계 즉 44년 정도가 걸렸다이성무 책, 120쪽.

품계 제도는 고려 때에 중국에서 받아들여 조선시대까지 사용한 것이고, 고대 삼국에는 각자 독자적인 관등제가 있었다. 특히 신라에서는 골품제도와 결합하여 신분에 따라 올라갈 수 있는 승급 상한선이 정해져 있었고, 경주 출신과 지방민에게는 다른 등급제도가 적용되었다. 하나의 관직에 여러 관등이 대응되는 점도 품계제와 다르다.

벼슬 체계가 복잡하여서 양반집 자제들이 이를 익히게 하려고 만든 놀이가 승경도 또는 종경도 놀이다.그림 4 이 놀이는 조선초기 하윤이 만들었다고 한다.

그림 4 승경도 놀이판과 윤목

정승 하윤1347~1416이 종정도從政圖를 만들었는데, 9품에서 1품에 이르기까지 관작의 차례가 있다. 6면으로 된 윤목輪木에는 덕德·재才·근勤·감堪·연軟·빈貧 여섯 글자를 써서 덕과 재가 나오면 승진하고 연과 빈이 나오면 쫓겨나는데, 벼슬길과 같게 하였다. _『용재총화』 권10

중국 놀이를 우리 식으로 고친 것으로 보인다.그림 5 중국에서도 명·청 때에 승관도升官圖 놀이가 유행했는데, 그 기원은 당나라 또는 그 이전으로 올라간다고 한다. 조선시대의 것은 방안 규격을 하고 있지만, 중국 것은 동심원으로 배열되어 있어 차이를 보인다.그림 6

조선시대에는 공명첩空名帖을 발행해서 벼슬을 팔았다. 공명첩은 이름을 기재하지 않은 백지 임명장으로서 나중에 이름을 써넣어서 필체가 달라진다. 이를 모르고 조상 대대로 내려온 자랑스러운 문서라고 해서 TV에 가끔 소개되는 경우가 있다. 고종 30년1893에 발행된 공명첩을 보

그림 5 승경도 놀이

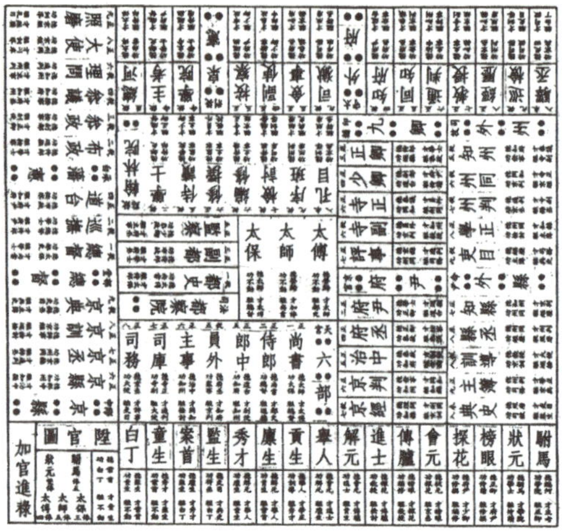

그림 6 명나라 승관도

면,[그림 7] '학생' 다음에 이름을 써넣을 곳이 비어 있고, 그다음 줄에 '가선대부 호조 참의에 추증한다'는 벼슬 이름이 적혀 있다. 가선대부는 품계이고, 호조 참의는 관직이다. 공명첩은 임진왜란 때에 군공을 세운 사람이나 납속納粟, 즉 곡식을 바친 사람에게 그 대가로 처음 발행했다.

전쟁이 일어난 지 1년 만에 국가 재정이 고갈되었고, 약간 남은 저축도 모두 가렴주구하는 관리 수중에 들어갔다. 이에 벼슬을 팔 수밖에 없는 형세가 되었으니, 100석을 내면 3품을 주고 30석을 내면 5품을 주었다. 【계사년[1593]·갑오년[1594]에 이르러서는 120석만 내면 가선대부 당상관으로 올려주었으나 응모하여 내는 사람이 없었다.】_『난중잡록』 임진년(1592) 12월

가선대부는 종2품으로 당상관에 속하는데도 응모하는 사람이 없었다고 한다. 이렇게 되면 강매하는 일이 벌어졌다.

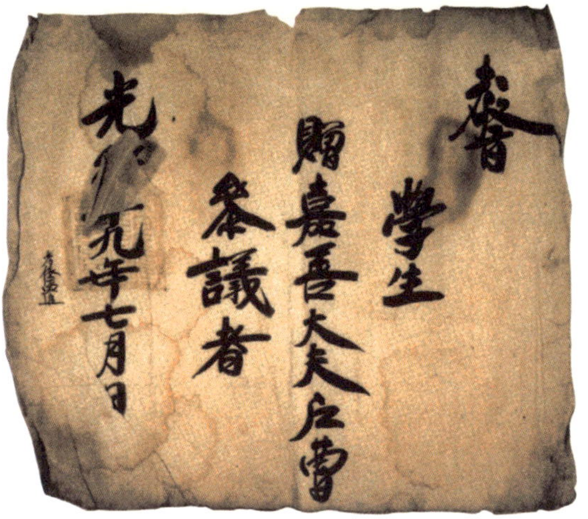

그림 7 공명첩

생각건대 공명첩이란 가선대부나 절충장군의 직첩에 성명을 비워놓은 것이다. 직첩 한 장마다 돈 5냥을 거두거나 7냥을 거두는데, 백성들이 모두 원하지 않으므로 결국에는 모두 강제로 할당한다. 관청에서는 벼슬을 판다는 거리낌이 있고 백성은 괴롭힘을 당하여 원망을 품으니 아름다운 제도가 아니다. 부자들에게 어진 말로 권하여 의롭게 출연하도록 기다렸다가 봉사나 직장의 직함을 주어 보상하는 것만 못하다. _『목민심서』 진황賑荒, 비자備資

사관은 임진왜란 당시의 공명첩을 이렇게 설명했다.

이때에 적의 목을 베거나 곡식을 납부한 자 및 작은 공로가 있는 자들은 모두 고신告身, 벼슬 임명장·면천免賤, 천민에서 벗어남·면역免役, 양역 면제 등의 첩帖으로 상을 주었다. 병사를 모집하는 관리나 곡식을 모금하는 관리도 이런 첩을 상으로 주었는데, 이름을 비워두었다가 응모하는 자가 있으면 그때마다 이름을 써주었다. _선조실록 25년(1592) 11월 2일

면천이나 면역은 실제 혜택을 보는 경우지만, 고신공명첩은 실직을 제수하지 않기 때문에 이름뿐인 허직에 불과하였다. 그렇지만 벼슬을 산 뒤에 실제로 녹을 받는 일도 있었던 모양이다. 다음은 사헌부가 아뢴 말이다.

곡식을 바치고 당상관에 오른 자를 이루 헤아릴 수 없습니다. 만약 군비가 모자랄 때라면 사목事目, 규정에 따라 적법하게 바치게 하고, 때로는 순장巡將, 궁궐이나 도성을 순찰하던 당상관 벼슬에 부쳐서 녹을 받게 하는 것도 괜찮을 것입니다. 곡식을 바치고 노인직老人職, 노인에게 주는 명예직을 제수받은 무리 가운데는 혹 4, 5석을 바치고서 나이를 속이고 함부로 직책을 받아 높은 품계까지 올라가 녹을 받는 자마저 있으니, 국가가 속임을 당하는 것이 이보다 심한 것이 없습니다. _선조실록 34년(1601) 7월 12일

전쟁이 끝난 뒤에도 재정 보충이나 기근 구제를 위해서 공명첩을 발행했다.

경상도감사 이만이 "공명첩 100장을 내려보내 주시면 곡물을 모집하여 수재를 당해 굶은 백성을 구제하겠습니다"고 급히 아뢰니, 윤허하였다. _인조실록 26년(1648) 6월 11일

그림 8 부인첩

재정 보충을 위한 것이었지만 공명첩은 결국 신분 질서의 문란을 가져왔다. 천한 사람들까지 높은 벼슬을 받게 되어 관료의 법도가 무너졌다고 선조 때에 이미 지적되었을 정도다. 광해군 때에는 정부인, 숙부인 등 부인 직첩을 파는 부인첩그림 8도 생겨나 신분 질서의 교란을 걱정했다.

> 정부인貞夫人과 숙부인淑夫人이란 칭호는 경·대부卿大夫의 처에게 붙여주는 것이니, 결코 서민이 참람되게 사용할 수 없습니다. 근년 이래로 공명첩을 발행해왔지만 일찍이 부인의 직첩에까지 미친 적은 없었으니, 크게 불가한 일이라서 그리 한 것이 어찌 아니겠습니까? 지금 만약 경솔히 직첩을 가져다가 민간에 흩어버린다면, 장사하는 여자나 돈 많은 부녀도 모두 부인이라고 일컬으며 덮개 있는 가마를 타고 위세를 부리는 것을 그 누가 금하겠습니까? 존비가 혼란되어 보고 듣는 사람들이 반드시 놀랄 것입니다. _광해군일기 12년(1620) 8월 19일

그림 9
면벌부를 팔고 있는 교황(1521)

공명첩이 제대로 관리되지 않아서 호적에 실직과 허직이 뒤섞여 신분 붕괴를 부채질했다. 어떤 면에서는 역사의 진전이라 할 수 있다. 지금 집집마다 양반 가문이라 자랑하는 데에는 이런 역사적 배경도 있다.

공명첩과 유사한 것이 서양에도 있었다. 자금 조달을 위해서 면벌부 Indulgentia, 그림 9를 발행한 것이 그것이다. 다음 문장에서는 예전처럼 면죄부로 썼지만, 죄가 아니라 형벌을 면해준 것이기에 면벌부가 정확한 표현이다.

12세기 중엽쯤에는 이미 다리를 건설할 때의 자금 조달을 위해 면죄부가 흔히 사용되었다. 독일에서 다리의 건설을 위해 발행된 가장 오래된 면죄부는 1220년 프리드리히 2세가 도나우베아트의 나무다리를 돌다리로 개수하라고 명령했을 때 나왔으며, 그후 각지에서 발행되었다.

1286년 에슬링겐에서 네커 강에 다리를 놓았을 때는, 당시 로마에 체재하고 있던 몇 사람의 주교들이 공동으로 한 통의 증명서를 작성하여 다리를 위해 기부를 하거나 노력을 제공하는 자에게 각 주교가 40일 간 면죄를 해주었다. 면죄부를 작성한 주교의 수가 많으면 많을수록 그 면죄부의 가치는 올라간다. 마찬가지로 1343년에 트리어의 대주교 발데빈이 코블렌츠에서 모젤 강에 다리를 놓았을 때, 교황 클레멘스 6세가 면죄부를 작성하여 다리의 건설에 협력한 자에게 1년과 40일 동안의 면죄를 해주었다. _아베 긴야 책, 50~51쪽

벼슬길에 오른 사람들을 적재적소에 잘 쓰는 것이 인사의 핵심이다. 김영삼 대통령은 '인사는 만사'라 하여 인사를 무척 중시했다. 사람을 제대로만 쓴다면 모든 일이 잘 이루어진다는 생각에서였다. 그렇지만 그의 인사는 국민을 만족시켜주지 못했고, 결국은 '인사는 망사亡事'라는 말까지 들어야 했다. 이명박 정부가 출범했을 때에도 인사 때문에 큰 홍역을 치렀다. 선발된 인사 면면 때문에 '고소영', '강부자' 내각이란 말이 생겨났다. 고소영 내각은 고려대, 소망교회, 영남 출신이 많이 발탁된 것을 빗댄 말이고, 강부자 내각은 강남 땅부자 출신이 많은 것을 빗댄 말이다. 이 인사 논란으로 출범 초기부터 곤경에 처했고, 그 뒤 인사 때마다 거론될 정도로 이명박 정부를 괴롭혔다.

사실 인사는 공정해야 한다. 조선시대에 인사를 할 때에 신분 차별이나 지역 차별을 없애려는 시도도 보인다. 정조 16년1792 10월에 승지 김한동은 자신이 현달한 직책에 오른 것은 자신의 능력 때문이 아니라

"신이 영남 출신이기에 신을 우대하여 (소외되어 있던) 영남 사람들을 위로해보려는 것입니다"고 상소문에 적었다. 북관지방 출신인 윤봉거를 승지로 임명하는 것을 철회하라는 신하의 요구에 대해서 영조는 이렇게 대답하고 윤허하지 않았다.

임금이 사람을 쓸 때에 삼무사三無私를 받들어야 한다. 우주가 처음 창조되고 사람이 처음 날 때에 어떤 사람은 선비가 되고 어떤 사람은 서민이 되라고 어찌 미리 안배하였겠는가? _영조실록 42년(1766) 6월 11일

영조가 "하늘은 사사로이 덮어주는 것이 없고, 땅은 사사로이 실어주는 것이 없고, 해와 달은 사사로이 비춰주는 것이 없다"는 『예기』 문구를 인사 원칙으로 인용한 것이다. 고려시대에 박항1227~1281과 안전?~1298은 그런 원칙을 지킨 사람들이었다.

충렬왕 때에 승선으로 임명되어 관리의 인사를 담당하였다. 이전에는 정방政房, 인사기관에서 인사를 맡은 자가 집으로 나와서 잤기 때문에 만나자는 사람들이 문 앞을 메울 정도였는데, 박항이 처음으로 인사를 끝내고서야 궁궐에서 나왔다. 이 뒤로 사람들이 이렇게 하는 것을 상례로 삼았다. _『고려사』 박항 전기

안전이 인사를 담당할 때에 매번 바른 것을 지키고 아첨하지 않아서 당시에 그를 '무쇠떡'鐵餻이라 불렀다. _『고려사』 안전 전기

무쇠떡이란 단단하고 질긴 떡이란 의미일 것이다. 이때는 인사가 어지러웠던 고려후기였기에 이들의 행위는 더욱 빛났다. 인물 전기에 이런 사실이 실렸다는 것 자체가 당시에 공정성을 기하기가 어려웠다는 것을 반증해준다. 이보다 조금 뒤지만 인사가 얼마나 엉망이었는지는 '흑책정사'란 말에서 짐작된다.

충숙왕 16년1329 9월 밀직 김지경이 인사를 담당했을 때에 벼슬을 제멋대로 제수했다. 비목批目, 인선 명단 밑에 권력자들이 서로 다투어 지웠다 썼다 하며 고치니 붉은 글씨와 검은 글씨를 분간할 수 없게 되었다. 당시 사람들이 이를 흑책정사黑冊政事라고 불렀다. 【흑책이란 아이들이 글씨를 연습하도록 두꺼운 종이에 먹칠을 하고 기름을 먹인 책을 말한다.】 _『고려사』 선거지, 전주銓注

이 기록을 읽으면 검은 종이 위에 기름종이를 덮은 옛날 습자판이 생각난다. 종이가 귀하던 시절 그 위에 이리저리 글씨를 쓰다가 기름종이를 들어올리면 다시 쓸 수 있었다. 고려시대 흑책도 이런 것이었을 게다. 고려시대 인사의 난맥상은 다음 기록에서도 볼 수 있다.

왕이 사람을 쓸 때에는 폐신嬖臣, 총애하는 신하이나 환관과 의논했다. 이로 말미암아 분경奔競, 벼슬 청탁이 풍속을 이루고 뇌물이 공공연히 오가서 어진 사람과 어리석은 사람이 뒤섞였다. 폐신과 환관이 청탁하게 되면 왕이 "뇌물을 얼마나 받았느냐?" 물어서, 많이 받았다고 하면 기꺼이 그 청을 들어주고 그렇지 않다고 하면 시일을 미루면서 많이 받도록 기다렸다. 이리하여 근신들이 부당한 권력을 행사하는 습속이 이전 시대보다 심했다. _『고려사절요』 명종 14년(1184) 12월

분경이란 벼슬을 얻기 위해서 세력가 집에 분주히 오가는 모습을 가리킨다. 벼슬을 청탁하는 엽관 행위인 것이다. 명종은 무신란으로 즉위하였기에 실권이 없었던 왕이었다. 그러기에 위의 기록은 극단적인 사례라 할 수 있지만, 정도의 차이는 있을지언정 어느 시대에나 있을 법한 사례이다. 고려말에 장인경은 딸을 팔아서 벼슬을 샀다는 비난을 받았다.

병술일, 중랑장 간유지를 원나라에 파견했다. 이때 원나라 평장정사 아합마가 미녀를 구했는데, 홍원사弘圓寺 진전眞殿을 지키는 장인경이 자기 딸을 보내자고 요청해서 간유지가 데리고 갔다. 이에 장인경이 낭장에 제수되었는데, 사람들이 딸을 팔아 관직을 얻은 것을 비난했다. 아합마는 명문가 딸이 아니라 하여 받아들이지 않았다. _『고려사』 충렬왕 6년(1280) 4월

조선시대 연산군의 악행을 지적하는 글에서는 부인의 음행을 빌미로 승진하는 '왕팔채'란 말이 나온다.

연산은 온갖 악행을 다 갖추어 스스로 하늘로부터 버림을 받았다. 궁중의 행실이 더욱 추잡하여 근친 여자와 혼음하는 더러운 행동을 했을 뿐 아니라, 심지어 대궐 안에서 외명부에게 잔치를 베풀면서 자태가 고운 자가 있으면 문득 끌어들여 난행을 자행했다. 부끄럼이 없는 부인은 궁

중에 머물기를 원하기도 하였다. 총애하는 여자를 자주 불러들여 유숙시킨 뒤에 내보내고는 그 남편의 관직을 승진시키니, 당시 사람들이 왕팔채王八債라고 조롱하였다. _『동각잡기』 하, 본조선원보록本朝璿源寶錄

왕팔채란 자기 아내를 매음시키고 받는 돈을 이르는 속어로서, 실제로 윤순尹洵이 자기 아내의 덕으로 고관에 올랐다고 전한다. 때로는 망팔채忘八債라고도 하니, 효제충신 등 여덟 가지 덕목을 잃어버렸기 때문이라 한다. 또 남편 있는 여자가 밖에서 서방질을 하면 남편을 오귀烏龜라고 부르는데, 숫거북은 교미를 하지 못하여 암컷이 뱀과 교미하도록 내버려두기 때문이란다.

조선시대를 보면 중앙과 지방의 관리 자리는 모두 3,800곳을 넘지 않았고, 당상관은 100곳도 되지 않았다고 한다. 그마저 대개 한 사람이 겸직하는 경우가 많았다. 그러니 경쟁이 치열해질 수밖에 없었다. 우리 말에 아주 틀림없는 일을 두고 '따놓은 당상'이라 하는데, 이미 확실하게 '따놓은 당상관' 또는 '떼어놓은 당상관'이란 뜻이다. 얻기 어려운 자리를 분명하게 보장받았다는 말이다. 높은 자리가 적으니 자연히 부정이 끼지 않을 수 없었다. 더구나 조선사회는 친인척, 외척, 그밖의 인맥으로 다양하게 얽혀 있던 안면사회였다. 서로 안부를 묻거나 선물을 주고받아 우의를 돈독히 했고, 문안차 방문했을 때에는 명함을 건넸다.

대궐에 나아갈 때에 승지 기대승이 안부를 물어왔다. 집에 돌아와 보니 별좌 홍즙이 놓고 간 명함이 보였다. _『미암일기』 1568. 3. 24.

『쇄미록』만 봐도 주인공 오희문은 안면이 있거나 중간에 아는 사람을 거쳐서야 사또를 만날 수 있었다. 곡식을 꾼다든지 하는 아쉬운 소리를 할 때에는 더욱 그러했다. 이런 인맥은 엽관 운동을 펼치는 주요한 기반이 되었다. 다음은 신하가 성종에게 아뢴 말이다.

인사를 결정하는 날에는 청탁하는 자들이 대궐 뜰을 분주히 오가고, 선마宣麻, 임명장가 내려오지 않았는데도 밖에서는 이미 누가 어느 벼슬에 임명되었는지 알고 있으니, 매우 불가한 일입니다. _성종실록 15년(1484) 11월 1일

그런데 준 명함이 화를 부르기도 했다. 연산군의 행위에 대해 탐탁지 않게 생각하던 이세좌를 공격할 때의 일이다.

또한 이세좌의 문서를 수색했는데, 크고 작은 사대부들 가운데 그 집에 명함名刺을 남겨두지 않은 사람이 없었다. 대개 설날 세배 인사를 하고 남겨둔 것이었다. 그들을 모조리 옥에 가두게 하니 내외의 모든 신하 가운데 면한 사람이 하나도 없었다. _『기재잡기』 역조구문歷朝舊聞, 연산

인사 문제는 단순한 청탁에 그치지 않고 대가를 지급하는 경우가 많았을 것이다. 사사로운 지급이라는 의미에서 앞의 공명첩과 달리 뇌물이 되는 것이다.

"영평현령 허임을 양주목사에 제수하라"고 전교했다. 【이때에 뇌물이 공공연히 행해져 궁궐 문이 시장바닥 같았다. 내외 관직에 빈자리가 있

으면 반드시 뇌물의 다소를 따져서 벼슬을 올리고 낮추었다. 이문빈은 서얼로서 음직을 받아 안주목사에 제수되었고, 허임은 미천한 출신으로 양주목사에 제수되었다. 심지어는 값의 경중을 다투다가 후보자로 추천한 지 한 해가 지나도록 결정하지 않는 경우까지 있었으니, 동취銅臭, 돈 냄새가 난다는 기롱이야 말할 것도 못 되었다.】 _광해군일기 9년(1617) 2월 12일

중국 후한 때에 최열이란 사람이 사도란 벼슬을 돈으로 산 것을 두고 사람들이 이를 미워하여 '동취'라고 비난했다는 데서 유래된 말이니, 광해군 때의 일은 이런 표현으로도 부족하다는 것이다. 무반직도 예외는 아니었다. 돈이 없을 때에는 상인에게서 꾼 뒤에 나중에 갚았으므로, 그후 그가 할 행동은 어떠할지 짐작된다. 이언적이 중종에게 아뢴 말이다.

요즈음 무예에 자질이 있는지 가리지 않고 현명한지 아닌지를 묻지 않은 채 일체 권세가에게 청탁한 자만을 주의注擬, 후보자 선정하고 있습니다. 이 때문에 첨사나 만호가 되려는 자는 뇌물을 가지고 권세 있고 지위 높은 사람을 섬깁니다. 마침내 자리를 얻게 되면 당참전堂參錢이라 빙자하여 허비하는 면포綿布가 거의 수십 동同, 50필에 이릅니다. 그 면포는 모두 부상대고富商大賈, 큰 부자 상인에게서 꾸어온 것이니, 이 부상대고는 첨사나 만호의 임지에 내려가서 군인과 백성에게 배로 징수하고 있습니다. 이와 같은 폐단은 이루 다 말하기 어렵습니다. _중종실록 25년(1530) 12월 28일

당참전이란 당참채라고도 하는 것으로 수령이 새로 부임할 때에 벼

슬아치에게 바치는 예물을 가리킨다. 중종 39년[1544] 5월의 기록을 보면, 재상들뿐 아니라 왕을 가까이 모시는 후궁이나 궁녀 등의 여인네들에게도 몰래 뇌물을 바쳐 벼슬을 샀고, 이에 시중에서는 "누구는 귀신 같은 술수를 부린다"는 소문까지 돌았다고 한다.

물론 이상과 같은 부정이 어느 시대에나 횡행했던 것은 아닐 것이다. 그렇지만 이런 부정은 지금도 일어날 수 있는 것들이고 앞으로도 사라지지 않을 것이다. 2010년에는 외교부에서 특채 문제가 불거져서 딸과 연루된 장관까지 물러난 일이 있었다. 그런 점에서 항상 명심하고 본보기로 삼아야 할 일이다.

신고식을 거쳐야

고대는 신분제 사회였기에 가문의 위상에 따라 어려서부터 벼락출세하는 일이 많았다. 고구려 말기에 권력을 휘둘렀던 연개소문의 장남 천남생634~679은 그의 묘지명에서 승진 과정을 이렇게 묘사했다.

9세가 되자 선인先人을 주었다. … 15세에 중리소형中裏小兄을 주었고, 18세에 중리대형中裏大兄을 주었으며, 23세에 중리위두대형中裏位頭大兄으로 고쳐 임용했다. 24세에는 장군을 겸직시키고 나머지는 예전처럼 두었다. 28세에 막리지莫離支로 임용하고 삼군대장군三軍大將軍을 겸하게 했고, 32세에 태막리지太莫離支로 더하였다. _천남생 묘지명

9세의 어린 나이에 고구려 맨 아래 관등인 선인12등에서 출발하여 6년 뒤에 10등, 다시 3년 뒤에 7등, 5년 뒤인 23세에 5등, 또 5년 뒤에 2등으로 승승장구했고, 마침내 32세에 최고의 실권자인 태막리지가 되었다. 요즘도 재벌 2세의 경우에 초고속으로 승진하는 일이 있는데, 이에 비할 수 있겠다. 그렇지만 9세에 이미 관리의 길로 들어선 것이나 그의 승진 과정이 매우 순탄했던 것은 아버지의 후광이었을 것이다.

이로부터 오래 세월이 흐른 조선시대에 이덕무1741~1793는 조기 출세자들을 이렇게 정리해놓았으니, 최고의 관직에 오른 천남생의 나이보다 약간 늦은 정도이다.

젊은 나이에 내각에 들어가거나 주문主文, 대제학이 된 사람들이 있다. 귀성군 이준은 28세에 재상이 되고, 윤사흔은 39세에 재상이 되고, 이항복은 43세에 재상이 되고, 이덕형은 38세에 재상이 되고 31세에 주문이 되었으며, 김수항은 44세에 재상이 되고 34세에 주문이 되었으며, 김감은 35세에 주문이 되고, 이행은 40세에 주문이 되었으며, 남지는 17세에 경상도 도사都事, 관찰사 보좌관, 종5품가 되었으니 특이한 일이다. _『청장관전서』 이목구심서 2

이준1441~1479은 세종의 손자이다. 관료제도가 정착하여 신분이 아니라 능력이 승진의 주요 요건이 되면, 특별 승진이나 고속 승진은 자연히 줄어들 것이고, 일정한 계단을 밟아서 서서히 올라가게 된다.

우리는 흔히 일반 백성에 상대하여 벼슬아치를 사대부라 일컫는데, 이것은 원래 4품 이상의 대부와 5품 이하의 사를 합친 말이다.표 다시 말해서 대부大夫는 고위 관리, 사士는 하위 관리다. 대부는 다시 상대부, 중대부, 하대부로, 사는 상사, 중사, 하사로 나뉜다. 상사, 중사, 하사의 명칭은 지금 군대 계급으로 남아 있다.

천지간에 명분이 정해지매 임금이 최상이요, 대부가 다음이고, 사가 그 다음이니, 대부의 이름을 어찌 가볍게 빌려줄 수 있겠는가? 대부의 처

표. 벼슬의 구분

<table>
<tr><td>1품</td><td></td><td rowspan="11">문관
품계</td><td rowspan="2"></td><td rowspan="6">대부</td><td colspan="2" rowspan="3">당상</td></tr>
<tr><td>2품</td><td></td></tr>
<tr><td rowspan="2">정3품</td><td>통정대부</td><td rowspan="9">무반
품계</td></tr>
<tr><td>통훈대부</td><td rowspan="8">당하</td><td rowspan="5">참상</td></tr>
<tr><td>종3품</td><td></td></tr>
<tr><td>4품</td><td></td></tr>
<tr><td>5품</td><td></td><td rowspan="5">사(낭관)</td></tr>
<tr><td>6품</td><td></td></tr>
<tr><td>7품</td><td></td><td rowspan="3">참하</td></tr>
<tr><td>8품</td><td></td></tr>
<tr><td>9품</td><td></td></tr>
</table>

를 부인夫人이라고 하는데, 부인이란 옛날 제후의 비妃가 가졌던 호칭이다. … 나라의 제도에 종4품 이상의 품계를 대부라 하고 정5품 이하의 품계를 낭관郎官이라고 한다. 크게 나눈다면 판서가 상대부가 되고, 참판이 중대부가 되고, 참의가 하대부가 된다. 3품과 4품은 상사가 되고, 5품과 6품은 중사가 되고, 7품에서 9품까지는 하사가 된다. _『목민심서』 진황賑荒, 권분勸分

대부의 범위는 시대마다 조금씩 달랐는데, 고려시대는 종5품까지였다가 고려말부터 시작하여 조선시대에는 종4품까지였다. 조선시대 종4품이 조산대부와 조봉대부인 것처럼 대부란 글자가 들어가 있는 곳까지가 이에 해당한다. 정5품부터는 통덕랑과 통선랑으로 명칭이 달라진다. 그런데 위의 글은 3품과 4품을 상사라고 하여 다르게 설명하였다. 이들의 승진 순서는 대사헌 윤계겸의 상소문에 요체가 들어 있다.

그림 1 창덕궁 품계석(2007. 8)

신들이 가만히 생각하건대, 무릇 조정에 벼슬하는 사람은 하사에서 중사에 이르고, 중사에서 상사에 이르고, 상사에서 대부에 이르고, 대부에서 경卿에 이르고, 공公에 이르게 되니, 그 진급에 차례가 있습니다. 또 9품에서 8품에 이르고, 8품에서 7품에 이르고, 7품에서 6품에 이르고, 6품에서 5품에 이르고, 5품에서 4품에 이르고, 4품에서 3품에 이르고, 3품에서 2품에 이르고, 2품에서 1품에 이르게 되니, 그 품계에 서열이 있습니다. 은나라의 부열傅說이나 주나라의 여망呂望과 같이 불세출의 현명한 사람이어야만 하루아침에 재상도 되고 태사太師도 될 수 있는 것입니다. 지금 최한정은 큰 덕망과 재능이 없는데도 5품의 교리로서 당상관인 대사간정3품으로 뛰어넘어 제수되었으니, 명령이 내리던 날에 신들은 실로 매우 놀랐습니다. _성종실록 7년(1476) 2월 18일

진급 순서는 9품에서 1품으로 차례로 올라가는 것이요,그림 1 하사 → 중사 → 상사 → 대부 → 경 → 공에 이르는 것이다. 대부의 상층부에는 3공三公과 9경九卿이 있었으니, 조선시대에 3공은 정1품인 영의정, 좌

의정, 우의정 세 정승을 가리키고, 그 아래 9경은 정2품인 의정부의 좌·우참찬, 육조 판서, 한성부 판윤의 아홉 고관을 가리킨다. 이래서 상위 관리를 흔히 '공경대부'라 부른다.

사대부는 원래 문관이지만, 조선시대에는 문무 양반 관료를 모두 가리켰다. 그렇다고 무관의 지위가 높아진 것이 아니라 어차피 문관이 주도하는 국가였기에 무관은 그 속에 포함된 것뿐이다. 때로는 주자학을 신봉하는 독서인층까지 포함하는 용어로도 사용되었으니, 고려말에 등장하는 신진사대부란 의미는 그런 뜻을 담고 있다. 그런가 하면 지체가 높은 집안을 가리키는 신분적인 용어로도 사용되었다. 벼슬의 고하에 따라 호칭도 대감, 영감, 나리나으리, 나아리 등으로 달라졌다.

사람의 칭호로서 과거에 미천했던 것이 지금은 존귀하게 되고 지금 미천한 것이 이전에는 존귀했던 것이 있다고 내가 말한 데는 그만한 까닭이 있다. 지금 고관 가운데 정경正卿 이상을 대감大監이라 부르는데, 이 역시 삼국시대부터 비롯된 것이다. … 다만 무관직이 아니고는 이런 칭호가 없었는데, 지금은 문무 고관의 통칭으로 바뀌었다. 영감令監은 비옥원緋玉員의 통칭이다. 진사進賜는 당하관의 호칭으로 세속에서 '나아리'라 부르는데, 무슨 뜻인지 모르겠다. _『오주연문장전산고』 인사편 1, 칭호고금부동변증설稱號古今不同辨證說

정경正卿은 정2품 이상을 가리키며, 종2품은 여기에 버금간다고 해서 아경亞卿이라 불렀다. 비옥원緋玉員은 붉은비단 옷에 옥관자를 한 관리로서 당상관을 의미한다. 나리는 일반인이 왕자와 왕족을 높여서 부르는 호칭이기도 했다. 영감은 지금에 와서 판검사를 높여 부르거나 일반 늙은이를 부르는 말로 사용되고 있다. 이밖에 선달은 조선시대에 과거에 급제하고도 벼슬을 받지 못한 사람을 부르는 호칭이었다. 왕이 신하를 부를 때에도 품계에 따라 달리했다.

임금께서 수찬 박동현을 돌아보고 일렀다. "경연관의 의견은 어떤가?" 【임금이 신료에 대해서는 이름을 부르지 않지만, 참하관參下官, 7품 이하에 이르러서는 이름도 부르고 '너爾'라고도 한다.】 _『기재사초』 신묘년(1591) 5월 4일

당상관은 '너' 또는 '경'이라 불렀다.

승정원에서 왕의 뜻을 받들어 황해도관찰사 남윤에게 급히 글을 보냈다. "경의 처가 병을 얻었으니 속히 와서 보라."

이전에는 유지有旨, 왕의 명령서에 통정 당상通政堂上은 '너'라 칭하고, 2품 이상은 '경卿'이라 칭했다. 이때에 남윤이 품계가 통정대부였기에 '너'로 써서 아뢰었는데, 어필로 '경'이란 글자를 쓰고 종이 끝에 "이제부터는 '너'자를 쓰지 마라" 하였다. _세조실록 11년(1465) 10월 8일

통정대부는 정3품으로 이로부터 당상관에 속하는데, 그 위의 당상관과 호칭에서 차이가 있었던 것을 알 수 있다.

과거에 급제하면 선배들이 닦달하는 신고식이 기다리고 있었다.그림 2 관리로서의 첫발을 내디딜 때에도 역시 신고식이 있었다. 지금 군대에서 하는 신고식과 같은 것이니, 조선시대에 독특하게 성행한 면신례免

그림 2
과거급제자의 신고식(김준근)

新禮가 그것이다. 새내기는 접대하거나 물건을 바치느라 파산까지 하는 일도 있었다. 풍속은 기관마다 달랐으니, 과거시험을 주관하던 사관四館 즉 성균관, 예문관, 승문원, 교서관이 대표적인 곳이었다.

사관에서 신래新來, 새내기를 괴롭히는 일이 예부터의 풍습이라고는 하지만 예전에 없던 일들이 더욱 가중되고 있습니다. 선배들을 찾아다니며 명함을 돌릴 때에 무명木綿을 가지고 가서 그의 종에게 뇌물로 준 뒤에야 비로소 명함을 낼 수 있는데, 그런 기간이 50일이나 되어 그 폐단을 이루 셀 수 없습니다.

연회까지도 전부 신래가 마련하게 하는데 하루에 서너 군데에 나누어 베풀기도 합니다. 기생을 끼고 앉아 후한 뇌물을 요구하다가 조금이라도 뜻에 맞지 않으면 신래의 종을 때려서 죽이기까지 합니다. 데리고 온 노졸奴卒, 종이나 졸개들은 거리낌없이 포학을 부리는데, 뜻에 차지 않으면 그릇과 음식을 모두 깨뜨리고 밟아 부수는 등 그 정도가 매우 지나칩니다.

예문관에 신래가 된 자가 농지와 집 등 재산을 모두 팔아서 그 비용을 충당했지만, 죽을 때까지 그 빚을 갚지 못하여 과부가 된 그의 아내가 눈물로 일생을 보낸 일도 있습니다. _중종실록 35년(1540) 3월 26일

이런 경제적 부담뿐 아니라 신래를 놀리고 괴롭히는 것도 참기 어려웠다. 다음은 관리의 비리를 캐던 사헌부 감찰에서의 풍습이다.

새로 들어온 사람을 신귀新鬼라 하여 오만 가지 욕을 보인다. 방 가운데서 서까래만한 긴 나무를 신귀가 들게 하는데, 이것을 '홀 들기擎笏'라 한다. 들지 못하면 신귀는 선생선배 앞에 무릎을 내놓아 선생이 주먹으로 때리고, 윗사람에서 아랫사람으로 그렇게 내려간다. 또 신귀에게 물고기 잡는 놀이를 시키는데, 신귀가 연못에 들어가 사모紗帽, 모자로 물을 퍼내서 의복이 모두 더러워지게 한다. 거미 잡는 놀이도 시키는데, 신귀가 손으로 부엌 벽을 문지르게 하여 두 손이 옻칠처럼 검어지면 손을 씻게 한다. 그 물이 시꺼멓게 더러워지면 신귀에게 먹이니 토하지 않는 사람이 없다. 신귀에게 두꺼운 백지로 명함 편지를 만들어 날마다 선생 집에 던져넣게 하고, 또 선생이 무시로 신귀의 집에 몰려가면 신귀는 사모를 거꾸로 쓰고 나와 맞이한다. 대청에 술자리를 마련하고 선생에게 모두 여자를 안겨주는데, 이를 안침安枕이라 한다. 술자리가 거나해지면

'상대별곡'을 노래한다. _『용재총화』 권1

이런 고통을 겪은 뒤에야 자기 자리에 앉을 수 있도록 허락을 받았다. 2008년에 한국토지주택박물관에서 면신례 관련 문서가 공개되어 시선을 끌었다.그림 3 선배들이 호기를 부리며 음식 접대를 하라고 다그치는 문서이다. 여기에서도 새내기를 신귀라 불렀고, 새내기 정양鄭陽의 이름은 거꾸로 양정이라 적어놓았다.

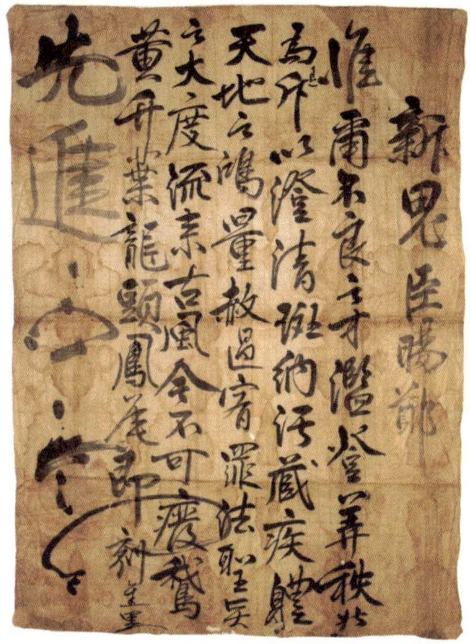

그림 3 정양 면신첩

신귀 양정아,

생각건대 너는 재주도 없으면서 외람되게 높은 벼슬에 올랐으니

잠시 너를 물리쳐 귀한 벼슬자리를 깨끗하게 할 일이다.

하지만 더러운 것을 받아들이고 결점을 감춰주는 것은

우리가 천지의 큰 도량을 가지고 있기 때문이요,

허물을 사면해주고 죄를 용서해주는 것은

성현의 큰 아량을 본받았기 때문이다.

전해오는 옛 풍속을 지금 폐지할 수 없으니

아황鵝黃·죽엽竹葉의 좋은 술, 용두龍頭·봉미鳳尾의 진귀한 안주를

즉시 내와 바치도록 하라.

선진先進 씀.

그림 4
대학생들의 신고식(2003. 3)

용두는 물고기요 봉미는 닭고기이다. 마지막 부분에는 세 사람이 수결 즉 사인을 해놓았다. 2003년 봄에 고창 선운사 앞을 지나다가 대학 신입생들의 신고식을 보게 되었다.그림 4 논 가운데서 남녀 학생들이 뒤섞여 선배들의 구령에 이리 뛰고 저리 달리고 논바닥에서 구르고 했다. 아직도 신고식의 악습이 사라지지 않고 있었다. 때로는 신고식에서 억지로 먹인 술 때문에 사망하는 사고도 3월이 되면 종종 보도되고 있을 정도이다. 신고식은 군대 선임이나 시어머니의 악순환처럼 위에서 당한 것을 아래에 앙갚음하는 성격도 띠고 있는데, 면신례의 원래 목적은 의기양양한 기를 꺾으려는 데 있었다.

새로 급제하여 삼관三館, 홍문관·예문관·교서관에 들어가는 자를 선배들이 괴롭혔다. 이것은 위계질서를 보이고 교만한 기세를 꺾고자 하는 것인데, 예문관이 더욱 심했다. 새내기가 처음으로 직임을 받고 잔치를 베푸는 것을 허참許參이라 하고, 50일이 지나서 잔치 베푸는 것을 면신免新이라

하며, 그 중간에 잔치 베푸는 것을 중일연中日宴이라 하였다. _『용재총화』 권4

이와 비슷한 지적이 다른 글에서도 보인다.

옛날에 신래를 제어한 것은 선비의 호기로운 기운을 꺾고 상하의 분수를 엄하게 함으로써 법도를 지키게 하려는 것이다. 징발하는 물품으로서 물고기는 용龍이라 부르고 닭은 봉鳳이라 부르고, 술 가운데 맑은 것은 성聖이라 부르고 탁한 것은 현賢이라 부른다. 처음 관청에 나오도록 허락하는 것을 허참이라 하고, 10여 일이 지난 뒤에야 한자리에 더불어 앉도록 허락하는 것을 면신이라 한다. _『임하필기』 문헌지장편文獻指掌編, 신래

이런 풍습은 고려말기부터 시작되어 조선시대에 성행하면서 점차 악습으로 변했다. 중종 11년1516 11월에는 허은이 곤욕을 치르다 죽는 일이 벌어져 신래침학을 금지했다. 중종 30년1535 4월에 의정부에서 일어난 화재는 신래를 닦달하여 소를 잡아 삶다가 변고가 생긴 것이었다. 이리하여 조정에서 여러 차례 금지령을 내렸다. 이이1536~1584가 왕과 대화한 내용이다.

사관에서 신진들을 침학하는 풍습을 혁파하라고 명했다. 이이가 임금께 아뢰었다. "… 지금 과거에 처음 합격한 선비들을 사관에서 신래라 지목하여 욕을 보이고 침학하는데 하지 않는 짓이 없습니다. 무릇 호걸의 선비는 과거시험을 마음에 별로 두지 않고 있는데, 하물며 갓을 부수고 옷을 찢으며 흙탕물에 구르게 하는 등 위엄을 완전히 잃게 하여

염치를 버리게 한 뒤에야 사판仕版, 벼슬아치 명부에 올려주니, 호걸의 선비 치고 누가 세상에 쓰이기를 원하겠습니까? 중국에서는 새로 급제한 사람을 매우 예절 바르게 접대한다 하니, 만일 이 일을 듣게 되면 반드시 오랑캐 풍속이라 할 것입니다."

임금께서 "침학한다는 것이 무슨 뜻이고, 어느 때부터 시작한 것인가?" 하니, 이이가 "전하는 기록은 없습니다. 단지 고려말년에 과거가 공정하지 못하고 과거에 뽑힌 사람이 모두 입에 젖내나는 귀한 집 자제들이 많아서, 그때 사람들이 분홍방紛紅榜이라 지목하고 사람들이 매우 성내며 침학하여 욕을 보이기 시작했다 합니다"고 대답했다. 임금께서 "이것은 개혁해야 한다" 하시고는 드디어 통렬히 개혁하도록 명령하였다. _『석담일기』 1569. 9.

이이의 건의에 따라 왕은 이렇게 지시를 내렸다.

새로 급제한 자들이 사관에 배치되면 신래라고 지목하여 침학하고 욕보이는 등 못하는 짓이 없다. 시궁창 오물을 얼굴에 칠하고 당향분唐鄕粉이라 부르는가 하면, 갓을 부수고 옷을 찢고 더러운 물속에 밀어넣어 뒹굴게 하여 귀신 형상을 만들어 차마 볼 수 없게 한다. 몸을 상하게 하거나 병들게 하는 일이 빈번하니, 체통 손상이 실로 심하다. 이런 악습은 예법에도 없고 중국에도 없는 일인데 습관이 되어 고칠 줄을 모르니 이보다 무식한 일이 없다. 오늘 이후로 신관과 구관 사이에 규찰하는 일 이외에는 더럽히고 침학하고 희롱하는 일은 일체 통렬히 개혁하라. 혹시라도 구습을 답습하는 자가 있으면 적발하여 치죄하라. _선조실록 2년(1569) 9월 13일

왕의 명령이 아니라도 『경국대전』 자체에 금지령이 있는데도 이 풍습은 근절되지 않고 근대까지 생명력을 이어왔다.

대과에 급제하고 관리에 임명된 자는 찢어진 갓을 쓰고 얼굴의 반은 먹으로, 반은 하얀 분으로 칠한다. 찢어진 의복을 입고 잘 차려입은 수십 명의 악사에 섞여서, 경성 안을 일주한다. 이것은 관리가 되었을 때의 오만한 폐단을 없애기 위해서라고 한다. _『조선잡기』 45쪽

지금은 대학을 나와 직장에 다니기 시작하는 나이가 대개 일정하지만, 전통시대에는 언제 과거시험에 합격하느냐에 따라 관리로서 첫발을 내딛는 시기가 다양했다. 과거 합격자는 아니지만 60세 무렵에 첫 벼슬을 한 예도 있었다. 다음은 사헌부 장령인 복간이 왕에게 사직 상소를 올리면서 한 말이다.

신은 재주가 없고 학문도 거칠어 누차 과거에 급제하지 못하고, 늙어서 초야로 돌아가 거의 60세가 되어 세상의 영리에 마음을 두지 않았습니다. 그런데 특별히 성은을 입어 불러서 감찰監察, 사헌부 소속에 임명하고 여러 번 옮겨 장령掌令에 이르렀습니다. 이리하여 이른 아침부터 밤늦게까지 부지런히 하여 성상의 은혜에 보답하고자 했습니다. _태종실록 14년(1414) 4월 27일

관리의 출퇴근은 묘시卯時, 5~7시에 출근하고 유시酉時, 17~19시에 퇴근하되, 다만 해가 짧을 때는 진시辰時, 7~9시에 출근하고 신시申時, 15~17시에 퇴

근하도록 법전에 명시되어 있다. 유희춘의 일기에 새벽 일찍 출근하는 모습이 적혀 있다.

맑고 더웠다. 5경更 1점點에 잠자리에서 일어나 머리 빗고 세수하였다. 임금께서 자리에 나오시기 2각刻 전에 윤군과 함께 사정문 밖 서쪽 뜰로 올라가서 검은 단령을 입고 상참常參에 들어갔다. 나온 뒤에는 붉은 단령으로 고쳐 입고 경연청에 들어갔다. _『미암일기』 1574. 4. 28.

5경은 새벽 3~5시이고 이 시간을 다시 다섯으로 나누어 첫번째가 1점이니, 유희춘이 일어난 시간은 3시 조금 지나서가 된다. 1각은 한 시간을 넷으로 나눈 것으로, 임금이 매일 아침 주재하는 정무 회의인 상참이 열리기 2각, 즉 30분 전에 궁궐에 도착했다. 상참에는 법에 규정한 대로 검은 옷을 입고 입장했고, 나온 뒤에는 공무를 볼 때 입는 공복으로 갈아입었다. 그런데 인간사가 그렇듯이 근무시간을 제대로 지키지 않는 경우가 많았고, 이를 검열하여 태형으로 다스리곤 했다. 광해군 때에 승정원의 근무 태도를 보겠다.

더구나 승정원은 임금을 가까이 모시고 있으므로 주야로 관청을 비우지 않도록 하는 유래가 오래되었습니다. 그런데 근래 태만이 습관으로 굳어져 봄과 여름 해가 길 때에도 유시가 되기 전에 공공연히 퇴근하는가 하면, 심지어는 오전에 멋대로 나가는 자가 빈번히 있으니, 매우 놀랍습니다. _광해군일기 4년(1612) 4월 18일

불성실한 근무 태도로 허송세월하는 일도 당연히 있었다. 유의양이 영조에게 고한 말이다.

오늘날의 고질적인 폐단은 즐기며 시간만 보내는 데에 있습니다. 묘시에서 유시까지 각 관청에 근무하면서 다만 구채丘債의 많고 적음만을 이야기하다가 낮잠이나 한참 자고는 끝내는 데 지나지 않는가 하면, 비변사에서는 날마다 모여서 군대와 국가의 중요한 업무에 대한 것은 듣지 않고 오직 담배나 몇 대 피우고 돌아갈 뿐입니다. _영조실록 51년(1775) 7월 9일

벼슬아치에게는 데리고 다니는 하인인 구종丘從이 있었으니, 나라에서는 그의 급료 명목으로 돈이나 물건을 추가로 지급했다. 이를 구채라고 한다. 그러니 수당이 많으니 적으니 하면서 근무시간을 소일하는 지금과 다를 바 없다.

법전에는 일정한 근무 일수를 채우면 관직을 옮기게 되어 있다. 6품 이상은 900일, 7품 이하는 450일이 기준이 된다. 특히 출세의 가도를 달리려면 학식과 문벌을 갖춘 사람에게 주어지는 청요직淸要職을 거쳐야 했다. 청환淸宦과 요직을 합한 말로서 청현직淸顯職이라고도 하는데 홍문관, 예문관, 규장각, 사헌부, 사간원 등이 그러한 곳이다.

근래에 한 가지 일을 들어 말한다면, 옥당玉堂, 홍문관과 양사兩司, 사헌부와 사간원를 삼사三司라고 부르는데, 옥당은 경연을 주관하고 양사는 간쟁을 맡았으니, 한 시대 최상의 청선淸選으로서 그 책임 또한 중대하다. 양사를 거쳐서 옥당에 이르는 자는 벼슬길에 막힘이 없어서 모두 목숨을 내걸

고 다툰다. _『성호사설』 인사문, 삼사삭천三司數遷

세종 22년1440 5월에는 지방의 수령을 거쳐야 승진할 수 있도록 지시를 내렸다. 그러나 지방관으로 나가는 등의 힘든 일을 점차 피하는 경향이 나타났다.

지금의 재상은 보통 때 일이 없으면 높은 벼슬과 후한 녹을 편안히 누리다가, 만약 관찰사로 나가거나 왕의 명령을 받들거나 중국에 사신으로 가거나 하여 조금이라도 힘든 일이 있게 되면 반드시 이유를 대어 회피하는 것이 이미 풍속이 되었습니다. _성종실록 24년(1493) 9월 2일

중국에 보낼 사신을 회피해서 이런 말이 나오게 되었다. 재상宰相이란 임금을 보좌하여 국무를 처리하던 정3품 이상의 당상관 벼슬아치들이다. 재상이 되면 국가 지도자가 된 것이므로 언행에도 조심해야 했다. 고려시대 차약송?~1204의 전기를 보겠다.

차약송이 기홍수와 함께 중서성으로 들어가서 일을 끝낸 후 차약송이 기홍수에게 "공작새가 잘 있는가?" 물으니, 기홍수가 "생선을 먹이다가 목구멍에 걸려 죽었다"고 대답했다. 이어 모란 기르는 방법을 물으니 차약송이 자세히 설명했다. 이를 들은 사람들은 "재상의 지위에 있는 사람들이 도의와 국가 경영을 논해야 할 일인데 화초나 새 기르는 이야기만 하니 어찌 백관의 본보기가 되겠는가?"고 말했다. _『고려사』 차약송 전기

그림 5
좌의정 홍이상의 행차(김홍도)

재상의 최상위가 정승政丞이다. 의정부의 영의정, 좌의정, 우의정의 3공이 그들로서 대신大臣이라고도 불렀다.그림 5 이들은 국가의 주요 정책을 결정하는 최고위층이니 위엄이 대단했을 것이다. 그렇지만 때로는 왕과 한가로이 농담하는 장면도 엿보인다. 세조가 즐긴 구정승과 신정승 놀이가 그러하다.

고령군 신숙주는 영의정이었고 능성군 구치관은 새로 우의정이 되었다. 임금이 두 정승을 급히 내전으로 불러들였다. 세조가 "오늘 내가 경들에게 물을 것이 있으니 대답을 잘하면 그만이지만 제대로 대답하지 못하면 벌을 면치 못할 것인데, 경들의 생각은 어떠한가?" 물으니, 두 정승이 공손히 "삼가 힘을 다하여 벌을 받지 않게 하겠습니다" 했다.

갑자기 임금이 "신 정승" 하고 부르니 신숙주가 곧 대답했다. 임금이 "나는 새 정승을 불렀는데 그대가 대답을 잘못했다" 하고 큰 술잔으로 벌주 한 잔을 주었다. 또 "구 정승" 하고 부르자 구치관이 대답했더니, 임금이 "나는 옛 정승을 불렀는데 그대가 잘못 대답했다" 하고 벌주 한 잔을 주었다. 다시 "구 정승" 하니 신숙주가 대답하므로 임금이 "내가 구씨 정승을 불렀는데 그대가 잘못 대답했다" 하고 또 벌주를 주었다. 임금이 또 부르기를 "신 정승" 하니 구치관이 대답하므로 "내가 신씨 정승을 불렀는데 그대가 잘못 대답했다" 하고 또 벌주를 주었다.

임금이 다시 "신 정승" 하고 불렀더니 신과 구가 모두 대답하지 않았고, "구 정승" 하고 불러도 구와 신이 모두 대답하지 않았다. 임금이 "임금이 부르는데 신하가 대답하지 않는 것은 예가 아니다" 하고 또 벌주를 주었다. 종일 이처럼 하여 두 정승이 벌주를 먹고 극도로 취하니 세조가 크게 웃었다. _『필원잡기』

관리의 일생은 역사 기록으로 남는다. 관리의 행적에 따라 포폄, 즉 칭찬과 비난이 덧붙여지게 된다. 중종 때 장정은 칭찬을 받은 경우이다.

정국공신인 하원군 장정이 사망했다. 장정은 사람됨이 엄정 결백하고 무인의 재략과 관리의 재간이 있었으므로 특별히 발탁되어 여러 번 수령이 되었는데, 이르는 곳마다 명성이 있었다. 아전과 백성이 두려워하고 사모하여 '네 눈을 가진 태수四目太守'라 하였으니, 이것은 그의 명철한 판단을 가리킨 말이다. _중종실록 3년(1508) 3월 22일반대로 중종 때 영의정 유순은 "지당합니다"만 대답하다가 '지당 재상至當宰相'이란 비난을 받았고, 문종 때 정이한은 나서서 "좋습니다"고 말했다가 '찬미 승지贊美承旨'란 별명을 얻었다.

처음에 임금께서 환관으로 내사복·군기감·충호위의 임무를 겸임시키려고 하여 가부를 여러 승지에게 물으니, 승지들이 미처 대답하지 못했다. 좌부승지 정이한이 재빨리 "매우 좋고 매우 좋습니다"고 대답하니, 그때 사람이 '찬미 승지'라고 불렀다.

중국 칙사 윤봉과 정선이 올 적에 노리개를 많이 가지고 와서 임금의 측근에게 뇌물로 주어 원하는 바대로 이루고자 하니, 임금은 동궁 시절에 정선이 공로가 있었다고 하여 노비를 주려고 하였다. 대신들은 모두 불가하다고 했지만, 정이한은 형방승지로 중간에 있으면서 측근 신하들의 뜻을 탐지하곤 많이 주도록 임금에게 권했으니, 듣는 사람들이 모두 침을 뱉고 욕을 하였다. _문종실록 2년(1452) 3월 30일

정선?~1468은 문종이 세자로 있을 때에 동궁의 내시였다가 명나라 환관이 되었고, 칙사의 수행원으로 종종 조선을 내왕한 인물이다.

무식한 관료들

우리 때만 해도 공부를 잘하는 학생은 이과보다는 문과를 선택했다. 역사를 전공하고 있는 필자도 실은 이과가 체질에 맞는다고 지금도 생각하고 있다. 고등학교에 입학하면서 문과반과 이과반을 곧바로 갈랐고, 진로에 대한 별다른 고민 없이 일단은 문과를 선택하는 식이었다. 이 당시에 공대생은 공돌이라 놀렸던 기억이 있다. 이런 풍조는 아직도 우리 사회를 지배하고 있다. 세계적으로 과학기술 전쟁이 벌어지고 있는 지금도 이공계 기피 현상이 사회 문제가 되어 있다. 나이가 들어 최고 위직으로 올라가려면 관리자가 현장기술자보다 훨씬 유리하게 되어 있는 사회구조적인 문제가 있기 때문이다.

이런 풍조의 뿌리는 과거로 올라간다. 조선시대에 기술직은 문반과 무반 어느 쪽에도 끼지 못한 채 중인으로 천시되었다. 기술을 가진 장인이 우대받던 시대는 오히려 고대였다. 이때에 청동기나 철기를 다루는 기술자는 최고의 기술을 독점한 사람으로서 족장이나 마찬가지 대우를 받았다. 그러다가 고대국가가 성립되면서 점차 지배자 아래로 지위가 떨어지기 시작했다.

유교의 영향으로 문인이 중시되고 무인이 경시되는 숭문경무崇文輕武

의 전통도 있다. 우리나라는 전통적으로 문인이 통치하는 세계를 꿈꾸어왔다. 문인은 왕도王道를 지향하고 무인은 패도覇道를 지향하는 것으로 인식되었다. 이상적인 왕은 유교의 덕목을 근간으로 하는 왕도를 추구했으니, 자연히 무력이나 권모술수를 이용하는 패도는 배격되었다. 또 문인은 무인보다 업무에 능한 것으로 이해되었다. 사헌부가 광해군에게 아뢴 말에서 그런 의식의 일단을 엿볼 수 있다.

수원은 바로 도성의 울타리입니다. 근래에 무신을 잇달아 보내서 고을이 피폐해지고 주민들이 흩어져 장차 버리는 땅이 되었습니다. 더구나 지금 흉년을 만나 수습하기가 더욱 어려워졌으니, 이런 때에 문관을 가려 보내어 회복을 기약하는 것이야말로 조정 안팎의 공통된 생각입니다. 사간원에서 아뢴 말은 대체로 이 때문이었습니다. _광해군일기 1년(1609) 11월 9일

조선시대에 무인 품계로는 최고 정3품 절충장군까지만 있었고, 그 이상은 문반직을 통해서 극소수만 오를 수 있었다. 따라서 정2품 이상의 관직은 문인이 거의 독차지했고, 자연히 군사의 최고통솔권은 문반의 손아귀에 있었다. 여진족을 물리치고 육진을 설치하여 두만강까지 영토를 넓힌 김종서 장군1390~1453도 문신이었다.그림 1 조선시대는 수준 높은 초상화를 많이 남겨 대표적인 초상화의 나라인데, 흉배에 학이 그려진 문신 초상화는 많지만 호랑이 등이 그려진 무인 초상화는 그리 많지 않다.그림 2 문반이 많을 경우에는 무반의 자리마저 차지하는 일도 발생했다.

그림 1 북방 개척시의 김종서 장군

국가에서 처음에 군인 직책을 설치하여 절충장군 이하의 품계와 호군 이하의 녹봉을 둔 것은 상하 군인들의 공로를 대우해주기 위한 것이었으니, 이를 서반이라 한다. 그 뒤에 문음으로 등용되는 사람들이 많아져서 동반에 직위가 없으면 서반으로 옮겨주었는데, 이를 송서送西, 서반으로 보내다라고 한다. 이로부터 군인들이 자리를 잃기 시작했다. 이때에 이르러 관작이 남발되고 요행수가 많아져서 공신이 수백 명을 넘고 문무관이 천백을 헤아려 군인직으로도 다 수용할 수가 없었다. _광해군일기 4년(1612) 12월 20일

그림 2 무인들의 초상화(1774)

조회시에 문관은 동쪽에 도열하고 무관은 서쪽에 도열하여 각각 동반, 서반이라고도 부른다.그림 3, 4 고려시대에도 문무의 차별은 조선시대와 다르지 않았다. 사대부가 지배하는 문인 중심의 사회를 지향한 중국을 본받았기 때문이다. 그러기에 중국의 정치제도를 본격적으로 도입한 고려 이후에 이런 현상이 두드러지게 나타났다. 이에 비해 고대는 혈통 중심의 신분제 사회로서 문무의 구별마저 뚜렷하지 않았다.

중국에서 사대부는 서민과 구별되는 세습적인 벼슬아치를 의미했지만, 송나라 때부터 과거제도가 정착되면서 시험을 통해서 관료가 된 계층을 가리키게 되었다. 과거시험을 치러야 했기에 사대부는 지식인층 또는 독서인을 의미하고 문인 관료를 의미하기도 한다. 중국이 '사대부사회'라고 한다면 고려와 조선은 흔히 '양반사회'라고 한다. 양반이란 원래 문관과 무관을 아우르는 현직 관료를 의미하지만, 조선시대에 점차 세습적이고 신분적인 성격을 띠기 시작하여 중국과 달리 다소 폐쇄

그림 3 영조 오순 잔치 재현 행사에 서 있는 문무관(2009. 6) (위)
그림 4 창덕궁 인정전 행사에서의 문무반(1879) (아래)

그림 5 양반과 상놈(김득신)

적인 방향으로 나아갔다. 과거시험 응시도 실질적으로 양반 출신에게만 주어졌으니, 우리가 양반이라 하면 관료란 의미보다는 평민과 다른 특권 계층으로 이해하는 것은 이 때문이다.그림 5 그러면서 양반도 역시 문인을 중심에 둔 말이었다.

박지원은 특권층인 양반에 대한 은근한 비판을 『열하일기』에 적어 놓았다. 중국인 쌍림이 박지원을 가리켜 '한냥 닷돈'으로 비유한 중국 은어를 인용한 것이다.

우두머리 역관이 "서얼이 아니고 정사正使, 박명원 대감의 팔촌 동생입니다"고 하니, 쌍림은 "그럼 이랑우첸이네" 한다. '이랑우첸'이란 중국 말

그림 6 조선시대 돈꾸러미

로 한냥 닷돈一兩五錢이니, 한냥 닷돈은 곧 양반兩半이다. 우리나라에서 사족을 양반이라 하니 양반兩半과 양반兩班이 음이 같으므로, 쌍림이 '이량우첸'이란 은어를 쓴 것이다. _『열하일기』 일신수필

1냥은 10돈錢이니 한냥 닷돈은 15전이 된다.그림 6 『춘향전』에 춘향이 편지값으로 나오고 유행가에도 나오는 엽전 '열닷냥'은 이보다 열 배 많지만, 혹시 양반 값어치를 풍자한 것은 아닌지 모르겠다. 양반을 이처럼 '한냥 반'이라 하거나 아니면 '두냥 반'으로 비유했다. 양반의 '양'을 돈 단위로 보면 1냥이 되고, '둘'로 보면 2냥이 되기 때문이다. 이를 활용하여 '개 팔아 두 냥 반'이란 속담도 생겨났다. 개를 팔아서 두 냥 반을 받았는데 양반은 한 냥 반밖에 안 되니 개 값도 안 된다는 비웃음이다. 소설 「양반전」에서는 양반을 1전도 안 되는 존재로 표현했다.

그의 아내가 꾸짖으며 "당신은 평생 글 읽기를 좋아하더니 관청에 환

자 갚는 데에는 아무 소용이 없구려. 쯧쯧 양반이라니, 1전도 못 되는 양반이야"라 했다. _『연암집』 양반전

지금 양반이란 말에는 '교양 있고 점잖은 사람'이란 의미와 함께 '이 양반아!'처럼 홀대하는 뜻도 있다. 양반이란 말이 들어간 속담에는 후자의 경우가 대부분이다. 특권층인 양반에 대한 백성의 원성이 담겨 있기 때문일 것이다. 또 다른 소설 『허생전』에서는 예법을 강조하고 중화를 주창하는 사대부를 비웃었다. 다음은 허생이 자신을 방문한 어영대장 이완과 한 말이다.

이공은 놀라서 "사대부는 모두 예법을 엄히 지키는데 누가 머리를 깎고 되놈 옷을 입으려 하겠습니까?" 했다. 허생은 크게 꾸짖어 말했다 "이른바 사대부란 도대체 어떤 무리인가? 오랑캐 땅에 태어나서 자칭 사대부라 하니 어찌 어리석지 않으냐? 상하 옷을 모두 희게 입으니 이는 상복 차림이요, 머리털을 묶어서 송곳처럼 만드니 이는 남쪽 오랑캐의 방망이 상투이다. 무엇을 예법이라 하겠는가? …" _『열하일기』 허생전

중국과 조선과 비교하면 일본은 무인이 지배하는 세습적인 사회가 오랫동안 지속되었다. 세습이란 측면에서 본다면 조선의 양반은 중국 사대부와 일본 무인의 중간적인 성격을 띤다. 일본에서 고대사회가 붕괴한 뒤인 12세기 말에 가마쿠라 막부가 성립되었고, 16세기 이래로 도요토미, 도쿠가와 정권이 등장하면서 무사가 권력을 완전히 장악했다. 그러기에 일본 하면 '사무라이의 나라'로 각인되어 있다.그림 7 서양

그림 7 일본의 무사(1847)

의 박물관에 무사 갑옷이 상징적인 유물로 두드러지게 전시되어 있는 것을 종종 볼 수 있다. 무사의 시대가 되면서 일본 불상의 얼굴은 험악하고 무섭게 변하여 이전에 보이던 미소가 사라진다. 서양의 봉건귀족들도 전사로서의 성격이 강했고, 오히려 성직자들이 문인이나 지식인의 역할을 담당했다.

현대에 무인이 정권을 잡은 시대가 있었다. 1993년에 출범한 김영삼 정부를 우리는 문민정부라 부른다. 군인 출신인 박정희, 전두환, 노태우에 이어서 처음으로 민간인 출신인 대통령이 나와서 붙인 이름이다. 이 정부가 출범한 뒤에는 정치 군인들의 사조직인 하나회를 해체하여 군인의 정치 관여를 봉쇄하였다.

우리 역사를 돌아보면 고려전기와 조선시대는 문신그림 8이 우위에 있었다. 반면에 1170년 무신란이 일어난 뒤부터 고려말기까지는 무신이 우세하였다. 기실 무신란이 일어난 것도 무신에 대한 차별이 심했던 데 원인이 있었다. 이를 대표하는 것이 정중부의 수염을 태운 사건이었다.

내시 김돈중이 젊고 기백이 있어서 촛불로 정중부의 수염을 태우니 정중부가 그를 붙잡아 욕을 보였다. 이에 김돈중의 아버지 김부식이 노해서 왕에게 말하여 그를 매질하려 했다. 왕이 허락은 했으나 정중부의 위인을 비범하게 여겨 몰래 도망시켜서 모면하게 했다. 이 때문에 정중부는 김돈중을 싫어했다. _『고려사』 정중부 전기

그림 8 쌍학 흉배가 달린 문관의 관복 일괄

내시란 측근에서 왕을 모시던 벼슬인데, 이때는 주로 귀족 자제들이 맡았고 나중에 환관으로 대체되었다. 김부식1075~1151은 문신을 대표하고, 정중부1106~1179는 무신을 대표한다. 또 힘이 약한 대장군 이소응이 손으로 겨루는 수박手搏 경기에서 지자 젊은 문신 한뢰가 그의 뺨을 갈겨 섬돌 아래로 떨어지게 한 사건이 발생하자, 결국 정중부가 주동이 되어 문신들을 대량 학살하는 무신란을 일으켰다. 이날 "문인의 관을 쓴 자는 서리라도 모조리 죽여 씨를 남기지 마라"고 외쳤다. 이로부터 문인이 독점하던 관직을 무인이 차지하기 시작했다.

문극겸이 일찍이 쇄사당에서 최세보에게 "문관으로 상장군이 된 것은 내가 처음이요, 무관으로 동수국사同修國史가 된 것은 공이 처음이다"고 농담하니 서로 껄껄 웃었다. 이때 최련·김부도 모두 장군으로 예부시랑이 되니, 무인이 문관을 겸한 것은 이 세 사람에서 시작되었다. _『고려사』 최세보 전기

문신 문극겸1122~1189은 왕에게 직언했다가 좌천된 적이 있어서 무신란 때에 해를 당하지 않았다. 그리고 최세보, 최련, 김부는 모두 무인으로서 문관직을 차지했다. 특히 최세보?~1193는 출신이 한미하여 글을 알지 못했는데도 역사편찬의 책임자가 되었다. 무신란 때에 왕을 죽인 사실을 그대로 기록하지 못하게 무식한 무인으로 바꾸어 제멋대로 쓰게 한 것이다. 이처럼 무신이 집권한 뒤로 인재 선발이 엉망이 되었다.

또 천체 운행을 아는 자가 태학박사로 되었고, 호랑이를 때려잡은 자가 시어의로 된 일도 있어서 인사가 이처럼 뒤죽박죽되었다. 이리하여 사람들이 조롱하여 '점쟁이 태학박사', '범잡이 시어의'라고 말했다. _『고려사』 원종 1년(1260) 정월 무인

태학박사는 최고 교육기관인 국자감에 속한 벼슬이고, 시어의는 왕을 돌보는 어의이니, 얼마나 인사가 잘못되었는지 짐작할 수 있다. 이때에는 신분질서도 뒤섞여 노비나 천민이 고위층에 오르기도 했다.

이정은 본래 천민으로 개를 잡는 것이 본업이었는데, 용력이 뛰어나다고 알려져 김준의 아들 김주의 사랑을 받았다. … 벼슬이 부지밀직사사종2품까지 이르렀는데, 이정이 매와 개를 가지고 왕에게 사랑을 받은 지 불과 수년 만에 추밀 관직에 뛰어오른 것이다. 이정처럼 천민에게 큰 벼슬을 함부로 준 전례는 없었다. _『고려사』 이정 전기

이정1274~1308은 개 잡는 천민이었는데 결국에는 왕명 출납과 중요 군

정을 다루는 밀직사의 종2품 관직까지 올랐다. 고려말 우왕 때 인사가 엉망이 되어 "환관, 장사치, 어부나 사냥꾼치고 벼슬 못한 자가 없었다"고 할 정도였다. 물론 벼슬을 남발하는 사례는 왕조 말기에 흔히 보인다.

신미일에 신년을 축하하러 간 판삼사사 전보문이 원나라에서 돌아왔다. 황제가 그에게 한림시강학사, 지제고, 동수국사의 벼슬을 주었다. 전보문은 글을 모르는 사람이라서 국내인들이 매우 놀랐다. 원나라 말기에 벼슬을 이처럼 함부로 주었다. _『고려사』 공민왕 15년(1366) 4월

이런 분위기에서 무식한 관료들이 양산되었다. 때로는 일자무식은 아니지만 능력이 훨씬 떨어지는 인물들이 고위직에 오르기도 했다. 무신란으로 즉위한 명종과의 인연으로 출세한 최여해1101~1186의 경우가 그러하다.

최여해는 경주 사람인데 성품이 너그럽지만 재능이나 학식이 부족했다. 과거에 급제하여 울주통판으로 임명되었는데, 행정사무에 익숙하지 못해 가부를 결정하지 못하고 서류에 서명만 할 뿐이었다. … 몇 년 되지 않아 시어사종5품, 보문각 대제정5품를 역임하니 나이가 이미 70이 되었다. 그는 왕에게 "이부吏部에서 제 나이를 줄여서 적어놓았으나 사실은 지금 70세가 되었으니 전례에 따라 벼슬에서 물러나야 합니다"고 아뢰었다. 왕이 "이부에서 잘못 적은 것은 하늘이 시킨 일이니 다시 말하지 마라" 하고, 급히 간의대부정4품, 국자감 좨주종3품로 올려서 과거시험을 관장하게 하니 선비들이 속으로 웃었다. _『고려사』 최여해 전기

지방 행정 사무도 제대로 처리하지 못하는 사람이 학식과 덕망이 있는 인물이 맡는 간의대부, 국자감 좨주가 된 것이다. 그런가 하면 가주평북 박천 아전 출신으로 무관직에 오른 한희유?~1306는 문장에 능하지 못했음에도 첨의우중찬종1품까지 올랐다.

이처럼 무인이 집권한 뒤로 신분체계가 무너지고 문관직과 무관직이 뒤섞이는 사태가 발생하여 비록 글을 몰라도 고위직에 오르는 사례가 많아졌다. 서양 중세에도 글을 모르는 귀족이나 왕이 많았다고 한다. 예를 들어서 학자를 키우고 도서관과 학교를 세운 샤를마뉴 대제768~814 재위도 글을 읽지 못했다고 한다.

그렇지만 문치주의를 지향했던 시기에도 무식하거나 무능한 관리는 있었다. 조선의 법전인 『경국대전』을 완성하고 각종 서적을 편찬하는 등 조선왕조의 기반을 완비한 성종이 통치하던 때에도 무식한 관리가 있었다.

박지번을 불러 "사람들이 경은 배우지 못했다고 하니 잠시 경의 직책을 갈겠다. 경이 읽은 책이 얼마나 되는가?" 하니, 박지번이 "경시경, 서경, 역경은 배우지 못했고 4서논어, 맹자, 중용, 대학만 읽었을 뿐입니다"고 아뢰었다. 승정원의 강경 시험장소에서 글을 읽도록 명령했는데, 박지번이 『중용』 '기소부도其所不睹'의 도睹를 자者로 읽고, 『맹자』 '문왕지유文王之囿'의 유囿를 도圖로 읽었다. '도'의 뜻을 물으니 '도읍都邑'이라고도 하고 '도덕道德'이라고도 했다.

왕이 전교했다. "경은 예종 때의 공신이기에 특별히 호조참판종2품에 임명한 것이다. 대간들이 경이 배우지 못했다고 하던데 과연 그러하다.

경은 여유 있는 성격이라 유학자의 글은 쉽게 배우지 못하겠지만, 행정 업무의 문자는 배워서 잘할 수 있을 것이다. 경이 배우기를 기다려 다시 기용하겠으니 그리 알라." _성종실록 14년(1483) 2월 15일

이렇게 배우지 못했지만 『용재총화』에는 그가 유림보다 낫다고 평가한 일화가 소개되어 있다.

성종께서 승하하시던 날에 성 안의 사대부 큰 집안들 가운데 혼인하는 사람이 많았다. 아침을 틈타서 가거나 정오에 가거나 모르는 척하고 가더니 그 뒤에 일이 발각되어 모두 처벌을 받았다. 죽성군 박지번은 무인이라 문자를 알지 못했다. 승하하던 전날이 아들 혼인날이라 손님들이 모여들었는데, 돌연 임금의 병환이 위급하다는 소식을 듣고 "임금께서 편치 않으신데 신하된 자가 어찌 사사로이 혼례를 행하겠는가?" 말하고, 드디어 손님들을 물리쳐 돌아가게 하였다. 당시 의논하는 자들은 "유학자들이 오히려 무사만 못하니 탄식할 일이다" 하였다. _『용재총화』 권7

혼인은 저녁때에 해야 하므로, 아침이나 점심때에 치르는 것은 남의 눈을 피하기 위한 편법이었다. 공신은 특별한 일을 계기로 주어지는 것이기에 박지번과 같은 인물이 생겨날 수 있다. 공신 책봉 때마다 뒷말이 무성했으니, 중종반정 후에는 '소매 속 공신'이란 말이 등장했다.

전교하기를 "원종공신 가운데 사노私奴 홍말수는 양인으로 잘못 쓰였으니 사노로 고쳐 쓰라" 하고, 또 전교하기를 "정혜·이연손 등의 이름은

원종공신 초안을 상고하여 등급에 따라 기록하라" 하였다.

【그때 공적을 기록하는 것이 문란하여 뇌물을 주어 청탁했다. 이리하여 당시 사람들이 '소매 속 공신'이라 하였으니, 청탁하는 편지와 재물을 소매 속에 몰래 넣고 다녔기 때문이었다. 이 때문에 문서에 착오가 많아 의견이 분분하여 결론이 나지 않았다.】 _중종실록 1년(1506) 10월 8일

광해군 때에도 공신이 남발되어 '옷 공신', '낯빛 공신', '말 공신'이란 말이 생겨났다고 사관이 이렇게 적었다.

정창연은 일찍이 호종할 때에 의복을 바쳤다. 녹훈을 사양하는 그의 차자에 왕이 답할 때에 이 일을 거론하며 표창하라고 유시했으니, 이 때문에 사람들이 '옷 공신'이라 불렀다. 신응구는 정사공신이 되었는데, 그 표창하는 말에 "마음으로는 모반을 밀고하려는 뜻을 지니고, 얼굴에는 걱정하는 낯빛을 띠었다"고 적어서 사람들이 '낯빛 공신'이라 불렀다. 한천두는 말 한 마리 덕분에 정훈공신에 올랐으므로 '말 공신'이라 불렀다. _광해군일기 5년(1613) 1월 27일

무과에 장원급제한 자 가운데도 글을 모르는 경우가 있었다. 다음은 최적이 사망했을 때에 사관이 적어놓은 흥미로운 자료이다.

최적은 서자로서 외람되게 세조의 은혜와 사랑을 입어 무과시험에 두 번 장원했지만 글을 알지 못했다. 세조가 일찍이 최적과 민발에게 "그대 두 사람 가운데 글을 못하는 것이 누가 더 심한가?"고 물었다. 최적

이 "나루를 건너려는 민발의 종이 포망捕亡을 써달라고 하니, 민발이 거짓으로 '오늘은 아버님 제삿날이다'고 하면서 쓰지 않았으니, 민발이 글을 못하는 것이 신보다 심합니다"고 대답했고, 민발은 "최적이 일찍이 선공감 앞을 지나는데, 지방의 서리가 있다가 관문서 하나를 최적에게 보이며 '여기에 기록된 것이 무슨 물건입니까?' 묻자, 최적이 자세히 보고 '숯 굽는 나무다' 하니, 지방 서리가 '내가 바치는 것은 어물인데 어찌 이렇게 말합니까?' 하자, 최적이 눈을 부릅뜨고 '이것이 어물이라면 어찌 사재감 앞에서 내게 보이지 않았느냐?' 하였으니, 최적이 글을 못하는 것이 신보다 심합니다" 하므로, 세조가 크게 웃었다." _성종실록 18년(1487) 1월 29일

이와 같은 내용이 예종 1년1469 8월에도 나온다. 노비가 나루를 건너려면 주인의 서간이 있어야 했고 그러지 않으면 잡아서 고했으니 이를 속칭하여 '포망'이라 한다. 또 최적이 사재감을 거쳐서 선공감으로 내려가다가 그가 지방 서리의 문서를 읽지 못해서 선공감 앞인 것을 생각해서 적당히 얼버무렸다가 혼이 난 것이다. 선공감은 공사와 관련된 관청이고, 사재감은 궁중에서 필요한 물품을 공급하던 관청이다. 세조와의 대화를 보면 이 당시에도 글을 못하는 것이 크게 부끄러운 일은 아니었던 듯하다.

조상의 음덕으로 출세한 인물에게도 그런 비판을 한 경우가 있었으니, 문치가 번성하던 정조 때에도 찾아볼 수 있다.

영돈녕부사 김양택이 사망했다. … 평소에 명성과 인망이 없었는데도

선조의 음덕에 힘입어 빛나는 요직을 두루 거쳐 마침내 최고의 자리에 올랐다. 세상 사람들이 "글을 모르면서 문장을 관장하는 직책을 맡은 것은 김양택부터 시작되었다"고 했다. 재상직에 있으면서 정사를 밝게 이룬 일이 하나도 없었다. _정조실록 1년(1777) 8월 22일

물론 권력에 힘입어 출세한 경우에도 무식하다는 논박을 당했다. 광해군 때에 폐모론을 주창한 이이첨의 아들 이원엽과 이홍엽에 대한 사관의 평가가 그러하다.

이원엽은 멍청하여 글자를 모르고 어리석어 사무를 보지 못하는데도 병조참지가 되어 일체 문서를 아랫관리들에게 맡겨버렸다. 오직 궁궐 순라군의 군호는 직접 써서 비밀리에 보고해야 하므로, 날마다 쓰는 것이 일·이·삼·사·오·육·칠·팔·구·십·천·지·일·월·산·천 16자에 불과했다. 그것도 글자 모양이 제대로 되지 않아서 종일 연습한 후에 바로 쓸 수 있었다. 그가 남의 글로 과거에 급제한 사실을 왕이 알까 이이첨이 염려하여 그가 애꾸눈이라 핑계대고 승지 물망에 오르는 것을 허락하지 않았는데, 대체로 승지는 문서를 출납할 때 모두 직접 쓰기 때문이었다.

그의 중형 이홍엽 역시 글자를 몰랐으나 대과大科, 문과시험에 합격해 대관臺官, 사헌부 관리을 역임했다. 동부승지가 되어 정청에 들어가자마자 곽란이 났다고 핑계대고 방으로 들어가 고통을 호소하며 소매 속에서 사직소 초본을 내어 올렸다. 동료들이 그 까닭을 알고 자리에 앉아 업무를 보라고 누차 재촉하니, 이홍엽이 거짓으로 기절한 척했다. 동료가

곽란을 치료한다면서 더러운 약을 마시라고 권하자 몇 사발을 마시고도 감히 사양하지 못하니, 승정원 사람들이 모두 몰래 웃었다. _광해군일기 11년(1619) 5월 7일

두 사람이 모두 승정원 승지로 물망에 오르거나 임명이 되자, 글 쓰는 것이 두려워 한 사람은 한 눈을 보지 못한다고 핑계하고, 한 사람은 갑작스럽게 체했다고 핑계하여 모두 그 자리를 모면했다고 한다. 광해군이 쫓겨난 뒤에 편찬되었으므로 일방적으로 비난하는 내용이 담겨 있겠지만, 사관이 쓴 것이기에 전혀 사실무근은 아닐 것이다. 역시 광해군 때에 황덕부도 사관에게 무식한 인물로 지목되었다.

황덕부는 … 글자 한 자 모르는데도 세 번이나 문과에 장원하였고, 어두운 밤중에 분주히 다니며 청탁하여 청요직에 올랐다. 일찍이 전랑銓郎, 인사담당관으로서 춘방春坊, 동궁의 직책을 겸임하였는데, 일록日錄을 고치면서 '대전大殿'을 '대전大典'으로 쓰고 '내한內翰'을 '내한內韓'으로 썼다. 편지글에서도 제帝와 호虎, 해亥와 시豕를 구분할 줄 몰랐다. _광해군일기 9년(1617) 6월 23일

무식한 사람을 일컬을 때에 비슷한 글자인 어魚와 노魯를 구별하지 못한다는 말도 흔히 쓰는 표현이다. 영조 때에 호랑이를 잡은 공으로 군수가 된 전만적도 무식한 지방관이었다. 다음은 사간원에서 왕에게 아뢴 말이다.

벽동평안북도 벽동군수 전만적은 본래 범을 잡아 출세하여 외람되게 수령의 소임을 받은 자입니다. 눈으로 '정丁'자도 몰라봐서 정사는 아전의 손으로 이루어지고, 집도 가까워 짐바리가 끊이지 않습니다. 이런 사람을 변경에 그대로 둘 수 없으니 파직을 청합니다. _영조실록 6년(1730) 10월 8일

우리 말에 '낫 놓고 기역 자도 모른다'가 있는데, 한문식으로 표현하면 '고무래 놓고 정丁자도 모른다目不識丁'가 된다.

지금까지 보았듯이 갑자기 공을 세우거나 남의 힘에 의지해서 벼락출세한 경우에는 무식한 인물이 포함되어 옥석이 뒤섞일 수 있을 것이다. 과거시험을 거친 문신은 무식한 사례를 찾기 어렵지만, 학식 있는 사람도 자칫 사소한 실수에 꼬투리를 잡혀 실록에서 망신을 당한 사례가 있다. 요직인 홍문관, 사간원의 관리가 글자를 제대로 읽지 못한 일이 있었다.

검토관 정도복이 '고황膏肓'을 '고맹膏盲'으로 읽었다. 이에 앞서 헌납 이윤문이 대청臺廳에 나아가 보고하면서 '독부毒痡'를 '독통毒痛'으로 읽었다. 당시 사람들이 '독통 납언', '고맹 검토'라고 불렀다. _숙종실록 35년(1709) 1월 16일

그런가 하면 문장에는 능했지만 관리로서의 자질이 부족한 인물도 있었다. 변구상이 그러했다.

사문 변구상은 문학은 넉넉했으나 관리로서의 재간은 부족했다. 한성

참군이 되었을 때에 공문서가 쌓이고 소송이 몰려드는데, 갑이 호소하면 "네 말이 옳다" 하고 을이 호소해도 "네 말이 옳다" 하여 끝내 그 가부를 가리지 못했다. 조정에서 이 소문을 듣고 교체해버렸으니, 당시 사람들이 시비를 가리지 못하는 것을 가리켜 '변구상 공사卞九祥公事'라 하였다. _『용재총화』 권6

이것은 문치 지상주의에서 올 수 있는 부작용을 보는 듯하다. 문장을 잘한다고 해서 훌륭한 관리가 되는 것은 아닐 것이다. 여기서 문인 관료들이 지배하는 사회의 이면을 엿볼 수 있다.

수령과 선정비

2010년 7월에 서울의 동작구청장이 퇴임하자 지역 문화원이 송덕비를 세워 논란이 일었다. 회원들이 자발적으로 모금해서 세운 것이라고 하지만, "조선시대도 아닌데 많은 돈을 들여 살아있는 사람을 위한 비석을 세우다니 이해가 안 된다"는 인터뷰가 실렸다. 사실 송덕비는 조선시대에 특징적으로 발달하여, 유서 깊은 고을에는 크고작은 비석이 군집을 이루고 있는 것을 흔히 볼 수 있다. 대부분 돌로 되어 있지만, 이따금 쇠로 만든 것도 있다. 정말 이다지도 많은 이들이 잘 다스려서 백성이 감읍하여 그의 덕을 기리는 비석을 세웠을까 궁금하다.

벼슬에는 서울의 벼슬자리인 경관직京官職과 지방의 벼슬자리인 외관직外官職, 즉 지방관이 있다. 경관직은 고대국가가 출현하면서 바로 마련되지만, 새로 정복해간 지방에는 중앙에서 관리를 직접 파견하기가 쉽지 않았다. 그 지역의 지배자를 그대로 인정하면서 간접적으로 통치하는 경우가 많았다. 고려초기까지만 해도 호족의 자치에 맡긴 모습이 보일 정도이다. 그러다가 점차 중앙에서 관리를 파견해나갔지만, 고려시대만 해도 지방 속속들이 수령을 파견하지 못했고 조선시대에 와서야 가능하게 되었다.

그림 1 제주목사 집무 모형(2009. 6)

조선시대 지방관의 핵심은 관찰사와 수령이었다. 관찰사는 감사, 도백道伯으로도 불렸으니, 지방의 행정장관으로서 왕을 대신하여 그 아래의 수령을 통솔하고 감시하고 평가하였다. 수령은 관찰사 아래에서 백성들과 직접 접촉하는 부윤, 목사, 군수, 현령, 현감 등을 이른다.그림 1 그러기에 수령은 민심을 다스리는 요체가 되는 자리로서, 흔히 고을 원이나 태수라 하고 우리 말로 쉬倅라고 불렀다. 높여서 원님이나 사또라고도 불렀다. 원님에 대한 백성의 바람은 충청도 임천군수 변호겸이 부임하던 때 일기에 잘 나타나 있다.

이 고을 새 태수가 부임하느라 이곳을 지나기에 나도 마침 보게 되었다. 앞뒤에서 옹위하고 지나가는데 주민들이 멀리 바라보고 모두 "이번에 오는 원님은 백성들이 편히 생활하게 해주려나?" 말했다. 백성들의 기쁨과 걱정이 수령의 어질고 어질지 못한 데 달려 있다. 평상시에도 그런데 하물며 난리를 당한 마당에 부역이 과중하여 백성이 살 수가 없으니 더욱 가려 뽑지 않으면 안 된다. 전에 왔던 원들은 모두 용렬하여 정사를 간사한 아전들에게만 맡겨서 큰 고을이 탕진되었다. 이 때문에 이번 태수는 일찍이 선정을 베풀 사람으로 가려서 제수했다 하니 백성들의 희망이 어찌 여기에 있지 않겠는가? _『쇄미록』 1595. 2. 2.

조선시대에 수령은 고을을 다스릴 때 일곱 가지를 잘해야 했으니, 이를 수령칠사守令七事라 한다. 수령칠사는 원래 고려말기의 수령오사를 고쳐서 만든 것으로서 실록에는 성종 때에 처음 등장한다.

평택현감 변징원이 하직하니 임금이 불러서 "어디 출신이냐?" 물었다. 변징원이 "처음에 충순위에 속했다가 물러난 뒤에 흡곡현령이 되었고, 교체되어 부장이 되었다가 이제 이 벼슬에 제수되었습니다" 했다.

임금이 "그대는 이미 수령을 지냈으니, 백성을 다스리는 데 무엇을 먼저 하겠는가?" 물으니, 변징원이 "마땅히 칠사를 먼저 할 것입니다" 했다. 임금이 "이른바 칠사란 무엇인가?" 하니, 변징원이 "농업과 양잠을 진흥하고, 학교를 일으키고, 송사를 간명하게 하고,그림 2 간사하고 교활한 풍조가 일어나지 못하게 하고, 군사에 관한 정무를 잘 처리하고, 호구를 늘리고, 부역을 고르게 하는 것이 칠사입니다"고 대답했다. …

임금이 "수령이 어질고 어질지 못한 데에 백성의 기쁨과 걱정이 달려 있으니 조심하지 않을 수 없다. 가거든 네 직무를 신중히 해서 혹시라도 말과 행동이 어긋나지 않게 하라" 하였다. _성종실록 14년(1483) 9월 5일

그림 2 동헌에서의 재판

중간에 생략한 것은 수령칠사를 일일이 거론하면서 이를 각각 실행하려면 어찌해야 하는지를 묻는 부분이다. 박지원의 글에는 임금에게 하직인사를 할 때의 모습이 있다. 수령에 제수되면 경저리京邸吏, 서울에 파견된 지방 아전가 수령칠사를 기록한 홀기笏記를 전달한다. 그런 다음 하직인사를 올릴 때에 임금이 특별히 전殿에 오르라고 명하고 승지가 직관과 성명을 아뢰라 하면, 숨을 죽이고 엎드려 '아무 벼슬 신臣 성姓 아무개'라 한다. 그다음에 칠사를 아뢰게 하면 매번 일어났다 엎드리면서 일곱 가지를 암송한 뒤에 물러나 부임지로 떠난다. 그런데 이런 과정에서 차례를 틀리거나 잘못 읽어서 파면당하는 경우가 왕왕 있었다고 한다.

이보다 앞 시기에는 명나라에서 간행된 『목민심감牧民心鑑』이란 책이 수령의 지침서가 되어, 이를 제대로 숙지해야만 수령으로 제수되었다.

개천군사郡事, 군수 최함이 하직하니 승정원에서 전례대로 『목민심감』을 강講하게 하였는데, 최함은 스스로 할 수 없다고 보고했다. 승정원에서 그대로 아뢰니 이조에 "어찌 이런 사람을 썼는가?"고 물었고, 이조에서 "최함이 수령을 역임했기 때문에 쓴 것입니다"고 대답했다.

최함에게 "『목민심감』은 백성을 다스리는 데 절실히 필요한 책인데, 너는 일찍이 수령을 지낸 자로서 어찌 모른단 말이냐? 네가 고의로 할 수 없다고 하여 임지가 먼 것을 피하려는 것이 아닌가?"라고 물으니, 최함이 "본래 능하지 못합니다" 했다. "앞으로 이런 사람은 서용하지 마라"고 전교했다. _성종실록 7년(1476) 11월 28일

'강한다'는 것은 소리내어 외우는 것을 말한다. 예를 들어서 스승 앞에 책을 펴놓고 돌아앉아 외우는 것을 배강背講이라 한다. 수령은 민폐를 끼칠 가능성이 크기 때문에 여러 가지 제약을 두었다. 이러저러한 연줄에 엮이지 않도록 고향이나 다른 관련이 있는 지역에는 부임할 수 없었다.

2011년 한 지방판사, 즉 향판鄕判이 자신이 맡은 법정관리 기업체에 형과 친구 변호사를 끌어들이는 결정을 내려 논란이 되었다. 2014년에는 하루 5억 원에 해당하는 황제 노역을 판결하여 다시 향판이 논란의 중심에 섰었다. 이리하여 2004년에 시작된 지역법관제는 10년 만에 막을 내리게 되었다. 한곳에서 오래 근무하다 보면 갖가지 유혹에 넘어갈 수밖에 없다. 조선시대 상피제는 이런 부정을 미리 방지하려는 것이었다. 향판을 조선시대 사또에 빗댄 기사가 났지만, 고향에서 근무하는 향판과 고향을 피해야 하는 사또는 전혀 달랐다.

다만, 노부모를 부양해야 할 경우에 특별히 고향의 수령으로 갈 수 있도록 요청했으니 이를 걸군乞郡이라 한다. 또 부임지에 가족을 대동하지 못했으나, 부양할 길 없는 편모偏母는 특별히 동행을 허락했다.

다른 한편으로 수령과 백성은 부모와 자식 사이와 같아서 백성이 수령을 고발할 수 없게 하였다. 조선시대에 자식이 부모는 물론이고, 부인이 남편이나, 노비가 자기 주인도 고발할 수 없었다. 인륜을 저버린 행위로 여겼기 때문이다. 지금도 형사소송법에 자식이 부모를 고소할 수 없게 되어 있다. 이런 정도인데도 이따금 고을 백성이 수령을 구타하는 사건이 벌어졌다.

홍윤성이 "세종 때에 광주목사가 고을 기생과 사통했는데, 고을 사람들이 어둠 속에서 구타했습니다. 세종께서 풍속이 악한 죄로 논하여 광주를 무진군으로 강등시켜 풍속을 교정하고자 했으니, 이처럼 하지 않을 수 없습니다. 이제 진보眞寶, 경북 청송의 수령이 구타당할 때에 읍리邑吏, 아전들이 둘러서서 보기만 하고 구해주지 않았고 오직 역리驛吏가 꾸짖어서 그쳤습니다. 또 수령을 구타한 금맹함이 도망하게 하였으니, 청컨대 읍리를 함께 국문하소서"라고 아뢰니, 임금이 "좋다"고 답했다. _성종실록 4년(1473) 12월 7일

중종 26년1531 6월에는 고을 백성이 의금부 나장이라 거짓말하고 광주목사를 뜰 아래 끌어내려 질타한 사건이 벌어졌고, 그해 10월에는 영광의 향리가 엄한 군수를 만나 간악한 짓을 못하자 중과 결탁하여 군수의 아버지와 두 아들의 무덤을 도굴한 사건도 벌어졌다. 이것은 군수에

게 욕을 보여 벼슬을 물러나게 하려는 의도였다. 남원부사 송상인이 행정을 엄정하게 하고 도적이 날뛰지 못하게 하자, 도적떼가 고부에 있는 집안 분묘의 석물을 부숴 분풀이를 했고, 이에 따라 송부사는 벼슬을 버리고 돌아갔다『속잡록』 1629. 8. 다음도 고을 원을 쫓아내기 위해 벌인 사건이다.

보령현감 최진명이 정사를 각박하게 처리하자 고을 사람들이 성묘聖廟, 공자 사당의 위패를 훔쳐다 불태워버렸다. 이에 예조가 과오를 추궁할 것을 청했다. 임금이 "근래 인심이 옛날 같지 않다. 나랏일에 마음을 다하는 수령이 있으면 고을 사람들이 그의 선조 신위를 갖다 버리기도 하고 성묘의 위패를 태워 훼손하기도 하여, 온갖 계획으로 그가 교체되기를 도모하니 매우 흉악하고 참담한 일이다. 이대로 계속된다면 고을의 수령들이 손발 놀리기가 어려운 형세에 놓일 것이니, 추고하지 마라. 특별히 안팎의 옷감 한 벌을 하사하여 직무에 진력한 공로를 포상하라" 고 하교했다.

당시 부여현의 아전으로서 세미稅米, 조세로 낸 쌀를 훔친 자가 있었는데, 현감 김경여가 체포하여 다스렸다. 그러자 그 아전이 밤에 관아에 들어가 김경여 선조의 신주를 훔쳐다 훼손하여 길가에 버리니, 김경여 또한 관직에서 물러나 돌아갔다. 상은 간교한 백성이 고을 수령을 함정에 빠뜨리는 폐단을 막고자 하였으므로 이런 명령이 있었다. _인조실록 8년(1630) 11월 23일

성종 5년1474 12월에는 단양군수 김서가 창고를 담당하는 김여생이

불법을 저질러 쫓아내자, 병든 군수를 찾아와 빨리 죽기를 축원하고 죽은 뒤에는 관마저 훼손하고 기생을 불러 축하하는 술자리까지 마련하는 일이 벌어졌다. 조정에서는 이들이 강상을 범했다고 해서 가족 전체를 변방으로 쫓아내고 그 집은 허물어 연못으로 만들어버렸다.

그림 3 관찰사 부임(전 김홍도)

수령은 현지 사정에 익숙하도록 될 수 있으면 오래 머물게 했다. 법전에는 5년을 임기로 규정했으나, 실제로는 수시로 갈렸다. 1년 사이에 한산태수가 네 번이나 바뀌어서 관청 창고가 탕진되기도 했다『쇄미록』1594. 12. 23. 뒤에 소개하는 강원도 홍천의 경우만 해도 임기를 제대로 채운 사례가 거의 없고, 대개 1, 2년 만에 교체된 것을 볼 수 있다. 지방관의 부임 장면그림 3은 정원용1783~1873이 영변부사로 갔을 때의 일기에 잘 드러난다.

2일 날씨가 맑고 좋았다. 구관舊官 신경이 만나러 와서 교귀交龜, 병부나 인신을 넘겨주고 받는 일하였다. 다담상다과상을 받기 전에 출발하여, 청천강을 건너 수우참30리에 도착해 점심을 먹었다. 남문 밖 오리정에 도착하여 군막에 들어가 융복군복으로 바꾸어 입었다. 영변부의 중군中軍이 큰 기치를 거느리고 군문에 들어가는 절차를 행하였다. 관소객사에 나아가 흑

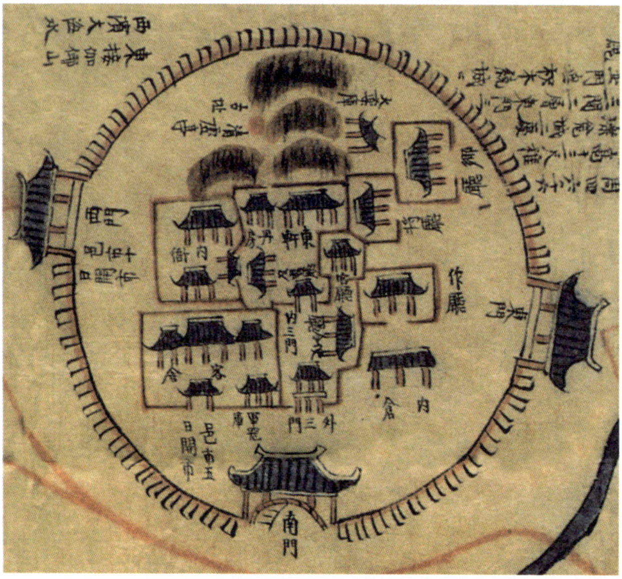

그림 4 해미현 지도

단령을 갖추어 입고 사배례를 행하였다. 그리고 융복을 갖추어 입고 관아로 들어가 다담상을 받았다. 각 반열이 알현에 참석하였다. 이 날 읍내에 장이 서서 좌우로 구경하는 사람이 매우 많았다. 이 고을은 14개 면에 5천여 호가 있고, 읍내는 천 호 가까이 된다고 하였다. _『경산일록』 1820. 2. 2.

조선후기 해미현 지도그림 4를 보면, 지금도 잘 남아 있는 읍성이 둥그렇게 있고 성 가운데에 동헌東軒이 있다. 동헌 왼쪽으로 수령이 생활하는 내아內衙가 있는데, 동헌은 내아 동쪽에 있기 때문에 붙인 것이다. 내아 오른쪽 앞으로 향리의 집무소인 길청作廳이 있고, 왼쪽 앞으로는 손님이 머무는 객사客舍가 있다. 또 오른쪽 맨 뒤에는 지방 양반의 자치기구이면서 나중에 수령의 부세 자문기구 역할을 한 향청鄕廳이 나타난다. 대체로 외삼문과 내삼문을 거쳐 동헌에 이를 때에는 사람들이 무의식적으로 우러러보게 약간 경사져 오르게 하였다. 궁궐이나 불전을 높이 배치하여 사람들이 고개를 들지 않을 수 없게 만든 원리와 같다.

아전들은 관청 안에 자신들의 신을 모시는 '부군당'이란 사당을 두었다. 이들의 수호신인 것이다.

아! 지금 중앙의 모든 관청과 지방의 고을에는 이청吏廳, 길청 옆에 귀신에게 푸닥거리하는 사당이 없는 곳이 없으니, 이를 모두 부군당府君堂이라 부른다. 매년 10월에 부사府史, 부에 속한 서기와 아전들이 재물을 거두어 사당 아래에서 취하고 배불리 먹으며, 무당들이 가무와 풍악으로 귀신을 즐겁게 한다. 그러나 세간에서는 부군이라는 것이 무슨 귀신인지 알지 못한다. 그려놓은 신상을 보면 붉은 전립을 쓰고 구슬갓끈을 달고 호수虎鬚, 흰 새털를 꽂아 위엄과 사나움이 마치 장수와 같은데, 혹은 고려 시중 최영의 귀신이라고 말한다. 그가 관직에 있을 때 재물에 청렴하여 뇌물과 청탁이 행해지지 못하고 위엄과 명망이 당대에 떨쳤다. 이리하여 서리와 백성들이 그를 흠모하여 그 신을 맞아 부군으로 받들었다고 한다. _『연암집』 안의현현사사곽후기安義縣縣司祀郭侯記

수령은 토착세력인 향리를 잘 통제해야 했다. 수령이 집무를 보는 동헌 앞에 집무실이 있어서 아전衙前이라고도 부른다. 원래 아전에는 서울에 근무하는 경아전과 지방에 근무하는 외아전이 있는데, 경아전을 서리胥吏, 외아전은 향리鄕吏로 나누어 부르는 일도 있다. 호장 및 이방, 호방 등으로 불리던 향리는 현지 사정을 잘 아는 반면에 수령은 외지인이라 그러지 못하여 자칫 향리에게 휘둘릴 수 있었다. 무능한 수령은 정무를 향리에게 위임해버렸다. 그러기에 우리나라는 서리 때문에 망한다는 말이 실록에 자주 등장한다. 이수광1563~1628은 그의 저서에서 이렇게 지적했다.

> 남명 조식이 "조선은 서리 때문에 망한다"고 했으니 통절한 말이라 할 수 있다. 오늘날에 와서도 서리의 폐해는 아주 심하다. 벼슬하는 자는 조석으로 바뀌어 자리가 따뜻해질 겨를이 없다. 반면에 아전 무리는 젊어서 늙을 때까지 책임을 진 채 의연히 있어 일을 늘이고 줄이거나 조종하는 것이 오로지 그들의 손에 달려 있다. 다만 장부와 책을 없애버리고 재물을 도둑질하는 일에만 그치는 것이 아닌 것이다. 속담에 강물은 흘러도 돌은 구르지 않는다는 말이 이것을 두고 한 말이다. _『지봉유설』 어언부語言部, 잡설雜說

더구나 향리는 따로 정해진 봉급이 없었으니 부정을 저지를 소지가 컸다. 정약용은 『목민심서』에서 서리를 단속해야 한다고 역설하면서 이렇게 지적했다.

> 백성은 땅으로 경작하지만, 아전들은 백성으로 경작한다. 백성의 껍질을 벗기고 골수를 긁어내는 것을 농사짓는 일이라 여기고, 머릿수를 모으고 마구 거두어들이는 것을 수확하는 일로 삼는다. 이것이 습성이 되어 당연하게 여기게 되었으니, 아전을 단속하지 않고서 백성을 다스릴

수 있는 자는 없다. _『목민심서』 이전吏典, 속리束吏

그러기에 부임 초기에 아전의 기선을 제압하는 일이 중요했다. 박지원1737~1805은 성공한 경우였으니, 그의 아들이 쓴 책에 이렇게 적었다.

양양은 바닷가 후미진 고을이어서 곡식 장부가 그리 많지 않았다. 그러나 아전들이 곡식을 훔치고 빼돌리는 탓에 창고에는 곡식이 한 톨도 남아 있지 않았다. 환곡의 지급과 납입을 기록한 장부는 전부 허위였다. 고을 원이 아전들에게 포흠逋欠, 포탈을 갚으라고 하면 아전들은 그때마다 달아나겠다고 위협했다. 아버지는 아전들을 불러놓고 이렇게 타이르셨다. "너희가 걸핏하면 도망가버리겠다고 하는데 그 실정이 참으로 딱하다. 그러나 고을 원이 할 일이란 군정과 전세와 환곡이거늘 창고가 제대로 되어 있지 않은데 고을 원은 두어 뭣하겠느냐? 너희가 달아나려면 모두 달아나서 한 사람도 남아 있지 않도록 해라. 나한테는 본래 나를 따라온 종이 하나 있으니, 벼슬을 그만두겠다는 장계를 올려 죄를 청한 다음 돌아가 조정의 처분을 기다리면 그만이다." 마침내 공무를 폐지하고 조그만 방에 거처하면서 이렇게 말씀하셨다. "빼돌린 곡식을 도로 회수하지 못한다면 고을 원으로 자처할 수 없다."

얼마 지나 녹봉을 받게 되자 이를 떼어내 아전들에게 주며 말씀하셨다. "직무를 수행하지 않고 녹봉을 받는 건 부끄러운 일이다. 너희가 각자 포흠을 갚고자 한다면 끝내 갚지 못할 것이다. 하지만 누가 많이 내고 누가 적게 내는가를 따지지 말고 힘을 모아 낸다면 티끌 모아 태산이 될 것이다. 내가 낸 이것을 그 시작으로 삼으면 가능할 것이다." 이에 아전들이 의견을 모아 말했다. "원님이 포흠을 갚는다는 말은 일찍이 들어본 적이 없다. 이러고도 갚지 않는다면 원님을 뵐 면목이 없다." 마침내 아전들은 남은 것을 잘라 부족한 것을 메우고, 있던 것을 쾌척하여 없는 것을 변상해갔다. 고을의 부유한 백성도 혹 자신의 재물을 덜어 도와주었다. 그러자 몇 달 만에 관가의 곡식 창고가 모두 채워지게 되었다. 아버지는 그제야 집무실에 나와 공무를 보셨다. _『과정록』 155~156쪽

임무를 제대로 완수하거나 훌륭한 업적을 남긴 수령이 훨씬 많았을 것이지만 역사 기록에는 무능하거나 부정을 저지른 수령이 더 많이 나온다. 이슈가 된 것이 사료에 남지만 통상적인 것은 기록에 남지 않는 법이다. 지금 신문기사만 봐도 비리로 얼룩진 단체장들이 우리나라에 가득 찬 것처럼 느껴진다. 역사책을 읽을 때는 이 점을 항상 염두에 두어야 한다. 다음은 사관이 적어놓은 부분이다.

전주에 한 제방이 있어 그로부터 도움을 받는 백성이 아주 많았다. 심전이 그곳 부윤으로 있을 때에 제방이 황폐해졌다고 핑계를 대고 자기 소유로 삼았으니, 국법을 무시한 것이 너무 심하다 하겠다. 심전이 임기가 차서 서울로 돌아갈 때 백성들의 원한이 골수에 사무쳐 심지어는 "심전을 쏘아 죽이면 사형을 당할 것이요, 이 제방을 잃으면 굶어죽을 것이다. 죽기를 기다리는 것보다 쏘아 죽이는 편이 낫다"고 하였다. _명종실록 21년(1566) 1월 29일

백성의 억울한 심정이 구구절절 배어나온다. 감사를 지낸 윤탁연은 '속목 감사'란 별명을 얻었다. 역시 사관의 기록이다.

가는 곳마다 욕심 많고 더러운 짓을 했다. 일찍이 경상감사로 있을 때에 죄가 크건 작건 모두 무명으로 죗값을 바치도록 했으므로 영남 사람들이 '무명으로 속바치는 감사贖木監司'라고 불렀다. _선조실록 27년(1594) 10월 16일

감시의 손길이 덜 미치는 변방은 더 심했던 모양이다.

함경도는 야인野人, 여진족과 이웃해 있고 번호藩胡, 가까이 복종해온 오랑캐도 있어, 조정에서는 전부터 방어하는 일을 중히 여겼다. 그리하여 남도와 북도의 병마절도사와 북도의 대소 수령은 모두 무인을 가려서 보내는 것이 상례였다. 더구나 조정과는 멀리 떨어져 있어 두려워하거나 거리낌없이 수령된 자들은 오로지 가혹한 징수와 혹독한 형벌을 일삼고 백성을 초개같이 여겼다. 백성도 수령을 '낮도둑'이라 지목하여 원수같이 여겼다. 간혹 문관을 뽑아서 보내기도 하나 명망을 얻은 자는 아주 적었다. _『송와잡설』

임진왜란 중에도 수령의 탐오는 심했으니, 영암군수 김성헌이 그러했다.

또 들으니 어제 암행어사가 영암군에 들어왔다는데, 반드시 들은 것이 있었기에 직접 태수가 사둔 집으로 가서 비리를 조사한 뒤에 죄수를 나

주로 옮겼다 한다. 태수의 성명은 김성헌인데 오랫동안 민심을 잃고 재물을 많이 탐해서 군내 가까운 곳에 큰 집을 샀고, 관청 창고의 물건을 내다가 배 두 척에 가득 실어서 먼저 영광에 사는 일가로 보냈으며, 곡식을 내다가 성안 10여 집에 두었으니, 파면된다는 기별을 미리 들었기 때문에 모두 그렇게 조치한 것이라 한다.

지금처럼 나라 재정이 고갈된 때에 조정에서 파견한 뜻을 헤아리지 못하고 백성들을 침학하여 탐내고 긁어들이기를 그치지 않은 것이 이 극단에 이르렀으니, 비록 죽인들 무엇이 아깝겠는가. 또 떠도는 사람과 노비를 많이 샀고, 쌀을 내다가 무명을 사둔 것도 많다고 한다. 곡식을 도둑질한 것이 거의 1천여 석에 이르고, 배에 실어둔 물건은 여기에 포함되어 있지도 않다고 한다. 이 도에서 관물을 도둑질한 것이 매우 많은 자로서 영광군수 신상절과 태인군수 박문영 및 영암군수 김성헌이 더욱 심하다 한다. _『쇄미록』 1594. 1. 11.

이뿐 아니라 승진을 위해서도 백성들을 못살게 굴었다.

"합천군수 윤공이 화약 115근과 철환 3천 개를 마련했으니 매우 가상하다. 가자加資, 품계 승진하도록 하라"고 전교했다.

【이때에 수령과 변방 장수들이 상으로 주는 직책을 받고자 백성을 착취했다. 누구는 무기를 만들고, 누구는 군량을 마련하고, 누구는 보루나 성곽을 수리하고, 누구는 제방을 쌓고, 누구는 작은 도둑을 잡아 국가의 도적이라 하고, 누구는 백성을 시켜 호랑이나 표범을 잡게 해서 자신의 공으로 삼기도 하였다. 궁궐을 세우는 토목공사를 하게 되자 누

구는 재목을 바치고, 누구는 구리와 철을 바치고, 누구는 주춧돌을 바치면서, 밖으로는 권세 있거나 총애받는 신하와 도모하고 안으로는 궁궐과 내통하여 높은 품계를 멋대로 차지했다. 심지어는 미천한 종마저도 수령이나 장군에 그치지 않고 귀한 자리에까지 오르게 되었다. 이 당시에 '쇠, 나무, 물, 불, 흙, 돌, 도적, 호랑이, 표범의 관원'이라는 비난이 일었다. 16년간 백성을 잘 다스리고 근무 중 상을 받은 자가 한 명도 없었는데, 말년에 이르러서는 극도에 달했다. 윤공은 본래 부자로서 유독 뇌물을 많이 썼다.】_광해군일기 4년(1612) 12월 18일

수령이건 관찰사건 훌륭한 정치를 하고 떠나게 되면 백성들이 감격하지 않을 수 없다. 그러기에 비석을 세워 선정을 칭송하는 선정비, 덕을 칭송하는 송덕비, 그 덕을 영원히 잊지 않으려는 영세불망비그림 5를 세웠다. 고려 충렬왕 때에 승평昇平, 순천 사람들이 이임하는 최석을 위해서 송덕비를 세워 팔마비八馬碑라 불렀다. 부사가 떠나갈 때에 관례로 말 8필을 선물로 받았지만, 그는 이를 돌려주었던 것이다. 지금 순천시 옛 승주군청 앞 도로변에 팔마비,그림 6 죽도봉 공원에는 팔마탑이 세워져 있다. 원래 이런 비석은 함부로 세울 수 없었다.

영의정 정태화가 아뢰었다. "이전부터 수령된 자들이 대부분 백성에게 명예를 구하여 떠난 뒤에 곧 비석을 세워 공덕을 기리게 해서 일찍이 앞 임금 때에 금지령을 분명히 내렸습니다. 그런데도 근래에 조정의 명령을 준수하지 않고 비석을 세우는 폐단이 도리어 전보다 심합니다. 예를 들어 이태연이 광주廣州에서 교체되어온 뒤에 백성들이 세운 비석이

그림 5 남한산성 흥선대원군 영세불망비(2009. 5) 그림 6 팔마비

여섯 곳이나 될 정도로 많다고 하니, 거듭 타일러 엄금하지 않을 수 없습니다." 상이 일렀다. "이 뒤에 또 비석을 세우는 사람이 있는데도 금하지 않으면 교대한 수령이 조사해서 죄를 다스리게 하라." _현종개수실록 3년(1662) 1월 23일

금지령이 있다고 해도 영원히 이름을 남기려는 지방관의 탐욕을 꺾지는 못했다. 지금 고을마다 송덕비가 즐비한 것이 이를 단적으로 보여준다.그림 7 물론 지방에 따라 인물에 따라 이를 철저히 금한 사례도 있다. 정조는 예안 지방을 이렇게 칭찬했다.

영남 지방이 평소 추로鄒魯, 맹자와 공자의 고장으로 칭해진 것은 윗사람을

그림 7 공주 공산성 앞 선정비들(2003. 4)

친애하고 윗사람을 위해 죽을 정도로 예의를 숭상하기 때문이다. 일찍이 듣건대 예안에는 수령의 선정비가 없다 한다. 이것은 악은 물론이요 선도 입을 열어 칭찬하려 하지 않아서이니, 그 뜻이 어찌 아름답지 않으며 그 풍속이 어찌 순후하지 않은가? _정조실록 13년(1789) 6월 22일

예안은 이황의 고향이니 아마 이곳에 부임한 수령들이 감히 선정비를 세우지 못했을지도 모른다. 정말로 안동시 예안면에 선정비가 없는지는 알아보지 못했지만, 정조는 그렇게 얘기했다. 재상 오겸1496~1582 역시 자신의 선정비를 세우지 못하게 했다.

재상 오겸이 남원부사로 있을 때 온 고을이 은혜를 품어 돌을 깎아 비

를 세우고, 그가 떠난 뒤에 글을 써넣으려 하였다. 공이 듣고는 고을 원로들에게 거짓말로 "나의 정치가 어찌 비를 세워줄 만하겠는가마는, 무릇 비문은 사실과 맞아야 사람들이 믿을 것이다. 내가 떠나기 전에 쓰게 되면 내가 보아서 옳으면 옳다 그르면 그르다 할 수 있다. 너희가 비석을 실어오면 내가 직접 보겠다" 하니, 원로들이 이 말을 믿고 그대로 했다. 공이 원로들을 물리치고 석공에게 명하여 하마下馬 등의 글자를 파서 향교 앞에 세우니, 당시 사람들이 그가 체통이 있다고 하였다. _『송계만록』 하

그러나 이런 일은 드물었고, 시간이 흐를수록 비석을 남설하는 폐단이 심해졌다. 같은 책에는 이런 일도 나온다.

고을 원으로 정치를 잘한 사람에 대해서는 백성들이 비를 세워 덕을 기록하여 그가 떠난 뒤에도 백성이 생각한다는 것을 표시하는데, 근래 비석이 없는 고을이 적다. 간혹 한 고을에 너덧 개의 비가 있기도 하니 세상에 선정이 많은 것을 알 수 있다. 재상을 지낸 낙촌 박충원이 원접사遠接使로 갔을 때, 비석이 파주에서 의주까지 길 주변에 끊이지 않는 것을 보고 땅에 엎어버리라고 명령한 뒤 "중국 사신이 이유를 물으면 무슨 말로 대답하겠는가?" 했다. 한 역졸이 말을 몰고 가다가 작은 돌을 넘으며 "너는 홀로 불행하게도 비석이 되지 못하고 길에서 밟히느냐?" 하니 그 조롱이 이와 같았다. _『송계만록』 하

원접사는 중국 사신을 맞아들이는 벼슬로서 박충원이 인종 1년1545에

맡았다. 이때 이미 선정비가 유행하여 길가에 즐비했던 모양이다. 너도 나도 비석을 세우는데 거기에 끼지 못한 돌이 애처롭다면서 역졸이 조롱을 한 것이다. 암행어사의 행차에 대비하여 선정비를 세우게 했다가 발각되어 파직당한 사례도 보인다.

판서 이상황1763~1841이 충청도 암행어사가 되었을 때, 새벽에 괴산군에 이르렀다. 고을에서 5리쯤 떨어졌을 때 하늘이 아직도 어두웠는데, 저 멀리 미나리밭에서 한 농부가 소매에서 나뭇조각을 꺼내어 진흙 속에 거꾸로 꽂았다가 다시 길가에 바로 세우고, 또 수십 보 앞으로 나아가 소매에서 나뭇조각을 꺼내어 진흙 칠을 해서 세웠으니, 이렇게 하기를 다섯 번이나 했다. 어사가 "저것이 무엇이오?" 하고 물으니, "이것이 바로 선정비요, 나그네는 모르오. 이것이 바로 선정비요"라고 대답했다. 어사가 "왜 진흙 칠을 하는 거요?"라고 물으니, "암행어사의 자취가 곳곳에 두루 미치고 있으니 이방吏房이 나를 불러 이 비 열 개를 주면서 다섯 개는 동쪽 길에 세우고 다섯 개는 서쪽 길에 세우라 하였소. 눈먼 어사가 이것을 진짜 비로 알까봐 걱정되어 진흙 칠을 해서 세우는 것이오"라고 대답했다. 어사가 바로 들어가 일을 조사하여 먼저 진흙비의 일을 따지고 봉고封庫하여 파직시켰다. _『목민심서』 해관육조解官六條, 유애遺愛

송덕비에 얽힌 우스갯소리도 전한다. 과천현감이 떠날 때에 백성들이 송덕비를 세워준다고 해서 보았더니 "오늘 이 도적을 보내노라今日送此盜"고 적혀 있었다. 이에 현감은 붓을 달라고 하여 "내일 다른 도적이 오리라明日來他盜, 이 도적은 끊임없이 오리라此盜來不盡"고 이어서 적었다

그림 8 금강산의 글씨(2005. 11)

고 한다. 심지어 이임하기도 전에 비석을 세워 아첨하는 일도 잦았다. 다음은 우의정 채제공이 정조에게 아뢴 말이다.

> 원춘도原春道, 강원도에서 포폄을 아뢴 글 가운데 회양부사에 관한 제목에 "흉악한 중이 절벽에 칭송하는 글을 새겼다"고 썼습니다. 대체로 선정 사실을 돌에 새기는 것은 그 고을 원이 갈려간 뒤의 일인데, 그가 재임하고 있는데도 백성들이 절벽을 깎아 덕을 칭송한 것은 아첨이 가증스러울 뿐만 아니라 뒷날의 폐단에도 관계가 있습니다. _정조실록 13년(1789) 6월 19일

이 글을 읽으니 금강산에 갔을 때가 생각이 난다. 바위 곳곳에 큼지막하게 새겨진 각종 구호와 지배자의 찬양 글은 금강산의 아름다움을 크게 훼손하고 있었으니,그림 8 이 또한 당대의 권력자에 대한 아첨이 아

표. 홍천군 조사 자료

현감	재임 기간	선정비
이난	1634.2.7~1636.1.2	1636.2
윤홍거	1647.7.25~1649.12.20	1650.1
윤형은	1650.1.12~1650.6.18 (하급 성적으로 갈림)	1650.8
최일	1650.8.5~1655.1.13	1656.3
원만춘	1658.2.20~1661.3.11	1661.4
이세백	1675.2.2~1676.9.21	1676.12
이장오	1833.5~(파직됨)	1840.7
홍병원	1846.8.1~1849.12	①1847.12 ②1848.2
이용준	1851.윤8.20~1855.12.10	1853.12
이매	1863.7~1864.6.15	1864.3
민태호	1864.7.14~1866.5	①1865.4 ②1865.10
이승기	1877.5.20~1879.4.2	1877.9
김갑균	1881.1.10~1882.5	1882.4
윤공창	1884.1.24~1885.4	1885.3.1
김영순	1887.11.20~1890.8	1888.8

니고 무엇이겠는가. 북한에서 김일성과 김정일의 우상화를 위해서 동상 3만 5천 개를 세우고, 명산 바위글씨 4만 자를 새겼다는 신문 보도가 있었다조선일보 2011. 3. 28.

심지어는 고을 원이 자기가 떠나기 전에 비석을 세우는 일도 잦았다. 비석 세우는 것을 수수방관하거나 아니면 적극 개입했다. 이조판서 민진원이 영조에게 아뢴 말이다.

수령을 위해 비석을 세우거나 생사당生祠堂을 짓는 것은 숙종 때 금지령이 지극히 엄한데, 조정의 명령이 실행되지 않으니 참으로 한심합니다. 갈려가기 전에 길가에 비석을 세우는 것을 수령이 보고도 금하지 않으니 더욱 해괴합니다. 『대명률』에 현임 관리가 스스로 비석을 세우는 자는 벌을 주게 되어 있는데, 이는 스스로 세우는 것과 무엇이 다르겠습니까? _영조실록 1년(1725) 1월 23일

사당은 죽은 자를 위한 것인데, 생사당은 어진 정치를 한 관리를 위해 살아 있을 때에 백성들이 세워준 사당이다.

1987년에 홍천군에 흩어져 있는 금석문과 현판을 조사한 적이 있었다. 여기에는 물론 수령 선정비도 포함되어 있는데, 조사 결과 위에서 언급한 역사적 사실이 고스란히 담겨 있는 것을 발견할 수 있었다. 일반적으로 현감이 갈린 직후에 비석을 세웠지만, 평가에서 하급을 받거나 파면당했는데도 선정비가 세워진 예가 있고, 재임 중에 세운 예도 있었다.[표] 재임 중이라 하더라도 이임하기 직전에 세운 사람이 있는가 하면 부임한 지 얼마 되지 않았는데 비석을 미리 세운 사람도 있었다. 따라서 선정비의 인물에는 모두 선정을 베푼 자뿐 아니라 오히려 백성을 괴롭힌 자도 포함되어 있으니, 이 또한 불편한 역사적 진실이다.

청백리와 탐관오리

1981년에 청백리상을 처음 제정하여 수상자에게 승진 등의 특전을 준 적이 있다.그림 1 그 뒤 몇 년간 지속되다가 사라지고, 지금은 지방자치단체 차원에서 비슷한 상이 수여되고 있다. 세상에 워낙 청렴한 관리가 적기 때문에 이들을 발굴하여 격려한다는 의미가 클 것이다. 청백리는 적고 탐관오리는 많은 것이 세상 이치다. 정권이 바뀔 때마다 부정부패나 부정 공무원의 척결 구호가 반복되는 것이 현실이다.

살다보니 내리사랑은 쉬워도 치사랑은 어렵다는 것을 절실히 느낀다. 자식에 대한 무한한 애정만큼 부모에게도 쏟기가 쉽지 않다. 조선시대에 효도를 그렇게 강조한 것은 거꾸로 그것이 무척 어렵기 때문이다. 청백리를 강조하는 이유도 이와 같은 것이다.

2011년 3월 말에 공직자 재산신고가 공개되면서 한 판사가 화제가 되었다. 26년간 시골에만 근무하면서 고위 법관 가운데 가장 적은 1억 6,300만 원의 재산을 신고했기 때문에 청빈한 향토판사로 보도되었다. 문제를 일으킨 향판鄕判이 있었지만, 이처럼 시골에서 묵묵히 근무한 엘리트 판사도 있다.

근래에 조선시대 청백리와 관련된 교지에 관한 기사가 신문에 실렸

The Kyunghyang Daily News (1946年10月6日 創刊) 1981년5월2일(토요일) ② 【일간】

京鄕新聞

第1回 淸白吏賞

올해 6명選定

정부는 2일 상오 史上처음으로 공무원에게 수여되는 최고의영예인 淸白吏賞을제정, 올해는 朴大鉉씨(43·慶南統營군·동화분교교사)韓敬愛씨(56·여·보사부국립覺心院 사감)金銀鍾씨(58·忠南 西大田우체국집배원)李寬雨씨(50·산림청 남부영림소 慶北府珍보호구기사보)金正澤씨(44·全南靈岩경찰서경사)具萬石씨(54·서울南大門세무서주사)등 6명을선정, 발표했다. 정부는 공직자사회에 새로운 기풍을 조성하고 淸白吏賞의 기본취지를 더욱 제고시키기위해 이들 6명의 청백리에게 全斗煥대통령이 직접 黃條근정훈장을 달아주도록 할예정이다.

朴大鉉·韓敬愛·金銀鍾·李寬雨·金正澤·具萬石씨

1階級특진 大學까지 子女學費지급

그림 1 청백리상 시상(경향신문)

다조선일보 2012. 5. 23. 영조 23년1747에 정형복1686~1769이 가선대부에 임명된 교지로서, 그 말미에 청백리로 선발되어 품계를 더해주는 것이라는 말이 덧붙여 있다. 이 자료를 통하여 생전에도 청백리로 임명된 것이 확인되었다고 한다.

청백리는 고려에서는 염리廉吏나 염근리廉謹吏로 불렀다. 『고려사』 열전에는 어진 관리, 즉 양리良吏가 다섯 명 실려 있다. 반대로 잔혹한 관리, 즉 혹리酷吏로는 두 사람이 실려 있다. 양리 가운데 동북면병마사를 지낸 유석은 당시 최고실력자였던 최이?~1249에게 해물을 진상하던 폐단을 없애서 백성의 고통을 덜어주었다.

당시에 수령들이 경쟁적으로 백성을 침탈하여 고관대작에게 아첨하는 것을 일삼았다. 유석이 공문을 내려 금지하니 그를 시기하는 자가 그 공문을 최이에게 보여주었다. 최이가 "유석이 내게 보내지 않으면 족하지 도道 전체에 엄히 금할 것까지 있는가?"라고 말했다. 동북지방 사람들이 유석의 청렴한 덕에 감사하여 그를 '어버이'라 불렀다. 또 임기가 차서 돌아가게 되었을 때에 3년만 더 있어주기를 요청했다. _『고려사』 유석 전기

표. 조선시대 청백리

왕	인원	왕	인원
태조	5	선조	27
태종	8	인조	13
세종	15	숙종	22
세조	7	경종	6
성종	20	영조	9
중종	35	정조	3
명종	45	순조	4

청백리를 선발하고 표창하는 제도는 조선시대에 와서 제대로 자리 잡았다. 실록에 기록된 최초의 청백리는 중종 10년1515에 지목된 송흠1459~1547이다. 그는 벼슬은 높이 올랐지만 집안 살림을 꾀하지 않아서 가족들이 먹을 식량이 자주 떨어졌다고 한다.

1924년에 간행된 『전고대방』에는 '청백리' 항목이 있는데, 여기에는 조선 태조부터 순조까지 218명의 명단이 나열되어 있다.표 조선시대에 청백리를 선발하는 제도가 공식적으로는 없었으므로, 다른 청백리 명단처럼 이것도 개인적인 판단에 따른 것이지만, 아주 허튼 것은 아니다. 조정에서 공식적으로 청백리를 선발한 것은 8회에 걸쳐 93명에 불과하다고 한다.

이 책에서 선조 때의 청백리로 나오는 이원익1547~1634, 그림 2이 얼마나 청빈한 말년을 보냈는지는 강홍중의 보고와 인조의 지시로 알 수 있다.

동부승지가 아뢰었다. "… 거처하는 집은 잡목으로 만든 두 칸 초가집으로서, 겨우 무릎을 움직일 수 있을 정도로 낮고 좁아 제대로 모습을 갖추지 못했습니다. 그 앞에 가족들이 거처하는 곳은 더욱 퇴락하고 누추하여 비바람을 가리지 못하니 거의 사람이 견디고 살 만한 곳이 아니

그림 2 이원익 초상

었습니다. 또 듣건대 살고 있는 곳도 대대로 내려오는 선산 아래쪽 땅이라는데, 옆에는 한 뙈기의 농지도 없고 부릴 종도 별로 없이 온 가족이 단지 달마다 받는 쌀로 근근이 연명한다고 합니다."

왕이 지시를 내렸다. "알았다. 40년간 정승을 지냈는데, 조그만 초가집에서 비바람도 가리지 못한다니, 그의 청렴결백과 안빈낙도는 옛날에 볼 수 없던 일이다. 내가 평소 존경하고 사모하는 것이 그의 공덕 때문만은 아니다. 이공李公의 청렴과 검소를 모든 관료가 본받는다면, 어찌 민생이 궁핍해지는 것을 염려할 필요가 있겠는가? 연세 높은 원로는 마땅히 우대해야 하는 것이요, 그 검소한 덕도 표창해서 드러내지 않을 수 없다. 해당 도에서 본채를 지어주고, 호부에서 삼베 이불과 흰 명주 요를 내려주어 그가 숭상하는 근검을 이루게 하라." _『응천일록』 1631. 1. 12.

영조 때에는 영의정 정호1648~1736가 가난하여 이원익의 예에 따라 구호해주었다.

도승지 정형익이 아뢰었다. "신이 충주에서 돌아오다가 지나는 길에 영의정 정호를 만나보았는데, 강가에 바람은 세고 초가집은 적막하여 대문에서 대답하는 사람 하나 없이 어린 손자만이 홀로 응대했습니다. 조정에서 예우하여 우대하는 법도가 있으니, 은혜를 내려서 돌보아주어야 할 듯합니다." 임금이 "예전에도 이런 예가 있었는가?" 물었다.

민진원이 "옛날 정승 이원익이 금천衿川에 살 때에 지독하게 청빈하여 인조께서 초당草堂을 지어주도록 관청에 지시했는데, 지금까지도 전해진다고 합니다"고 대답하니, 임금이 "벼슬이 대신에 이르렀는데도 이처럼 청빈하다니 듣기에 심히 감동되고 한스럽다. 이원익의 고사대로 약간의 집을 더 지어주고, 현지 관청의 시노비寺奴婢를 각각 한 사람씩 갈라주게 하라" 하였다. _영조실록 2년(1726) 10월 14일

절에 속한 노비라면 '사노비'가 되겠지만, 여기서는 관청에 속한 노비라서 '시노비'라 읽어야 한다. 종종 이들을 혼동해 읽는 경우가 있다. 조선초기에 조오도 결벽하다고 할 정도로 청렴했다.

일찍이 합천군 수령으로 있을 때에, 여름에 비록 썩을지언정 그곳에서 나는 은어銀魚를 자기 처자식이 먹지 못하게 했다. 오가는 아들, 사위, 노복은 모두 제 양식을 싸가지고 다녔다. 천성이 염근하였으니 나중에 늙어서 시골집에 물러나 살 때에도 집안이 텅 비어 아무것도 없었다. 그러나 털끝만치도 남에게 부탁한 적이 없으니 참으로 독실한 군자였다. _『해동잡록』 조오趙峿

조선초기 영의정을 지낸 박원형1411~1469은 죽을 때에 아들을 불러서 '우리 집의 오래된 물건은 오직 청백뿐이니, 이를 잘 지녀 무한히 전해다오'란 시를 남겼다고 한다. 또 청빈한 삶을 살아 청백리에 올랐던 박수량1491~1554은 "고향에 장사지내되 시호도 주청하지 말고 묘 앞에 비

그림 3 박수량 백비

그림 4 필자의 1988년 월급봉투

석도 세우지 마라"는 유언을 남겨 전라남도 장성에 있는 그의 묘소 앞에는 아무런 글씨도 없는 백비가 세워져 있다.그림 3 세종 때의 청백리로 알려진 정갑손1396~1451은 성품이 청렴하고 강직했다고 전한다. 그가 함길도관찰사로 있으면서 잠시 한양에 와 있는 사이에 아들이 함길도에서 과거에 합격한 일이 있었는데, 이를 안 그가 아들이 아직 학업이 이루어지지 않았는데 어찌 임금을 속이느냐면서 아들 이름을 지우고 시험관을 꾸짖어 내쫓았다고 한다『필원잡기』.

1990년대까지만 해도 현금이 들어 있는 월급봉투를 받았다.그림 4 1980년대 초에 조교를 할 때에 속이 비칠 정도로 야들야들한 노란 봉투를 받았다. 보너스 철에는 제법 두툼한 맛을 즐겼다. 자연히 월급날이 기다려졌고, 뿌듯한 마음으로 돌아가는 그날에는 집에서도 기대를 하며 대접을 해줬다. 그러나 지금은 온라인으로 지급되니 이번 달에 월급을 받았는지도 모르고 지나갈 때가 잦다. 이와 더불어 가장의 권위도 빛을 잃고 말았다.

전통시대에도 국가에 대한 봉사의 대가를 받았다. 녹읍이니 전시과니 과전, 직전이니 하는 것은 땅을 떼어주어 거기서 나는 소득으로 살아가게 하는 것이고, 녹봉이라 하는 것은 지금의 월급처럼 일정한 시기마다 곡물 등을 현물로 지급하는 것이다. 『경국대전 주해註解』에는 녹은 미곡米穀이요 봉은 포백布帛이라고 했다. 녹봉을 받는 자에게는 증명서인 녹패祿牌를 발급해주었는데, 조선시대 녹봉은 18등급으로 나뉘어 있었다. 지금의 호봉과 같은 것이다. 여기에 보여주는 녹패에는 '정헌대부 이조판서 겸 홍문관대제학·예문관대제학·지성균관사·동지경연사·세자우부빈객'의 벼슬에 임명된 정경세1563~1633에게 '제3과 녹'을 지급한다고 적혀 있다.그림 5 지급 시기는 일년에 두 차례 또는 네 차례였다가 숙종 때에 매달로 바뀌었다.

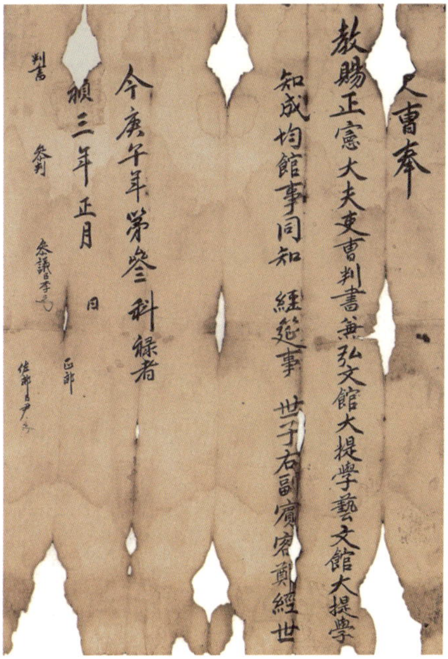

그림 5 정경세 녹패(1630)

통일신라 때에는 녹읍에서 녹봉으로 다시 녹읍으로 바뀐 것을 보면 녹읍이 관료들에게 더 유리했을 것이다. 땅만 지배하는 것이 아니라 그곳에 사는 사람들도 부릴 수 있는 권한이 있었기 때문이다. 고려부터 조선시대 16세기 중엽까지는 이 두 제도를 병행했지만, 국가 주도의 토지제도가 무너지면서 이후에는 녹봉만 지급했다.

조선시대 관리의 녹봉은 생활하기에 충분하지 않았다. 그마저 국가가 재난을 당하거나 재정 위기를 겪으면 정해진 양보다 적게 받았다. 유희춘1513~1577의 일기를 보면, 17회 받은 녹 가운데 6회만 정해진 양을 받았을 뿐이다. 그가 선조 1년1568에 받은 녹봉은 백미쌀 32섬, 콩 14섬, 보리 6섬, 명주 4필, 포 12필인데, 이를 백미로 환산하면 51섬 정도가 된다. 같은 시기에 자기 토지에서 나온 수확량이 83여 섬이고, 지방관이나 친인척, 지인, 문도 등에게서 받은 선물이 쌀로 환산하여 186여 섬이며, 기타 소득도 26여 섬이 된다.

이렇게 보면 전체 수입에서 녹봉은 15퍼센트 정도밖에 되지 않는다. 오히려 선물의 양이 예상보다 막대하고, 토지수확량이 그다음을 차지한다. 일기를 보면, 유희춘은 10여 년간 2,855회 선물을 받아서 월평균 42회가 된다. 근대 인물인 송병선1836~1905은 29년간 158회로서 연평균 5.4회를 받았다. 따라서 인물과 시대에 따라 선물의 규모나 횟수는 크게 달랐을 것이다. 선물은 음식류, 옷감, 문방구, 약재 등으로 일상품과 사치품을 포함하였다. 물론 이것은 뇌물이라기보다 언젠가 갚아야 하는 빚이었기에 일기에 일일이 기록을 남겼다. 지금도 그러하지만 인적 네트워크를 구축하는 중요한 수단이기도 했다. 조선시대에는 화폐 경제가 발달하지 못해서 이처럼 서로 주고받는 선물 경제가 발달했다. 북한에서 특별한 날이 되면 각종 선물을 선사하는 '선물 정치'도 실은 현물 경제가 제대로 발달하지 못해서 나온 정치 현상이라 할 수 있다.

생활에서 녹봉의 비중이 작으니, 관리가 유혹에 빠지지 않고 청렴하게 공무를 볼 수 있도록 한다는 취지를 제대로 살릴 수 없었다. 더구나 적은 녹봉마저 자기 가족을 위해서만 사용한 것도 아니었다.

그해 가을에 아버지의 관직으로 의릉참봉을 제수받았다. 우리 집안에서는 경신년1740 이후 관록을 처음 받은 것이었다. 그래서 온 집안 식구들이 관록을 귀하게 여기고, 어머니는 아버지의 녹을 집안사람에게 골고루 나누어 한 되의 쌀도 집에 남겨두지 않았다. _『한중록』 33쪽

정약용도 친척들에게 즐겁게 은혜를 베풀라고 하면서 이렇게 적었다.

친형제 등 한 집안 사람들은 임지에 데려오지 못하더라도 가난하여 끼니를 잇지 못하는 사람이 있으면, 그 식구 수를 헤아려서 달마다 생활비를 대주지 않을 수 없다. 소공친小功親, 당질 등 약간 먼 친척으로 가난하여 끼니를 잇지 못하는 사람이 있으면, 마땅히 달마다 생활비의 절반 정도를 대주어야 하며, 그밖의 사람들은 급한 때에 도와주면 될 것이다. _『목민심서』 율기律己, 낙시樂施

이렇게 되니 녹봉에 의지하여 원칙대로 살면 이원익이나 정호처럼 정승을 지내도 가난을 면치 못했을 것이다. 길재1353~1419의 아버지 길원진도 그렇게 가난한 벼슬아치였다.

아버지 길원진은 서울에서 벼슬하고, 길재는 어머니 김씨와 함께 고향에 있었다. 길원진이 보성 고을 원이 되자 어머니도 따라갔는데, 봉급이 워낙 박하여 길재를 외가에 남겨두니 그때 나이 8세였다. 하루는 남쪽 시냇가에서 혼자 놀다가 돌 틈에서 자라를 잡아들고 노래를 불렀다. "자라야 자라야, 너도 어미를 잃었느냐. 내가 너를 삶아 먹고 싶지만,

네가 어미를 잃은 것이 나와 같아 너를 놓아준다." 이런 다음 물에 던지며 구슬피 울부짖으니, 이웃집 할멈이 보고 감동해 울었고 이를 전해 들은 고을 사람마다 눈물을 흘렸다. 뒤에 길원진은 서울로 올라가고 어머니는 고향으로 돌아갔다. _세종실록 1년(1419) 4월 12일

청렴과 안빈은 관리나 선비의 상징이었다. 지금 모든 사람이 부자가 되려고 기를 쓰면서 재벌에 대해서는 사회적으로 곱지 않은 시선을 보내는 게 사실이다. 이것은 물론 과거 불법적으로 부를 축적해서 재벌이 된 데 일차적 원인이 있지만, 다른 한편으로는 돈 버는 것을 천시하고 부를 멀리하려는 전통적인 인식도 내면에 깔려 있다. 그러나 배를 곯게 되면 체면과 이상을 저버리기 쉽다. 청백리의 반대로 부정부패를 범한 벼슬아치인 장리贓吏 즉 탐관오리가 나올 수밖에 없다.

탐관오리의 비리는 대부분 재물을 챙기는 것이다. 아무 대가를 바라지 않고 선의로 주는 것을 선물이라고 한다면, 부정한 의도를 가지고 대가를 바라면서 주는 것을 뇌물이라 한다. 뇌물과 비슷한 의미로 쓰인 것으로 '인정人情'이란 말이 있다. "인정이 있다"는 말처럼 지금은 따뜻한 마음을 가리키지만, 과거에는 뇌물 바치는 것을 "인정 바친다"고 했다. 인정이란 말에는 뇌물 외에도 선물, 수수료 등의 다양한 뜻이 담겨 있다.

지금은 뇌물이란 말 대신에 '촌지'니 '떡값'이니 하는 말도 쓴다. 촌지란 정성이 담긴 작은 선물이요, 떡값은 명절 때에 직장에서 주는 특별 상여금으로 부정적 의미가 없던 것인데, 이것이 뇌물이란 뜻으로 바뀌어버렸다. 촌지란 자식의 선생님이나 기자 등에게 주던 돈에서 굳어

졌고, 떡값이란 1990년대에 뇌물을 먹은 사람들이 자신은 떡값으로 받은 것이라고 해서 유래되었다. 이익1681~1763은 조선에 뇌물이 횡행한다고 하면서 인정에 대해서 이렇게 지적했다.

동방을 본래 '인정의 나라'로 불렀는데, 이는 큰일이나 작은 일이나 뇌물이 있어야 이룰 수 있기 때문이다. 무릇 공납하는 물건도 뇌물 없이는 바칠 수 없었으니, 이를 가리켜 '인정'이라고 일컫게 되었다. 그러므로 속담에 "진상은 꼬치로 꿰고, 인정은 바리로 가득 싣는다"고 했으니, 이는 사사로운 뇌물이 공적으로 바치는 것보다 도리어 많다는 것을 이른다. _『성호사설』 인사문, 인정국人情國

다른 글에는 이렇게 얘기했다.

조선을 옛날부터 '인정의 나라'로 불렀는데, 인정이란 뇌물이다. 만약 이를 일절 금지한다면, 백관은 집안을 꾸려갈 수 없게 되고 아전 무리는 거의 굶어죽게 될 것이다. 이는 마치 "이가 옷 솔기에 붙어서 사람을 물지 않자니 굶어 죽겠고, 물자니 사람에게 발각되어 죽음을 당하겠다"는 꼴이다. 지금 만약 부정을 숨김없이 모두 들춰낸다면, 서울과 지방의 관리 가운데 사형당하지 않을 자가 없을 것이다. _『성호사설』 인사문, 경부수막輕賦受瘼

이밖에 '칭념稱念'이란 말도 있었다. 신임 수령이 그곳 출신 고관으로부터 대접을 받으면서 잘 봐달라고 부탁받는 것을 의미한다. 고향의 노비를 잘 돌봐달라는 경우가 있는가 하면, 고향의 친분 있는 사람에게 선물을 보내달라는 경우도 있었다. 후자는 보통 지방관이 현지에서 선물을 마련하여 보냈으니 일종의 뇌물이라 할 수 있다.

선진국의 척도는 뇌물 지수와 상관관계가 있다. 과거에는 돈을 찔러주지 않으면 행정 관청에서 도통 움직이지 않았던 적이 있지만, 지금은 그런 관행이 거의 사라졌다. 당시에 공무원 월급이 워낙 적었던 데도 원인이 있었다.

탐관오리 가운데는 뇌물을 받는 것 외에 다른 방법으로도 부정한 짓을 했다. 세종 때 영의정 유정현은 다른 집 종에게까지 돈놀이하다가 그 종이 갚지 못하자 그 집 솥단지까지 빼앗아와 문제를 일으킨 일이 있다.

이렇게 치부하여 쌓아놓은 곡식이 7만여 석이나 되었다. 백성들이 "죽더라도 다시는 영의정의 장리長利는 꾸어 쓰지 않겠다"고 원망했다. _세종실록 6년(1424) 1월 29일

장리는 보통 봄에 곡식을 꾼 다음에 가을에 갚는 것으로 이자율이 높은 고리대였다. 송익손?~1482처럼 때로는 사람들을 착취했다. 세조의 계유정난에 참여하여 공신이 되었지만 얼마나 흉포하고 탐욕스런 인물이었는지를 느낄 수 있다.

대사헌 이서장이 아뢰었다. "송익손은 집이 고부古阜에 있는데, 울타리를 널리 설치하고 그가 강제로 잡아다놓은 양민과 공사公私의 천민을 모

그림 6
길에서의 송사 처리(김홍도)

두 울 안에서 기릅니다. 혹시 본래 주인이 찾으러 오면 그 노비를 숨기고 도리어 주인을 구타하는데, 비록 관청에 송사그림 6해도 관청에서 통제할 수가 없습니다. 다른 사람에게 좋은 경작지가 있으면 소를 풀어서 벼를 밟게 하고, 이삭이 나와서 여물면 베어버리게 해서 한 묶음의 벼도 수확할 수 없게 만듭니다. 경작지 주인이 핍박을 이기지 못하고 팔려고 하면, 송익손이 가격을 깎아서 강제로 사들입니다. 남쪽 백성들의 원망이 가슴 속에 가득 찼으니, 먼 곳에 귀양을 보내서 민심을 기쁘게 하소서." 그러나 왕은 들어주지 않았다. _성종실록 6년(1475) 1월 19일

명종 때에는 탐관오리 명단을 적어서 길거리에 붙여놓은 사건이 벌어졌다. 그때의 일을 사관이 적어놓은 것이다.

몇 해 전에 대표적인 탐관오리의 명단을 적어서 번화한 도로에 방을 붙였는데, 윤원형, 심통원, 심뇌, 임열, 남궁침 등이 그들이었다. 그중에서도 심전이 맨 위에 있었으므로, 호사가들은 '묵방과墨榜科, 과거시험의 최연소 장원'이라고 말했다. _명종실록 21년(1566) 10월 5일

이제부터는 비리나 부정에 빗대어 별명이 붙게 된 사건들만 모아 보겠다. 별명만 보아도 쓴웃음이 나오게 된다. 먼저 고려 때 배원룡에 관한 기사이다.

배원룡이란 자가 평소에 유능한 관리라고 칭찬받았는데, 염흥방?~1388에게 붙어 양자가 되어 집을 바치고 계림부윤이 되었다. 백성들의 재산을 빼앗으면서 심지어 쇠스랑까지 실어 집으로 돌아갔으므로 고을 사람들이 '철문어 부윤鐵文魚府尹'이라고 불렀다. 다리 여덟 개가 달린 문어 모습이 쇠스랑과 비슷해서 그렇게 부른 것이다. _『고려사』 염흥방 전기

문어는 다리가 여덟 개라서 '문어발 확장'이란 말처럼 다방면으로 손을 뻗치는 상징물로 되어 있다. 쇠스랑은 갈퀴처럼 긁어모으는 데 사용하는 농구인데, '돈을 긁어모은다'는 말은 갈퀴에서 연상된 말이다. 여기서는 쇠스랑을 빼앗아가서 철문어라 불렀다고 하는데, 쇠스랑이나 문어는 모두 지금의 이런 이미지와 오버랩되어 나온 말일 것이다. 조선초기

의 학자인 성현1439~1504은 공주목사가 된 한 무관에 대해 이렇게 전했다.

양梁씨 성을 가진 무관이 공주목사가 되었다. 더운 여름에 파리가 들끓는 것이 싫어서 공주의 아전에서부터 아래로 기생과 종에 이르기까지 매일 아침 파리 한 되를 잡아 바치게 했다. 법을 엄하게 만들어 독촉하니 상하가 서로 파리를 잡느라 쉴 겨를이 없었다. 심지어 삼베로 파리를 사는 사람까지 있게 되니, 당시 사람들이 '파리 목사蠅牧使'라 불렀다. 파리 잡듯이 고을을 다스리면 실행되지 않을 일이 어찌 있을 수 있겠는가? _『용재총화』 권7

문종 때에 김흔지는 세종의 여덟째 아들인 영응대군에게 큰 불상을 바쳤다.

김흔지가 일찍이 영응대군 이염에게 등신불等身佛을 만들어 바쳤다. 나중에 승지에 임명되니 당시 사람들이 그를 '등신 승지等身承旨'라 불렀다. _문종실록 2년(1452) 3월 22일

법당에는 큰 부처가 모셔져 있지만, 집에는 보통 작은 부처를 모신다. 등신불은 사람 크기만한 부처이니 제법 큰 불상이다. 어리석은 바보를 등신等神이라 하는데, 이것은 나무나 흙 등으로 만든 허수아비 형상으로 혼이 빠진 존재다. 한자는 다르지만 등신 승지란 말에는 '바보 승지'란 비난의 뜻도 담겨 있었을 것이다. 성종 때에 홍귀달도 비난의 대상이었다.

사신이 논평한다. "홍귀달이 판서가 되었을 때에 어떤 사람이 이조吏曹의 기둥에 '이곳은 홍귀달의 재물 창고다'라고 썼다. 또 그가 집 후문을 만들자 당시 사람들이 '북문학사北門學士'라고 불렀으니, 사알私謁, 비밀 청탁이 오가는 문을 만들었다고 비꼰 것이다. 호사가들은 그 문에 '통화문通貨門, 재물 출입문'이라는 이름을 붙였다." _성종실록 24년(1493) 10월 6일

중종 때 황형은 밥을 지어 먹어야 하는 솥까지 빼앗는 악행을 저질렀다. 권희맹이 왕에게 아뢴 말이다.

변방에 장수를 잘 가려서 보내야 하는 것은 오로지 백성을 위해서입니다. 황형은 함경도에 있을 때에 그곳 백성들이 '솥장사釜場師'라고 불렀습니다. 그가 군졸들에게 속바치라고 독촉하며 징수하니, 가난한 백성들은 바칠 것이 없어 집에 있는 가마솥을 모두 팔아 관청에 바쳤기 때문입니다.【판매하여 이득을 얻는 것을 속칭하여 '장사'라고 한다】 _중종실록 4년(1509) 윤9월 24일

광해군 때에는 이런 말도 유행했다.

그렇기 때문에 잇속을 챙기고 염치가 없는 자가 임금 측근에 달라붙어 간사하게 구는 것이 끝이 없었으니, 심지어 '잡채 상서雜菜尙書', '침채 정승沈菜政丞'이란 말이 유행했다. 이것은 잡채나 김치를 임금께 바치고 사랑을 얻은 것이니, 옛날에 양 머리를 익히던 사람이 관내후가 된 것을 어찌 나무라겠는가? _『상촌잡록』

중국 후한 때에 유현이 왕망을 쫓아내고 잠시 황제가 된 적이 있었는데, 이때 마구잡이로 벼슬을 주어서 장안 사람들이 "부엌에서 일하던 사람이 중랑장이 되고, 양羊의 위를 익히던 사람이 기도위가 되고, 양 머리를 익히던 사람이 관내후가 되었다"고 비판했으니, 이 고사를 인용한 것이다. 여기서 잡채 상서는 광해군 때 인물인 이충1568~1619을 가리킨다.

그는 정사가 혼란스러워진 뒤에 궁중에 연줄을 댔다. 사람됨이 간사스러워 임금의 뜻을 잘 살펴서 기묘한 수완을 부려 기쁘게 했다. 조석으로 진기한 음식을 올려서 왕이 그 반찬이 오기를 기다린 다음에야 젓가락을 들었다. 어떤 사람이 "잡채 상서의 위력은 당할 수 없다"고 시를 지어 조롱했다. _광해군일기 9년(1617) 4월 2일

탐관오리는 보통 권력과 유착되어 있어서 믿는 구석이 있었기에 처벌마저 쉽지 않았다. 조선초기에는 그래도 처벌 규정을 제대로 지켰지만, 16세기 후반 이후에는 유명무실해졌다고 한다. 그러기에 백성들은 그런 목마름을 소설 속에서 달랬다. 『춘향전』에서 변학도는 주색에 탐닉하여 춘향에게 수청을 들게 하는 탐관오리로 나온다.그림 7 '도리를 배운다는 뜻'을 지닌 변학도卞學道란 이름을 무색하게 하는 인물이다. 마침내 이도령이 암행어사로 내려와 그를 봉고파직함으로써 백성의 아픔을 달래주었다. 『홍길동전』에서는 탐관오리인 함경도감사를 혼내주었다.

하루는 길동이 여러 사람을 모아놓고 의논했다. "함경감사가 탐관오리로 백성들의 기름을 짜내니, 백성들이 견디지 못하고 있다. 우리가 이

그림 7 수청을 요구하는 변사또(민화)

런 모습을 보고 그냥 둘 수가 없으니, 그대들은 내 지시대로 하라."

하나씩 함경도로 흘러들어가, 아무 날 밤으로 기약을 정하고 남문 밖에 불을 질렀다. 감사가 매우 놀라 얼굴빛이 변하며 불을 끄라고 하자, 모든 관속과 백성이 한꺼번에 달려들어 불을 껐다. 그러는 동안 길동의 수백 무리가 한꺼번에 성 안으로 달려들어 한편으로는 창고를 열어 돈과 곡식을 꺼내고, 또 한편으로는 무기를 뒤져 꺼내서 북문으로 달아났

그림 8
판관 포청천

다. 그러자 성 안이 요란하여 물 끓는 듯했다.

감사가 뜻밖의 변을 당해 어쩔 줄 모르다가 날이 밝은 뒤에 살펴보니, 창고의 무기와 쌀, 곡식이 하나도 없이 텅텅 비어 있었다. _『홍길동전』 23쪽

1994년에 중국 드라마 '판관 포청천'그림 8이 국내에서 방영되어 크게 인기를 끌었다. 드라마에서는 검은 얼굴에다가 이마에는 초승달을 그려놓아서 주인공 모습이 아직도 강한 인상으로 남아 있다. 포청천 999~1062은 부패한 관리들을 엄하게 처벌한 송나라 때의 청백리였다.

징계와 유배

관리가 징계를 받는 이유는 다양했다. 다음은 선조 때의 문신인 윤국형1543~1611이 말년에 쓴 글이다.

나는 공명을 얻을 수 있는 마당에 본래 순조로운 일이 적고 잘못되는 일이 많았다. 급제한 다음해부터 이습肄習하여 가장 낮은 성적을 받은 것이 3년, 전랑銓郎이 되었다가 물러나고 청주목사가 되었다가 실패한 것이 전후 2년이었다. 임진왜란 때는 백의종군하다가 즉시 죄는 풀리기는 했지만, 죄명이 중대하여 실로 매우 송구했는데 얼마 안 되어 삭탈관작된 것이 3년, 여주목사가 되었다가 병으로 파직된 것이 반 년이었다. 이번에는 파직되어 임용되지 못한 지가 6년에 이르니, 이는 죄명이 가장 중하여 기간이 특히 오래된 것이고, 종전에 입은 죄는 이에 비해 가벼웠기 때문이다. 그러니 37년간 벼슬하면서 죄를 입은 것이 15년이고, 상중에 있었던 3년까지 합치면 18년이 된다. 그러나 아무 사고 없이 조정에 있던 것도 19년이나 되는데, 국가에 터럭만큼도 보탬이 없었으니 장차 무엇에 쓰겠는가? _『갑진만록』

주인공이 이습을 받았다고 한 것을 보니 전도가 유망한 인물이었다. '이습'이란 벼슬길에 오른 급제자 가운데 유망한 사람을 선발하여 대제학의 지도로 공부를 시키고 그 성적을 왕에게 보고하는 제도였다. 그러나 그의 앞날은 순탄하지 않았다. 이습 성적이 나빠서, 전쟁 중에 패배했다고 해서, 몸이 아파서, 상을 당해서 등의 이유로 37년간의 벼슬 가운데 19년만 순탄하게 보냈다고 회고했다. 공조판서에까지 오른 그였건만 관리 생활은 결코 쉽지 않았던 모양이다.

관리는 여러 이유로 처벌받았다. 사판仕版에서 삭제된 경우를 정경운1556~?의 일기에서 세 가지 찾아볼 수 있다.

> 정시庭試, 궁궐에서 본 과거에서 장원한 전유형이 상중에도 고기 먹기를 평소와 다름없이 하였다고 하여 사헌부에서 죄를 아뢰어 사판에서 삭제했다. 또 병마평사 박대겸은 적에게 항복했기 때문에 사판에서 삭제했고, 성세강의 외손도 사판에서 삭제했다. _『고대일록』 1605. 10. 1.

성세강은 왜인 장수와 혼인을 맺고 흉포를 부린 죄가 있기에 그의 외손도 벼슬아치 명부에서 제외하여 벼슬길을 막아버린 것이다. 벼슬아치 명부인 사판에서 삭제되면 관리가 될 수 없었다.

비리 행위가 무엇보다도 가장 흔한 처벌 대상이었을 것이다. 세종 때에 평안도관찰사였던 김점1369~1457은 대표적인 탐관오리였다. 그는 각종 뇌물을 받거나 벼슬을 팔았다. 또 죄인에게 잘 봐준다며 물품을 거두고, 사신을 따라 중국에서 오는 장사치에게서도 트집을 잡아 뜯어냈다. 그가 교체되어 돌아갈 때에는 짐이 150여 바리나 되어 세 번에 나누어 운반하면서 길에 짐바리가 끊이지 않아서 보는 이들이 매우 놀랐다고 한다. 결국 그의 비리 규모가 밝혀져 왕에게까지 보고되었다.

동부대언 곽존중이 "김점이 채색 비단, 무명, 가죽, 금·은 그릇, 활과 화살 등을 뇌물로 받아 범죄를 저지른 것이 모두 사실입니다"고 아뢰니, 임금이 "청렴하지 못한 것이 이 지경에 이르렀느냐?"고 말했다.

그가 뇌물로 받은 물건은 채색 비단과 능라 비단 30필, 견絹 비단 149필, 명주緜紬와 무명 130필, 가는 삼베 30필, 규격 베正布 90필, 가죽 열 상자, 은그릇 두 벌, 옥으로 만든 갓끈玉纓 한 꿰미, 납 30근, 상아 젓가락 30개, 뿔활角弓 20벌이고, 이밖에는 이루 다 기록할 수 없었다. _세종실록 3년(1421) 11월 6일

이보다 10년 전에 김점의 딸이 태종의 후궁이 되었으니, 세종은 아버지와 관계된 인물을 징계하기가 쉽지 않았을 것이다. 신하들이 계속 처벌을 요구했으나 결국 김포의 집에 돌려보내는 것으로 마무리 짓고 말았다.

성종 1년1470 7월에는 김정광, 박희손, 박위가 뇌물을 받은 사건이 자세히 보고되었다. 뇌물을 받은 대상으로 김정광은 상인, 양인, 종, 군인 등 무려 35명, 박희손과 박위는 각각 3명, 5명이 기재되어 있고, 이들에게서 받은 뇌물 목록이 적혀 있다. 의금부가 이 보고를 하면서 세 사람을 참형에 처하도록 요청했지만, 왕은 김정광에게 장杖 100대를 때린 뒤에 변방의 종으로 보내 영원히 벼슬하지 못하게 했고, 박희손과 박위는 공신 집안이라 해서 벼슬 임명장을 회수하고 유배를 보내는 데 그쳤다.

조선시대에 청백리 선발은 공식 규정이 없었지만, 부정부패를 저지른 장리贓吏는 중국 법을 그대로 받아들여 엄격하게 처벌하게 되어 있었다. 그러나 실제 상황은 많이 달랐다. 지금도 돈이나 권력이 있는 사람들이 정상 참작의 이름 아래 솜방망이 처벌을 받는 경우가 흔히 있어 서민의 탄식을 사게 하는데, 조선시대에도 위의 경우처럼 후궁의 아버지니 공신의 자손이니 하는 등의 이유를 들어서 온정주의 처벌을 하는 사례가 많이 발견된다. 예나 지금이나 사람과의 관계가 중요한 것이다. 지금도 중국에서는 '관시关系'를 잘 맺어야 일이 순조롭게 풀리고, 속내를 잘 드러내지 않는 일본인도 '간케이關係' 정도에 따라 태도가 달라진다.

고의는 아니지만 실수한 죄로 징계를 받기도 했다. 인조 24년1646 12월에 헌납 김중일은 길에서 인평대군을 만났는데, 미처 말에서 내리지 못했다고 하여 벼슬에서 쫓겨나고 말았다. 정조 17년1793 10월에는 임광백이 종묘 제례그림 1에서 실수로 술잔을 엎질렀다고 해서 의금부에서 잡아다가 죄를 논하게 했다. 축문 한 자를 빼먹은 것도 큰 죄였다.

태묘太廟, 종묘에서 망제望祭, 매달 보름 제사를 지낼 때에 11실室의 축문에 한 글자가 누락되었다. 이 때문에 향실香室, 국가 제사를 맡은 곳의 담당 관리를 삭탈관직하여 시골로 내쫓고, 축문 쓰는 충의忠義 및 수복守僕, 구실아치은 곤장을 쳐서 귀양보냈으며, 헌관獻官, 제관은 해당 부서로 하여금 잡아다 심문하게 했다. _정조실록 16년(1792) 10월 15일

제11실은 영조의 아버지 숙종을 모신 곳이다. 이런 처벌은 의례를 얼

그림 1
종묘 제례 모습

마나 중시했는지를 보여준다. 조선사회는 도덕성도 중시했으니, 바르지 못한 행실도 처벌 대상이었다. 양성현감 윤달성이 파면된 것도 그러했다.

양성현감 윤달성을 파직했다. 이에 앞서 후덕왕태후태종 부인의 초상을 당했는데도 윤달성이 술과 음식을 가지고 읍내에 사는 전 관찰사 이추의 집에 가서 술 마시고 대취하여 그 집 여종과 함께 노래 부르고 춤추었다. 또 김극양의 집에 가서도 이렇게 했다. 하루는 취한 채 수행하던 아전과 나란히 말을 달리다가 한 부인을 만나자 그녀의 갈모笠帽를 채찍으로 때렸다. 그 부인이 놀라서 말에서 떨어져 따르던 하인들이 꾸짖었으나 윤달성은 못 들은 체 달아나버렸다. _세종실록 3년(1421) 8월 6일이 정도면 공직자로서의 체통을 잃어버린 것이다. 지금도 공직자의 행실 문제가 불거지는 경우가 있지만, 점차 직무와 무관한 사생활로 간주하는 추세다. 심지어 어머니가 절개를 지키지 않은 것도 관직자로서 결격사유에 해당했다. 세조 13년1467 7월에 김개1405~1484를 행의정부좌참찬行議政府左參贊에 임명하자 사헌부 소속의 정효항이 그의 어머니가 세 번 시집간 사실을 들어 반대했고, 사헌부의 책임자인 대사헌 양성지도 이렇게 상소했다.

신들은 김개 집안에 허물이 있어서 의정부의 참찬에 적절하지 않다는 뜻을 주상께 아뢰었으나 윤허를 받지 못하여 실망을 금치 못하겠습니다. … 옛날의 훌륭한 재상은 다만 자신의 재주와 지혜에만 볼 만한 점이 있었던 것은 아닙니다. 대개 몸을 닦고 집을 바로잡는 데 힘을 썼기에 나라를 다스릴 때도 능히 사람들의 마음을 설복시킬 수 있었습니다. 자기 집을 교화하지 못하고 남을 교화할 수 있는 자는 보지 못했습니다. _세조실록 13년(1467) 7월 30일

그의 어머니 왕씨는 조기생에게 시집갔다가 장철에게 재가했고, 다시 김정경에게 시집갔다고 한다. 김개는 세번째로 시집간 김정경의 아들이었다. 신하들의 반대에도 왕이 받아들이지 않자 몇 차례 더 상소를 올렸고 결국은 좌참찬 취임을 좌절시켰다. 그러나 다른 행실은 문제를 삼아도 술 마시고 벌인 일에 대해서만은 관대했다. 정조는 오히려 술의 풍류를 강조했다.

훈련도감이 아뢰었다. "지난밤에 흰옷을 입은 사람이 궁궐 담장 아래에서 술에 취해 누워 있기에 호패를 살펴보니 진사 이정용이었습니다. 물어보니 마침 성균관에 들어갔다가 술을 마시고 나서 야간 통금에 걸린 줄을 몰랐다고 하는데, 법에 따라 형조로 넘겼습니다."

임금이 지시했다. "반촌泮村, 성균관 마을의 민가는 집춘영集春營, 집춘문 밖에 있던 어영청 분영 건물과 지붕이 잇닿아 있으니 야간 통금을 범한 것으로 논할 수 없다. 근래에 조정 관료나 선비를 막론하고 주량이 너무 적어서 대취하는 풍류가 있다는 말을 듣지 못했다. 이 유생은 술의 멋을 알고 있으니 매우 가상하다. 군향색軍餉色, 군량 담당부서에서 술빚을 갚아줄 쌀 한 포대를 지급하여, 취하도록 마신 가운데 사람의 덕성을 관찰하는 뜻을 보여주라." _정조실록 20년(1796) 4월 12일

요즘도 술을 먹어야 본성이 드러나 상대방의 인간성을 알 수 있다. 신입사원 선발에서도 이를 활용하기도 한다. 취한 가운데 덕성을 관찰한다는 말은 이를 가리킨다. 이 글을 읽다 보니 18세기에 살았던 화가로 여겨지는 김후신이 그린 '대쾌도'그림 2가 떠오른다. 거나하게 취한 선비가 갓까지 뒤로 젖히고 부축을 받으며 걸어가는 모습이다. 아마 두 친구의 도움이 없었으면 벌써 어딘가에 쓰러져 곯아떨어질 정도로 만취한 모습이 잘 표현되어 있다.

관리의 비리 감시는 사헌부 감찰의 몫이었다. 이들은 솔선수범하여 남루한 모습을 하고 다녔다. 그래야 남의 잘못을 꾸짖을 수 있기 때문이었다. 다음은 조선중기의 문신인 이기1522~1604가 말년에 쓴 잡글에 나오는 부분이다.

그림 2 대쾌도(김후신)

감찰監察은 옛날의 전중어사殿中御史로서 관료들을 규찰한다. 반드시 검소하게 스스로 처신한 다음에야 다른 사람이 재물을 탐내거나 분수에 넘치거나 하는 등의 불법을 책망할 수 있다. 그러기에 거친 옷을 입고 남루한 행색을 하거나, 둔한 말에 망가진 안장을 하거나, 짧은 모자에 해어진 띠를 매거나 하면, 누구나 그가 전중어사인 줄 알게 된다. 고려 때에는 상세히 모르겠지만, 우리 조정에 들어와서 170여 년의 오랜 기간 아무리 귀족의 자제거나 학식 있는 유명한 선비라도 전중어사가 되면 그런 복색을 하게 되니, 예전 규칙을 준수하는 데에 조금도 변화가 없다. _『송와잡설』

관리에게는 죽음 다음으로 중한 처벌은 유배였다. 다음은 고려시대 처벌의 등급을 알 수 있는 자료이다.

10월 갑신일에 왕이 백관을 거느리고 태묘에서 협제祫祭, 신주를 함께 모셔 지내는 제사를 지내고 신봉루에 돌아와서 2죄二罪, 참형과 교수형 이하 죄수들을 사면했다. 참형과 교수형에 해당한 자는 섬으로 귀양보내고, 전에 섬으로 귀양을 보냈던 자는 육지로 내보내고, 육지에 나와 있는 자는 고향으로 돌려보내고, 고향에 가 있는 자는 상경하게 하고, 상경한 자는 조회에 참가하게 하고, 이미 조회에 참가하고 있는 자는 등용하게 하였다. _『고려사』 숙종 3년(1098)

절해고도의 외딴섬으로 보내는 것이 가장 큰 유배였다. 조선시대에는 여섯 개의 섬이 대표적인 유배지였다. 형제를 같은 곳에 유배 보내는 것이 타당하지 않다는 광해군의 지시에 의금부가 아뢴 말이다.

우리나라의 외딴섬으로는 제주·정의·대정·진도·거제·남해 등 여섯 고을이 있습니다. 형제를 같은 고을에 유배 보낼 수 없다면 모자도 유배 장소를 달리해야 합니다. 지금 정배해야 할 자는 형제나 모녀, 모자 사이로서 모두 열 명입니다. 이 가운데 김직재의 첩 난석의 아들인 김육은 네 살이고, 김백함의 처 정숙의 아들은 올해에 태어났습니다. 이 두 아이는 너무 어려서 어미와 떨어뜨려 보내기가 어려울 듯하니, 어찌하면 좋겠습니까? 그리고 유배 보내야 할 사람이 이미 여섯 고을보다 많으니, 한 고을에 한 명씩 정배한 다음 그 나머지는 외딴섬이 아니더라도 먼 변방으로 정배합니까? 감히 이것도 아울러 여쭙니다. _광해군일기 4년(1612) 10월 12일

그림 3 추사 유배지(2004. 3) (위)
그림 4 세한도(김정희) (아래)

제주, 정의, 대정은 제주도의 고을 이름이다. 따라서 섬으로 친다면 네 곳이 된다. 이밖에도 추자도, 흑산도 등 다양한 섬이 유배지가 되었다. 조선시대에 제일 많이 유배를 보낸 곳은 섬이 많은 전라도였다. 고을로 따지면 제주도가 가장 많고, 거제도, 진도, 흑산도, 해남, 강진, 영암, 순천 등이 뒤를 이었다.

추사 김정희1786~1856가 유배된 곳도 제주도였다. 지금 대정읍에 있는 추사 유배지가 그곳이다.그림 3 그는 이 유배 시절에 '세한도歲寒圖'그림 4를

그림 5 다산 초당(2008. 3)

그려 제자에게 고마움을 표했다. "날이 추워져야 소나무, 잣나무가 늦게 시드는 것을 알 수 있다"는 공자의 말에서 따온 것이다. 권력에서 쫓겨나 멀리 유배되어 있는 자신에게 책을 보내준 고마움을 표현한 것이면서, 결국 자신이 '추운 시절'에 있음을 비유한 것이기도 하다. 그림을 자세히 보면 창문이 있는 벽은 정면상인데 그 옆으로는 측면상이 그려져 있고, 창문 두께 표시는 반대쪽에 나타나 있으며, 지붕 사선도 앞과 뒤가 크게 달라서 집이 어색하게 표현되어 있다. 그렇지만 이 그림은 지금 국보로 지정될 정도로 유명한 작품이 되었으니, 그림 자체보다는 주인공의 정신을 드러낸 대표적인 문인화로 손꼽히기 때문이다.

추사 유배지는 1980년대에 와서 과거의 기억을 토대로 복원된 것인데, 새로 지은 집이 제주도의 옛 초가집과 거리가 있다고 해서 논란이 일었다. 게다가 근래에 다시 지은 건물이 국가 사적이 될 수 있는지도 입방아에 올랐다. 또 정원이 잘 가꾸어진데다 큼지막한 비석도 세워져 있어, 자칫 이렇게 좋은 집에서 유배생활을 한 것인가 오해할 수 있다. 사실 이곳은 강도순의 집이고 추사는 별채에 더부살이를 했던 것이다.

그림 6 위리안치(김준근)

이와 유사한 복원 문제가 강진의 다산초당에서도 일어났다. 24세 연하인 김정희가 평소 존경해마지 않던 정약용1762~1836이 유배 시절에 머문 이곳 건물은 초당이란 이름에 어울리지 않게 기와집으로 복원되고 말았다.그림 5 열악한 유배소가 아니라 고즈넉한 휴양소 느낌이 들 정도로 잘 가꾸어져 있어, 유배 시절의 불우하고 처절함을 느끼기 어렵기는 마찬가지다.

외딴섬에 보내면서 위리안치圍籬安置시키는 것은 더욱 가혹한 처벌이었다.그림 6 가시나무 울타리를 둘러쳐서 꼼짝 못하게 했기 때문이었다.

남해현의 외딴섬에 안치한 죄인 김종수에게 가시 울타리를 둘러쳐 막는 처벌을 추가했다. 삼사三司, 사헌부·사간원·홍문관에서 "김종수는 외딴섬에 안치하는 처벌로 그칠 수는 없습니다. 남해현의 외딴섬에 안치한 죄인 김종수에게 우선 가시 울타리를 둘러쳐 막는 법을 시행하소서"라고 하니, 아뢴 대로 하라고 비답했다. _정조실록 18년(1794) 3월 20일

영조 28년1752에 홍문관 교리 이양천1713~1755이 상소를 올렸다가 흑산도로 위리안치되는 처벌을 받았는데, 이때 그가 겪은 얘기다.

그림 7 연산군 유배지(2011. 5)

얼마 있지 않아서 나는 간언을 올린 일로 죄를 얻어 흑산도에 위리안치되었지. 그때 하룻낮 하룻밤 동안 700리 길을 달려갔는데, 도로에서 전하는 말들이 금부도사가 와서 후명後命, 사약이 있을 것이라 하니, 하인들이 놀라서 떨며 울음을 터트렸지. … 섬에 위리안치되고 나니 장기瘴氣, 질병 독기를 머금은 안개로 어두컴컴하고, 독사와 지네가 베개나 자리에 이리저리 얽혀 언제 해를 당할지 알 수 없었지. _『연암집』 불이당기不移堂記

연산군도 중종반정으로 왕좌에서 쫓겨난 뒤에 교동도에 위리안치되었다. 지금 강화도를 거쳐서 닿을 수 있는 교동도 유배지에는 '연산군 유배지(위리안치)'그림 7란 큰 비석이 세워져 있다. 다음은 새 임금에게 보고한 위리안치하던 때의 정황이다.

지나는 길에 보니 늙은이나 아이들이 모두 나와 서로 경쟁적으로 손가

락질하면서 통쾌하게 여기는 뜻이 있는 듯했습니다. 안치하는 곳에 이르니 울타리 안이 너무 좁아서 해를 볼 수 없었고, 다만 작은 문 하나가 있어서 겨우 음식을 들여보내고 말을 전할 수 있을 뿐이었습니다. 폐왕이 울타리 안으로 들어가자마자 시녀들이 모두 목놓아 울었습니다. 신들이 작별을 고하니 폐왕이 "나 때문에 멀리 오느라 수고했다. 고맙다. 고맙다"고 전했습니다. _중종실록 1년(1506) 9월 7일

연산군이 교동에 유배되자 시정 사람들이 이렇게 야유하여 노래했다고 한다.

충성이 사모던가 忠誠詐謀乎
거둥이 교동인가 擧動喬桐乎
흥청과 운평은 興淸運平
어디에 두고서 置之何處
도리어 가시덤불 밑으로 돌아가느냐 乃向荊棘底歸乎 _『용천담적기』

연산군 때에 관료들은 '충성'이란 글자를 써붙인 사모紗帽를 쓰고 다녔는데 이는 '사모詐謀, 남을 속이는 모략'와 음이 같고, 거둥과 교동도 음이 유사하다. 운평과 흥청은 모두 임금의 총애를 받았던 기생을 이른다.

중종이 즉위하자마자 그해를 원년1년으로 삼은 것이 주목된다. 일반적으로 즉위한 해는 전왕의 통치기에 해당하여 즉위년이라 부르고 이듬해부터 원년으로 삼는데, 여기서는 그러지 않았다. 연산군은 쫓겨나 왕으로 인정받지 못했기 때문이니, 연산군 시대의 기록을 실록이 아니

라 '연산군일기'로 부르는 것도 같은 이치다. 그는 결국 두 달 만에 전염병에 걸려 "중전 신씨를 보고싶다"는 유언만 남긴 채 사망했다.

훗날 광해군도 폐위되어 강화도로 쫓겨나 위리안치되었다가 제주도로 옮겨져 19년 뒤에 그곳에서 사망했다. 강화도에 위리안치되었을 때의 보고이다.

광해가 세 끼 식사를 할 때에 밥을 물에 말아 한두 숟갈 뜨고 맙니다. 간혹 벽을 어루만지면서 통곡하는데 기력이 다하여 목소리도 잘 나오지 않습니다. 지난달 보름 이후로는 한 번도 빗질하지 않고 옷과 띠도 벗지 않은 채 "옛날 궁녀들 가운데 생존자가 분명히 있을 텐데, 그중에 한 사람을 보내 달라. 생전에 한번 만나보는 것이 소원이다"고 늘 말합니다. _인조실록 6년(1628) 2월 11일

이 말을 듣고 인조가 측은히 여겨서 궁녀 한 명을 보내도록 조치했다. 광해군 때에 왕위를 넘본다는 무고를 받아서 교동도에 위리안치했던 능창군 이전1599~1615은 결국 그곳에서 죽임을 당하고 말았다. 위리안치란 인신을 속박시켜 외부와 통하지 못하게 유폐하고 물, 불, 음식만 넣어주는 벌이다. 그런데 그는 이보다 훨씬 심한 핍박을 받다가 마침내 죽음에 이르게 되었다.

이전을 위리안치한 곳에서 죽였다. 그가 위리안치소에 이르자 수장守將, 지키는 장수이 냉돌에서 자게 하고 모래와 흙이 섞인 밥을 지어 먹이니 먹을 수 없었다. 그러자 이름이 수생인 관동官僮, 관청 종 하나가 옆에 있다가

항상 그가 먹던 밥을 나누어 올렸다. 수장이 이를 알아채고 관동으로 하여금 그 안에서 밥을 먹지 못하게 하고 가시문 밖에 앉아서 먹게 했다. 관동이 이전과 약속하여 몰래 옷자락을 문 안에 펼쳐놓게 하고, 관동이 때때로 숟가락에 밥을 떠 지나가면서 던져주면 이전이 한두 숟가락씩 얻어먹었다. 이전이 괴로움을 이기지 못하여 어느날 저녁에 글을 써서 관동에게 주어 부모와 이별을 고하고는 관동이 문을 나서자 스스로 목을 매어 죽었다. 수장은 거짓으로 병이 들었다고 보고하고 곧이어 죽었다고 알리자, 왕이 겉으로 놀라고 괴이한 표정을 지었지만 실제로는 넌지시 시킨 것이었다. _광해군일기 7년(1615) 11월 17일

육지의 먼 변경으로 보내는 것은 섬보다 약한 벌이었다. 유희춘1513~1577이 말년에 선조와 대화한 장면이다.

주상께서 "경이 귀양갔던 곳이 바로 종성인가?" 하시니, 신이 이렇게 대답했다. "신이 정미년1547 9월에 제주로 귀양갔다가 다시 종성으로 옮기게 되어 11월에 바다를 건너서 무신년1548 2월에 종성에 당도했습니다. 거기서 19년간 귀양살이를 하다가 을축년1565 12월에 이르러 명종께서 은진恩津으로 양이量移, 죄를 감하여 옮김하도록 명령하시어 병인년1566 봄에 은진에 이르러 2년간 머물렀습니다. 그러다가 정묘년1567 10월에 부르심을 받아 조정으로 돌아왔습니다."

주상께서 "경이 은진으로 옮겨왔던 것은 과인이 전혀 몰랐다" 하시고 심히 가엾게 생각하는 기색이시기에 신은 감격을 금할 수 없었다. _『미암일기』 1574. 5. 20.

종성은 연변 건너편에 있어, 조선시대 오지 가운데 오지다. 변경에 보내는 것 다음으로는 고향으로 돌려보내는 벌이 있었다. 유배를 귀양이라고 하는 것도 고려시대에 귀향시키는 형벌에서 유래한 말이다. 관직을 삭탈하여 평민으로 만든 다음에 고향으로 쫓아버리는 형벌인 방귀전리放歸田里가 그것이다.

승국勝國, 고려의 제도에 유배를 보내는 자에 대해, 그 죄가 중하면 무인도로 보내고 경하면 귀향시켰다. 귀향이란 시골로 돌려보내는 것이다. 죽여야 할 정도라면 저 소나무나 잣나무 숲 사이에 두는 것이 옳겠는가? 귀향이란 벌이 너무 가벼운 듯하지만, 시골로 돌려보내서 감히 떠나지 못하게 한다면 역시 매우 고통스러운 것이니 징계될 수 있다. _『성호사설』 경사문, 귀향

이 글에서 멀리 외딴섬으로 유배 보냈다가 바로 풀려나는 것보다, 차라리 고향에서 오래 썩히게 하는 것이 더 무거운 형벌이 될 수 있다고 주장한다. 이렇게 장기간 귀향시키는 것이 당쟁의 화를 막을 수 있다고도 하였다. 인조 때에 의금부에서 아뢴 말을 보면 한 시대에 유배자가 얼마나 되었는지를 짐작할 수 있다.

의금부가 아뢰었다. "신들이 조사한 의금부의 죄인 113명 가운데 위리안치가 18명, 원찬遠竄, 멀리 귀양 보냄이 93명, 노역 형벌이 1명, 충군充軍, 군역 충당이 1명입니다. 이것으로 경중을 분간해본다면, 위리한 사람은 외딴섬으로 옮겨야 하고 원찬한 사람은 멀리 변방의 여러 도道에 나누어 배

정하여야 할 것 같습니다.

다만 남쪽의 외딴섬으로는 제주의 세 고을 및 진도·거제·남해 등 여섯 곳이 있을 뿐인데, 전날에 정배한 자가 제주에 18명, 정의에 4명, 대정에 6명, 남해에 14명, 거제에 17명, 진도에 7명이 있습니다. 이로 본다면 탄환만한 외딴섬에 이미 정배한 자만도 그 수가 많은데, 이제 만약 북쪽 변방에 위리한 18명을 여섯 고을에 나누어 배정하면 외딴섬 각 고을은 감당하지 못할까 매우 염려됩니다. 외딴섬이 아니라도 아주 변방의 쇠잔한 보루에 적당한 수를 나누어 배정하는 것이 어떨는지 모르겠습니다.

또 죄인을 분배할 때에 위리할 죄인은 5명마다 도사 1명이 유배소로 압송하고, 그 나머지 원찬할 사람은 해당 도로 하여금 따로 차사원差使員을 정하여 압송하게 하되, 이웃한 도의 초입에서 인도하여 차차로 교대하여 보내게 하는 것이 어떠합니까?" 하니, "아뢴 대로 하라"고 지시했다. _『응천일록』 1629. 9. 4.

유배자가 오면 고을 사람들이 먹여 살려야 했으니, 그곳 백성들은 무척 고통스러웠다. 이 때문에 각 지역에 고루 분배하려고 한 것이다. 다음은 정약용이 곡산부사로 있을 때의 경험을 적은 것이다.

곡산을 맡았을 때에 마침 유배 온 자가 8, 9명이었다. 풍속에 따르면 이정里正, 마을 대표 책임 아래 집마다 돌아가며 음식을 대접하게 했으니, 한나라 때의 요역제도인 천경踐更하듯이 했다. 간혹 인색한 자가 있어 초대하지 않으면 춘추시대 진나라 영공靈公이 예상翳桑에서 굶었던 듯이 해야만

했다. 내게 이를 호소하는 자가 있어 측은히 생각하고 이정을 불러 꾸짖었더니 도리어 괴로움을 호소했다. 주인과 손님이 모두 피곤해진 것이다. 다시 고을의 어르신들을 불러서 그 폐해를 묻고 그 소원을 파악하여 겸제원兼濟院을 창설해서 이를 바로잡고자 하였다. 겸제란 주인과 손님을 함께 구제한다는 뜻이다. _『여유당전서』 시문집, 제겸제원절목후題兼濟院節目後

정약용은 기와집 한 채를 사서 그 고을에 온 유배자 열 사람이 함께 거처하게 했다. 보통 한 고을에 유배자가 열 명을 넘지 않게 했기 때문이다. 백성 가운데 관리자를 뽑아서 곡식, 반찬, 자리, 그릇의 비용을 지출하게 했고, 그 경비는 화속전火粟錢, 화전세으로 조성하여 해마다 500냥을 마련했다. 이리하여 양쪽이 모두 편리하게 여겼다고 한다『목민심서』 형전, 휼수恤囚.

유배에는 탐관오리나 잡범 등 그야말로 죄인을 보내는 경우가 있지만, 정치 싸움에서 패배자가 되어 죽임을 면하고 쫓겨나는 예도 많았다. 그런가 하면 제수된 관직이 맘에 들지 않는다고 부임하지 않아서 유배된 경우도 있다. 정조 12년1788 1월에 심낙수는 이런 이유로 귀양보내졌다. 반면에 영조 48년1772 5월에 윤면승은 90세 노모가 있다고 해서 유배를 면했다. 유배된 죄인 가운데는 도망자도 다수 발생했다. 다음은 경상도 관찰사가 보고하여 광해군의 허락을 받은 장계이다.

거제도에 정배한 죄인 가운데 전후로 도망한 자가 168명에 이르는데, 나라에 기강이 없어서 마음대로 돌아다니고 있으니 몹시 놀랍습니다. 도내에 있는 사람은 기일을 정해놓고 체포를 독려하여 정배소로 보내겠습니다. 서울과 다른 도에 있는 사람은 해당 지방으로 하여금 일일이

체포해서 보내게 하소서. _광해군일기 9년(1617) 5월 16일

때로는 권세를 믿고 유배지에 가지 않은 채 풀려나길 기다리는 일도 벌어졌다. 오도옥의 주인 홍봉한은 사도세자의 장인이다.

오도옥을 추자도에 정배했다. 오도옥은 홍봉한의 하인이다. 이에 앞서 완영完營, 전라도 감영의 막비幕裨, 비장로 있을 때에 재물을 탐하여 백성들을 침탈한 죄로 엄한 형벌을 가하고 섬에 유배하게 했다. 그런데도 절에 머물면서 유배소로 가지 않고 있다가 얼마 안 되어 사면을 받았다. 이때에 이르러 옥당玉堂의 연석筵席에서 전후의 죄악을 논했으므로 다시 형벌을 가하여 정배하라고 명한 것이다. _정조실록 3년(1779) 1월 15일

유배가 정해지면 집에 들르지도 못하고 끌려갔다. 이광춘이 반란에 가담했다는 죄로 북쪽 삼수 지방으로 유배되었을 때에 역리에게 뇌물을 주어 처를 만나보고 떠나는 것을 보고 오희문은 술 두 잔을 대접해 보낸 적이 있다『쇄미록』 1596. 10. 17.

정치적 희생자로서 언젠가는 복권될 것으로 예상되는 죄인은 현지 수령이나 아전이 은근히 돌봐주었다. 1963년에 2인자였던 김종필은 증권조작 파문에 책임을 지고 외유를 떠났다. 이때 동아일보에서 '자의반 타의반'이란 유명한 말을 남겼다. 그 뒤에도 어쩔 수 없이 떠나는 외유를 볼 수 있게 되었고 그럴 때마다 이 말을 인용하곤 했다. 현대판 유배라 할 수 있는 이러한 외유는 잠잠해지면 곧 돌아오리라는 것을 낙관할 수 있다. 그런 점에서 유배 같지 않은 유배라 할 수 있다.

이와 반대로 가망성이 없는 사람은 그야말로 모욕과 학대를 받았다. 그러니 유배라 해도 처지에 따라 대접이 달랐다. 유배지에서 죽은 오도일1645~1703의 행동에 대해서 사관은 이렇게 악평했다. 다만, 그에 대한 평가는 숙종실록 보궐정오에서 정반대로 뒤집어놓은 것을 보면 당파적 편견이 들어 있는 것이 분명하다.

오도일이 장성長城 유배소에서 죽었는데 59세였다. … 유배소에 있으면서 더욱 뜻을 잃고 슬퍼하여 오로지 술로써 스스로 마음을 풀었는데, 취하면 문득 옷을 벗어 벌거숭이가 되었다. 같은 당파에 속한 고을 수령이 관청의 종과 기생을 보내어 부리게 했는데, 그는 이들을 모두 발가벗겨 함께 쫓아다니며 희롱하므로 사람들이 차마 볼 수 없었다. 방문한 어떤 사람의 옷을 억지로 벗기자 그 사람이 달아나서 겨우 면했다. 남쪽 사람들이 침을 뱉고 꾸짖으며 '사람 짐승'이라 지목했다. _숙종실록 29년(1703) 2월 14일

유희춘은 종성에서 유배생활을 할 때에도 크게 고생을 하지는 않았던 모양이다. 다음은 김시양이 종성에서 귀양살이할 때에 보고 들은 것을 적은 수필집의 한 부분이다.

미암은 바둑을 잘 두었는데, 참판 유경심1516~1571도 바둑을 잘 둔다고 자부하였다. 미암이 귀양살이할 때에 유경심은 원수元帥로서 행영行營에 머물고 있었다. 매번 손님을 물리치고 샛길로 달려와서 내기를 하였으며 간간이 글 이야기를 하곤 했다. 한 달에 3, 4회에 걸쳐 오기만 하면

이틀 밤을 묵었는데, 북쪽 사람들은 지금까지 훌륭한 일이라고 이야기 한다. _『부계기문』

유경심이 종성부사로 좌천되었는데, 이곳은 변방이기에 행정관이 군사직을 겸임하고 있었다. 이때에 유희춘이 머무는 곳까지 와서 바둑을 두고 문장을 논했다고 한다. 유배는 기한이 정해진 것이 아닌 종신형이었기에 언제 풀려날지도 그곳에서 죽어야 할지도 모르는 일이었다. 유배되어 있다가도 정국이 악화되어 갑자기 사약이 내려올 수도 있는 불안한 처지였다.

세상에 이렇게 전한다. 정운정이 일찍이 귀양갈 때에 무령군 유자광?~1512이 평소에 공을 미워했으므로, 독약을 주머니에 넣어 보내면서 "공의 이번 걸음이 아마 죽음을 면하지 못할 것이니, 이것을 가지고 스스로 해결하는 것이 좋을 것이오" 하니, 공이 받아서 간수했다. 나중에 공이 풀려나 돌아오고 유자광이 죄를 지어 귀양가게 되자, 공은 지켜 두었던 독약 주머니를 돌려주면서 "이것은 전날 내게 준 것인데, 귀양가는 데 필요하니 지금 돌려드립니다" 하였다. _『병진정사록』

정운정과 유자광의 독약 주머니에 관한 이러한 일화는 이를 잘 말해준다.

선례와 여론

지금의 정치는 여론 정치이다. 아무리 좋은 정책이라도 여론이 나쁘면 폐기하거나 수정할 수밖에 없다. 여론은 바로 투표로 연결되기 때문이다. 이것이 국민이 주인 되는 민주주의의 기본이다. 그렇지만 당장의 표를 의식해서 백년대계를 바라보지 못하는 부작용도 없지 않다. 교육 정책만 해도 국민 대다수가 원하는 방향으로 끌고가면 안 될 것이란 생각이 종종 든다. 전통시대에는 선례가 중요한 판단 근거가 되었다.

강화유수 원경하가 "강화도에서 돌림병으로 죽은 소가 천여 마리나 됩니다. 제사를 베풀어 비는 것이 마땅하겠습니다" 하니, 임금이 "소를 위하여 제사를 지낸 일이 문헌에 있는가?" 했다. 제조 김상로가 "소를 위한 것이 아니고 백성을 위한 것입니다" 말했다. 임금이 문헌을 상고하라고 명했는데 그런 사례가 없어 그만두게 했다. _영조실록 25년(1749) 8월 23일

이처럼 전례는 중요한 일을 판단하는 근거가 되었다. 상소문을 비롯한 각종 문장에는 수많은 역사 인물과 고사가 나열되어 있다. '성군'보다 '요·순', '폭군'보다 '걸·주', '흉악한 놈'보다 '도척'이란 표현을 선

호했다. 자신의 주장을 관철할 때에 고사를 얼마나 훌륭하게 인용하느냐 하는 것이 성공의 열쇠였다. 그런 만큼 우리 역사만 아니라 중국의 역사까지 해박해야 했다.

선례를 중시하는 전통은 지금도 내려오고 있다. 많이 줄어든 것 같지만 국회의 국정 질의 때에 장관은 새로운 제안에 대해서 "그런 선례가 없어 곤란하다"는 말을 자주 한다. 민원 사항에 대해서 논리적으로 따지면 내 말이 옳기는 한데 단지 전례가 없어서 해줄 수 없다는 행정 관청의 답변도 많이 들어봤을 것이다.

선례에는 과거에 일어난 사건뿐 아니라 공자, 맹자, 주자와 같은 성인의 말씀도 있다. 특히 성리학이 들어온 뒤에 이들의 말은 금과옥조가 되었다. 선조 때에 사내아이들이 귀고리 하는 것을 금지한 이유도 『효경』에 나오는 공자의 말 때문이었다.

비망기로 승정원에 전교했다. "신체와 터럭, 살갗은 부모에게 받은 것이니 감히 훼손하지 않는 것이 효의 시초라고 했다. 우리나라의 크고 작은 사내아이들이 귀를 뚫고 귀고리를 달아 중국 사람에게서 조소를 받으니 부끄러운 일이다. 이후로는 오랑캐의 풍속을 일체 혁파하도록 전국에 타일러라. 서울은 이 달을 기한으로 하되, 혹시 꺼려서 따르지 않으려 하는 자는 사헌부가 엄히 벌을 내리도록 하라. 이상으로 승전承傳을 바치도록 하라." _선조실록 5년(1572) 9월 28일

'승전을 바치라'는 것은 왕이 구두로 전교하면 이 분부대로 문안을 작성해서 들여오라는 뜻이다. 삼국시대만 해도 귀고리 문화가 화려하

게 발달했고, 남자들도 귀고리를 했다. 그러던 문화가 이런 지시 때문에 조선시대에 와서 쇠퇴해버리고 만다. 설령 있다고 해도 귓불에 구멍을 뚫어서 다는 귀고리 대신에 귓바퀴에 거는 귀걸이를 사용하였다. "신체발부身體髮膚는 수지부모受之父母"라 했으니 귀에 구멍을 뚫을 수 없었던 것이다. 같은 이유로 머리카락을 자르지 않았으며, 빠진 머리카락도 함부로 버리지 않고 고이 모아두었다. 근대에 단발령에 목숨을 걸고 저항했던 것을 이해할 수 있을 것이다. 이밖에 조선시대에 사약을 내려 사대부를 처형하거나 일부러 거세한 환관이 없는 것도 이런 가르침 때문이었다.

청나라 때에 어쩔 수 없이 머리를 깎아야 했던 중국의 선비와 증자曾子의 가르침을 고수하는 조선의 홍대용이 나눈 우스개 대화에서 양국의 차이가 드러난다.

엄생은 매우 무연한 기색이고 반생은 다시 희롱하여 말하기를, "머리털을 깎는 것은 매우 묘한 곳이 있는데, 빗으로 빗어 상투를 맺는 번거로움이 없고 가려움을 긁는 괴로움이 없으니 머리를 동인 사람은 이 재미를 모르는 고로 이런 말이 있습니다." 내가 또 희롱하여 말하기를, "이 제도로 볼진대 머리털은 부모에게 받은 것이니 감히 헐지 못하리라 하였으니, 이 말을 한 증자는 가장 일을 모르는 사람이로군요"라고 하니 다 크게 웃었다. 반생이, "증자는 진정 일을 모르는 사람입니다" 하며, 웃음을 그치지 않았다. _『을병연행록』 1766. 2. 12.

1910년대에 일본인들이 찍은 사진 가운데 귀고리를 한 서북지방 여

그림 1 귀고리를 한 평안북도 여인들

인들이 보이는데,[그림 1] 이마에 난 머리털을 뽑아 각이 지게 하는 당시의 화장술도 엿볼 수 있다. 이렇게 귓불을 뚫은 것이나 이마를 변형한 것은 신체에 손대지 못한다는 성리학 이념이 제대로 미치지 못한 정황을 보여준다. 19세기 문신인 이유원[1814~1888]이 "오늘날에는 남자들이 귀고리를 다는 습속을 아는 사람이 드문데, 관서의 부녀자들은 아직까지도 귀를 뚫는 습속이 있다"[『임하필기』]고 한 것을 실물로 보여주는 것이다. 지금 남자들이 귀고리를 하는 풍조가 생겨나는 것을 보니 고대로 되돌아간 듯하다. 그럼에도 어쩐지 개운치 않은 것은 조선시대의 사고가 남아 있기 때문일까?

또한 조선시대에 안경을 사용했으면서도 초상화에 안경 쓴 모습이 없으니, 부모에게서 받은 모습 그대로 그려야 한다는 생각 때문이었다. 1911년에 그려진 매천 황현[1855~1910]의 초상화에서 안경 낀 모습이 처음 등장하는데,[그림 2] 자세히 보면 눈이 사팔뜨기 모습으로 그려져 있다. 다

그림 2 황현 초상

만 풍속화에는 안경 낀 모습이 이보다 일찍부터 보인다.

김부식이 『삼국사기』를 지을 때에 유교적 합리주의에 따라 고대의 신화적인 내용을 모두 삭제함으로써 후세 역사가들의 아쉬움을 샀다. 이것은 『삼국유사』나 이규보의 「동명왕편」의 내용과 대비되는 것으로서, 『논어』에 "공자께서는 괴력난신怪力亂神을 말씀하지 않으셨다"고 하여 '괴이하거나 힘을 쓰거나 난잡하거나 귀신과 관련된 것'은 서술 대상에서 제외했기 때문이다.

이처럼 주장이나 판단의 정당성을 과거 역사와 성현 말씀에서 찾다 보니 전통사회는 진취적이기보다는 과거지향적이 될 수밖에 없었다. 그러나 전례에 항상 얽매어 있었던 것은 아니다. 이와 더불어 전통시대의 여론인 공론公論도 중요한 판단 근거가 되었다. 다만 공론이 백성보다는 사대부나 사림의 견해이면서 주로 대의명분과 관련되어 있다는 점이 지금의 여론과 다르다. 공론은 공의公議 또는 물론物論, 물의物議라고도 했는데, '물의'는 '물의를 빚다', '물의를 일으키다'처럼 부정적인 뜻으로 변해버렸다.

이때에 오래 가물고 바람도 불어 곡식이 크게 손상되었다. 임금이 근심하여 예관禮官을 불러 "입추 뒤에 비 오기를 비는 것이 일찍이 전례가 있는가 없는가?" 물으니, 예관이 전례가 없다고 대답했다. 또 대신들에게 물으니 모두 "백성을 위해서 비를 비는 것은 전례 유무에 구애될 필요가 없습니다"고 대답했다. _영조실록 10년(1734) 7월 27일

여기서는 전례가 없는 것을 확인하고 그다음에 대신들의 견해를 물었다. 똑같이 백성을 위한 것이지만 앞에서는 전례를 상고하는 단계에서 그치고 말았지만 여기서는 한 단계 더 나아간 것이다. 때때로 왕은 문제 되는 안건에 대해서 대신들의 토론에 부쳤다. 특히 성종 무렵에 안건 토론이 집중적으로 등장하니, 상소문에서 건의한 열 가지 문제를 토론에 부친 한 사례를 보겠다.

임금이 정승들에게 의논하도록 명했다. 제1조에 대해서 여러 사람이 의논하기를 "모여서 술 마시고 풍악을 잡히는 문제는 본래 금지된 법령이 있으니, 통렬히 금하는 사실을 사헌부에서 거듭 밝히면 매우 다행이겠습니다" 하였다.

제2조에 대해서 정인지·정창손·최항·조석문·김질·성봉조가 의논하기를 "기생 점유, 주거 사치, 도살 금지, 혼인 사치에 관한 것은 모두 법령이 있으니 역시 거듭 법령을 밝혀서 거행하는 것이 좋겠습니다" 하고, 신숙주·한명회·홍윤성·윤자운이 의논하기를 "주거가 규정을 넘기고, 음식에 절도가 없고, 혼인이 지나치게 사치한 문제는 모두 이미 수교受敎, 임금의 명령을 받음하여 법령에 드러나 있습니다. 함부로 기생을 점유하는 것은 앞으로 금지하는 것이 어떻겠습니까?" 하였다. … _성종실록 4년(1473) 7월 30일

제1조에 대해서는 모두 동의한 내용을 보고했지만, 제2조에 대해서는 두 갈래 의견을 인명 나열과 함께 보고했다. 이런 식으로 열 가지 조항에 대한 의견을 실록에 모두 적어놓았다. 때로는 표결에 부치기도 했으니, 고려 때의 일을 보겠다.

수도가 바닷가에 있어 왜구를 예측할 수 없다 하여 내륙으로 천도하려 했다. 이에 원로재상 윤환 등을 모이게 하여 동動, 지止 두 글자를 써서 가부를 결정했다. 모두가 마음속으로 동의하지 않았으나 나중에 변고가 생기면 화가 미칠 것을 두려워하여 모두 '동'자를 선택하여 이름을 써냈다. 다만 최영은 반대하여 경복흥과 최영 등이 태조를 모신 사당에 나아가 점을 쳐서 '지'자를 얻었다. _『고려사』 신우 3년(1377) 5월

민감한 문제에 대해서 이름까지 적게 했으니 투표가 제대로 될 리 없었다. 조선시대에도 백성들에게 큰 영향을 끼치는 중요한 안건에 대해서 신료뿐 아니라 백성에 이르기까지 폭넓게 의견을 청취하거나 가부를 묻는 일이 이따금 보인다. 세종 때에 농지에 부과하는 새로운 조세제도인 공법貢法을 마련하면서 전국적으로 가부의 견해를 묻게 한 것이 대표적인 사례이다.

호조에서 아뢰었다. "… 청하건대 이제부터는 공법에 따라 논밭 1결結마다 조租 10두를 거두게 하되 평안도와 함길도만은 1결에 7두를 거두게 하여, 예전부터 내려오는 폐단을 덜게 하고 백성의 생계를 넉넉하게 하소서. 바람, 서리, 홍수, 가뭄 등의 재앙으로 농사를 완전히 그르친 사

람에게는 조세를 전부 면제하게 하소서." 이에 의정부, 육조, 각 관사, 서울에 살고 있는 전직 벼슬아치들, 각 도의 감사, 수령 및 품관으로부터 여염의 미천한 백성에 이르기까지 모두 가부를 물어서 아뢰라고 명했다. _세종실록 12년(1430) 3월 5일

1결은 농토의 면적 단위로서 토질 등급에 따라 면적이 달랐는데, 대략 1만 제곱미터, 즉 3천 평 정도였다. 종전에는 손실답험법損失踏驗法이라 해서 관리들이 일일이 찾아다니며 곡식이 어느 정도 잘 자랐는지를 조사해서 조세를 매겨왔다. 그렇지만 이 방법은 조사 과정에서 농간을 부릴 소지가 많아서 정액제로 바꾸려 한 것이다. 세종은 이것이 민생과 직결되므로 거의 모든 관청과 벼슬아치, 나아가 일반 백성들에게까지 의견을 묻도록 지시를 내렸다. 왕의 명령에 따라 4개월 뒤에 우선 지방에서 조사된 중간 결과를 보고했고, 여기서 다소 부정적으로 나오자 재차 숙고해서 보고하도록 명령했다.

호조판서 안순이 아뢰었다. "일찍이 공법이 편리한지 아닌지를 가지고 경상도의 수령과 인민들에게 물어보니, 좋다는 자가 많고 좋지 않다는 자가 적었습니다. 함길도, 평안도, 황해도, 강원도 등에서는 모두 불가하다고 했습니다."

이에 임금이 지시했다. "백성들이 불가하다고 하면 실행할 수 없다. 그러나 손실답험할 때에 각기 제 주장을 고집하여 공정성을 잃은 적이 매우 많았다. 또 간사한 아전들이 잔꾀를 부려 부유한 자에게 유리하게 하고 빈한한 자를 괴롭히고 있어 내 심히 우려하고 있다. 각 도의 보고

가 모두 도착하거든 공법의 편의 여부 및 답험하여 폐해를 구제하는 등의 일에 대해서 백관들이 숙의하여 보고하라." _세종실록 12년(1430) 7월 5일

이로부터 한 달 뒤에 마침내 전국의 조사 결과가 보고되었다.

호조에서 공법의 가부에 대한 전국의 논의를 갖추어 아뢰었다. "서울의 지돈녕부사 안수산 … 전 동지총제 최견 및 3품 이하 현직자 259명과 전직자 443명은 가하다 하였으니, … 집현전 부제학 정인지는 '먼저 경기도의 한두 고을에 시험해본 다음에 전국적으로 시행하소서' 했고, … 직전 안지는 '먼저 산골과 평야 각각 수십 고을에 가능한지 아닌지를 시험하소서' 했고, …

여산부원군 송거신 … 검교 한성윤 권손·유귀수 및 3품 이하 현직자 393명과 전직자 117명은 불가하다고 하였으니, 의정부 좌의정 황희, 우의정 맹사성, 찬성 허조, 참찬 오승·이맹균 등은 … 하였습니다.

유후사의 품관·촌민 1,123명은 모두 가하다 하고, 71명은 모두 불가하다고 하였으니, 유후 이종선, 단사관 최규, 경력 강만로, 도사 송거 등은 '공법에 따라 조세를 거두는 것은 실로 좋은 법입니다. 그렇지만 우리나라 토지의 비옥하고 척박한 것이 중국과 다르니, 옛날대로 하는 것이 좋겠습니다' 하였습니다.

경기도의 수령 29명과 품관·촌민 1만 7,076명은 모두 가하다 하고, 수령 5명과 품관·촌민 236명은 모두 불가하다 하였으니, … 전체적으로 가하다는 자는 무릇 9만 8,657명이고, 불가하다는 자는 7만 4,149명입니다." 이에 황희 등의 논의에 따르라고 명했다. _세종실록 12년(1430) 8월 10일

표. 여론 조사 결과 자료

	찬성	반대
서울	현직 259, 전직 443	현직 393, 전직 117
개성	품관 · 촌민 1,123	품관 · 촌민 71
경기도	수령 29, 품관 · 촌민 17,076	수령 5, 품관 · 촌민 236
평안도	수령 6, 품관 · 촌민 1,326	수령 35, 품관 · 촌민 28,474
황해도	수령 17, 품관 · 촌민 4,454	수령 17, 품관 · 촌민 15,601
충청도	수령 35, 품관 · 촌민 6,982	수령 26, 품관 · 촌민 14,013
강원도	수령 5, 품관 · 촌민 939	수령 10, 품관 · 촌민 6,888
함길도	수령 3, 품관 · 촌민 75	수령 14, 품관 · 촌민 7,387
경상도	수령 55, 품관 · 촌민 36,262	수령 16, 품관 · 촌민 377
전라도	수령 42, 품관 · 촌민 29,505	수령 12, 품관 · 촌민 257
계	98,657명	74,149명

이상의 조사 결과를 알기 쉽게 정리해보았다.[표] 그 결과는 찬성 9만 8,657명, 반대 7만 4,149명으로 집계되어 총 17만 2,806명이 된다. 찬성이 57퍼센트, 반대가 43퍼센트이다. 다만 실제 합계를 해보면 찬성이 9만 8,636명, 반대가 7만 3,949명으로 되어 집계에 오류가 있다. 세종 때의 인구는 정확히 알 수 없고 이보다 90년쯤 뒤인 1519년[중종 14]의 인구가 374만 5,481명이었던 것과 비교하면 4.7퍼센트에 이르니, 세종 당시 인구의 5퍼센트를 웃도는 사람들에게 물은 것이 된다. 그것도 전현직 관리부터 촌락 백성들에 이르기까지 일일이 의견을 물었다. 또 가부 의견만 보고된 것이 아니라 단독 또는 연명으로 된 실명의 견해들이 덧붙여져 있다.

서울 관리의 경우에 찬성 702명, 반대 510명으로 찬성이 많았지만, 좌의정 황희 등을 비롯한 고위관료들 가운데는 반대가 많았다. 또 토지생산력이 높은 경상도와 전라도는 찬성 6만 5,864명, 반대 662명으로 찬성이 절대 우세했지만, 생산력이 떨어지는 함길도, 평안도는 찬성 1,410명, 반대 3만 5,910명으로 반대가 절대 우세했다. 황해도와 강원도도 반대가 절대적이었다. 정액제로 하면 소출이 적은 땅이 불리하기 때문이다. 결국 세종은 일단 반대자인 황희의 주장에 따라 종래의 제도를 시행하라고 지시했다.

그럼에도 포기하지 않고 많은 논의와 실험을 거쳐 14년 뒤인 1444년에 마침내 정액제와 손실답험법을 절충한 최종안을 마련했으니, 토지의 비옥도에 따라 6등급으로 나누는 전분田分 6등과 그해의 풍흉 정도에 따라 9등급으로 나누는 연분年分 9등이 그것이다. 그 뒤에도 많은 논란과 수정을 거친 뒤에 전라도부터 시작하여 45년이나 지난 1489년성종 20에 가서야 전국적으로 시행하게 되었다. 세종은 전면적 실시를 보지 못하고 세상을 떠난 것이다.

영조 때에도 세종 때처럼 고심을 한 사업이 있다. 청계천 준설 문제였다. 오랜 기간 지나다 보니 청계천 하상이 높아져 범람으로 가옥이 침수되는 피해가 자주 발생했다. 그렇지만 준설하려면 막대한 비용과 인력이 들고, 백성들을 많이 동원해서 고생시켜야 했다. 또 준설한다고 해도 얼마 지나지 않아 다시 메워질 것이란 우려도 제기되었다. 이 때문에 다양한 계층의 의견을 수렴하려 했다. 그는 먼저 서울의 백성들을 직접 불러서 의견을 물었다.

방민坊民들을 부르도록 명해서 시내를 준설하는 것이 좋을지를 물었다. 임금이 돌아오다가 광통교에 이르러 시냇가에 사는 백성들을 불러 "시내가 메워져 막혔다고 어영대장이 아뢰었지만, 나는 백성들을 거듭 지치게 할까 걱정했다. 그런데 지금 보니 이처럼 막혀 있는데다가 성을 지켜 내려면 시내를 파내는 것이 더욱 급한 일이 되었다. 너희는 어떻게 생각하는가?" 물으니, 백성들이 "신들이 어렸을 적에는 말을 타고 다리 아래로 지나가는 것을 보았지만, 지금은 다리와 모래가 서로 맞닿아 버렸습니다. 전에 군사를 동원하여 쳐냈었는데, 세월이 오래되어 이처럼 다시 막혔습니다" 하였다.

임금이 "큰 다리가 이러니 작은 다리는 미루어 알 수 있다. 태종 때에 성을 쌓은 것은 후손들에게 폐를 끼치지 않으려 한 것이니, 나는 다시 백성들을 수고롭게 하고 싶지 않다. 그러나 지금 이처럼 다리가 막힌 것을 보니 쳐내고 싶다. 너희는 그러길 원하는가?" 하니, 백성들이 일제히 "이는 모두 백성을 위하는 일이니 누가 감히 따르지 않겠습니까?" 했다. 임금이 "내가 시내를 치는 것이 어렵다고 생각한 것이 아니고, 다른 백성들 가운데 원하지 않는 사람이 있을까 우려해서 이렇게 묻는 것이다"고 했다. _영조실록 28년(1752) 1월 27일

서울은 5부로 나뉘고 그 아래에는 50개 내외의 방坊이 있었는데, 방민이란 그곳에 사는 서울 백성들이다. 광통교는 종각 남쪽 신한은행 광교지점 부근에 있던 청계천 다리다. 지금 복원된 광통교그림 3는 차량 통행 때문에 원래의 자리에서 150미터쯤 상류로 옮겨진 것이다. 숭례문에서 궁궐로 이어지는 대로는 지금처럼 시청 앞을 경유하는 직선 길이 아니었다. 숭례문에서 명동 쪽으로 남대문로를 거쳐서 광통교를 건너 종각역 사거리에서 종로운종가를 거쳐 세종로 사거리에서 육조거리로 꺾어서 궁궐로 향하였다. 속설에 관악산 화기가 곧바로 궁궐에 미치는 것

그림 3 복원된 광통교(2009. 5)

을 막기 위한 것이라 한다. 또 이 때문에 경복궁의 중심축을 육조거리의 중심축과 맞추지 않고 약간 틀어지게 했다고도 한다.그림 4 이 중심대로에 있었으니 광통교는 큰 다리였다.

영조는 2년 뒤에 이 문제에 대해서 서울 백성, 호위 병사, 악공 등 다양한 사람들에게 의견을 물었다.

5부의 방민을 불러 개천을 준설하는 것이 이로운지 해로운지를 묻도록 명령했는데, 파는 것이 좋다고도 하고 파지 않는 것이 좋다고도 하여 결론이 나지 않았다. 임금이 호위 병사와 악공樂工에게 "개천을 파는 것이 옳다고 생각하는 자는 앉고 옳지 않게 여기는 자는 서라"고 말하니, 뭇사람이 모두 일시에 앉았으나 장구를 멘 악공 한 사람만 홀로 섰다. 임금이 앞으로 나오게 하여 "너는 개천을 파지 않는 것이 옳다고 여기느냐?" 물으니, "신은 개천을 파거나 안 파거나 모두 이롭고 해로울 것

그림 4 광화문과 육조거리(2010. 9)

이 없다고 생각합니다. 개천가 집이 떠내려가거나 묻히는 것이 걱정스럽기는 하지만, 이것은 집주인이 어떻게 방비하느냐에 달려 있을 뿐입니다"고 대답했다. 임금이 "우리나라 사람들이 모두 뭇사람을 따르는데, 이 사람만은 제 소견을 지키니 매우 귀히 여길 만하다" 하고 상을 내렸다. _영조실록 30년(1754) 3월 22일

그런가 하면 3일 뒤에는 시험 문제를 통해서 유생들의 의중도 파악했다.

임금이 명정전에 친히 납시어 인일제人日製를 설행했다. 책제策題를 내어 개천을 준설하는 것이 이로운지 해로운지를 물었는데, 으뜸을 차지한 이담에게는 직부전시直赴殿試하게 하고 나머지는 각각 급분給分해주었다.

_영조실록 30년(1754) 3월 25일

그림 5 창경궁 명정전(2009. 6)

인일제는 정월 초이레가 인일이라 하여 좋은 날을 기념하기 위해 주로 성균관 유생을 대상으로 보게 한 과거시험이다. 그렇지만 위의 사례에서 보듯이 꼭 1월 7일에 치르지는 않았다. 창경궁 명정전그림 5에서 치러진 이때의 시험에서는 국가의 주요 정책에 관한 방책을 물었으니, 책제는 그러한 시험 제목을 가리킨다. 또 직부전시란 중간 단계의 과거시험을 생략하고 임금이 대궐에서 주관하는 전시에 바로 나아가는 것이다. 불합격자 가운데 성적이 비교적 양호한 자에게는 일정한 점수를 주어 다음 시험에서 합산하도록 조치했으니, 급분이란 이렇게 점수를 부여하는 것이다.

이러한 논의로부터 6년이 지난 1760년 2월 18일 준설에 착수하여 4월 15일까지 57일간에 걸쳐 완수하였다. 동원된 서울 사람 15만 명 및 품삯을 받고 고용된 사람 5만여 명이 동원되었고, 비용은 돈 3만 5,000여 꿰미緡, 쌀 2,300여 석이 들었다. 준설을 담당하는 상설기구로 준천사濬川司를 설치했고, 후세 사람들을 위해서 『준천사실濬川事實』이란 기록과

그림 6 준천친견도

『준천계첩濬川稧帖』이란 화첩을 남겼다.

영조는 공사가 마무리되어 갈 즈음인 4월 9일 오간수문 위에 직접 행차하여 공사를 관람했다. 이때의 기록화를 보면 오간수문 위에는 어좌 주변으로 신하들이 모여 있고, 개천 바닥에서는 인부들이 소를 동원하여 흙을 퍼내거나 세 명이 한 조를 이루어 가래질하고 있으며, 그 양쪽으로는 사람들이 서서 구경하거나 소반 앞에 앉아서 식사를 하고 있다.그림 6

하나의 제도를 무리 없이 시행하는 데에 이렇게 많은 시일이 걸렸다. 이에 비해서 지금은 자기 임기 내에 모든 것을 끝내려고 하니 문제가 속출할 수밖에 없다. 여론을 수렴한다는 공청회도 급조되기 일쑤이다.

그림 7 복원된 청계천(2009. 5)

2005년에 끝난 청계천 복원 사업[그림 7]도 의미가 큰 것이었다. 그로부터 2년 뒤에 타이완박물관들을 답사하면서 이 사업이 아주 큰 관심거리였다는 사실을 알게 되었다. 이렇게 외국에까지 유명할 정도가 되었지만, 청계천에 있던 고가도로와 복개물을 뜯어내고 유적을 발굴하고 복원하는 데에 모두 2년 반도 걸리지 않았다. 영조 때에 준설을 결정하기까지 걸린 시간과 비교하면 속전속결이었다. 그런 만큼 발굴과 복원에서 졸속이 되었던 점은 참으로 아쉽다. 그 뒤에 4대강 사업도 짧은 시간에 끝내려 하여 졸속 사업이 되고 말았다.

영조가 아래로 백성들에게까지 의견을 물은 뜻은 다음 지시에서 찾을 수 있다.

임금이 또 말했다. "나는 돈을 없애버리면 편리할 것이라 여기지만 신하들은 없앨 수 없다는 의견들이다. 옛사람이 '꾀는 고위관리에서 서민에게까지 물어봐야 한다'고 일렀으니, 돈을 더 주조하는 것이 좋을지 그리고 대소전大小錢을 섞어 쓸지에 대해서 한성판윤은 5부의 방민을 불러서 물어보고 또 관문關文을 보내서 여러 도에 물어보도록 하라." _영조실록 18년(1742) 6월 4일

옛사람의 말이란 『서경』에 "네가 큰 의심이 생기거든 꾀는 네 마음에 미치고 상하 관리卿士들에 미치고 서민에 미치고 점卜筮에 미쳐라"고 한 구절을 말할 것이다. 큰 의심이 있거든 스스로 판단하고 관리나 서민에게 묻고 점을 쳐보라는 것이다. 화폐 주조에 대해서 왕과 대신들의 의견이 갈리니 서울 백성들과 지방에까지 묻도록 지시했다. 관문이란 관청 사이에 주고받는 공문서이다. 정조도 흉년 때문에 과거시험을 미루는 것이 좋을지 의견을 물어 결정했다.

모든 식년과式年科의 초시初試를 내년 가을로 물려 시행하고, 서도西道, 황해도와 평안도의 과거만 실시하라고 명했다. 이때 기호지방에 흉년이 들어 추수가 기대에 어그러지자 처음에는 식년과의 초시를 9월로 물려 시행하게 하였다가, 이때에 이르러서 시임·원임 대신과 관각館閣, 홍문관·예문관·규장각 등, 종백宗伯, 예조판서의 신하들에게 널리 의견을 물었다. 또 대사성으로 하여금 성균관에 있는 서울과 지방의 유생들에게도 묻도록 하였다. 모두 당년에 과거를 보이는 것이 불편하다고 하였다.

이렇게 하교했다. "조정의 신하와 성균관 유생들까지 물어보니, 물려서 거행하자는 의견이 10에 8, 9를 차지한다. 또한 8도 전체를 논한다면 풍년이 든 곳은 적고 흉년이 든 곳은 많으니, 어찌 3도에 진휼청을

설치한 다음에야 물려 시행할 것을 의논하겠는가? 돌아오는 계묘년 식년과의 대소 과거를 내년 가을로 연기해서 정하도록 하라. 서북쪽은 농사가 풍년이 들어 두 도의 도과道科는 지난번 유시에서 이미 언급했으니, 9, 10월 그믐이나 초순에 날을 가려 시취하라." _정조실록 6년(1782) 8월 21일

원래 유교 사상에는 애민주의, 민본주의가 담겨 있다. 임금은 백성을 하늘로 여기고 아버지처럼 긍휼히 어루만져야 했다. 그러기에 백성을 직접 만나 위로하는 일은 고대부터 항상 있어왔다. 그렇지만 이것은 하향적 사랑 일변도였다. 이에 비해서 백성의 의견을 들어 정책을 결정하는 것은 상향적 또는 쌍방향적인 소통이었다. 백성에 대한 생각이 크게 바뀐 것이다. 균역법을 마련하는 과정에서 영조가 한 말은 이 생각을 잘 반영한다.

또 유생들에게 유시했다. "너희는 유생에게 호전戶錢을 부과하는 것을 불가하게 여기겠지만, 위로 삼공三公으로부터 아래로 선비와 서민에 이르기까지 부역을 고르게 해야 하는 것이다. 또 백성은 나의 형제요 만물은 나와 함께 하니, 너희가 백성을 볼 때에는 너와 나의 구별이 있을지 모르지만 내가 볼 때는 모두 내 어린 자식들이다. 피차간에 어찌 사랑과 증오가 있을 수 있겠는가? …" _영조실록 26년(1750) 7월 3일

"백성은 나의 형제요, 만물은 나와 함께 한다民吾同胞 物吾與也"는 말도 중국의 글에서 따온 것이지만, 이 무렵에 와서 '백성'과 '나라'가 병칭된 민국民國이란 단어가 일상 표현에서 부쩍 많이 등장한다. 국가와 백성을

공동운명체로서 동일시하기 시작한 것이다. 백성이 당당한 주권자로서 서서히 부상해갔으니, 이것은 그 이전 시대와 판연히 다른 것이다.

고대부터 흔히 보이는 단어가 '국인國人'이다. 이들은 왕을 옹립하거나 퇴출시키는 주체였고, 국가를 운영하던 주도층이었다.

아달라 이사금이 죽고 아들이 없자 국인이 그를 이사금으로 세웠다.
_『삼국사기』 신라 벌휴 이사금 1년(184)

친족 동생인 대원의가 1년간 왕위에 있었으나 의심 많고 사나워 국인이 그를 죽이고 대핑림의 아들 대화여를 왕으로 추대했다. _『신당서』 발해 전기

단어만 보면 마치 국민과 같은 의미로 받아들여질 수 있다. 그러나 국인은 백성이 아니라 귀족층, 지배층을 가리킨다. 그러기에 이를 '나라 사람'으로 번역하게 되면 오해할 소지가 있다. 백성은 어디까지나 '국인'의 밖에 있었다. 백성이란 말도 '성姓을 가진 여러 사람들'이니 원래는 지배층을 가리켰지만, 점차 일반인도 성을 가지면서 오히려 평민이란 뜻으로 바뀌었다.

국인도 이처럼 원래는 지배층을 가리키다가 나중에 국민이란 뜻으로 바뀌게 된다. 세종 때에 새로운 정책을 마련하면서 전국에 걸쳐 백성의 의견을 조회한 것이 바로 그러한 전환점이라 할 수 있다. 세종이 성군 소리를 들을 만한 것이다. 그러한 선구적인 조치가 마침내 조선후기에 꽃을 피우면서 백성이 이제 '국인'의 안으로 들어오게 되었다. 근대에 등장하는 '국민'의 탄생을 예고하는 것이다.

당파 싸움

여야 정치 싸움을 보면 어른들은 "당쟁 때문에 우리나라가 망했는데 아직도 정신 차리지 못한다"면서 혀를 끌끌 차곤 했다. 지금도 정치판에서 벌어지는 일들을 보면 진영 논리에 갇혀 있는 조선시대의 당쟁 모습을 쉽게 떠올리게 된다. 그런 점에서 광해군 때에 이원익이 아뢴 말은 400년 전 과거에만 그치는 것이 아니다.

조정의 붕당은 30년 전에 일어나기 시작했는데, 근래에는 그 풍습이 더욱 고질화되었습니다. 인물이 현명한지를 분간하지 않고 자기편인지를 따져 취하거나 버리고, 논의가 옳은지 그른지는 묻지 않고 자기편인지를 따져 옳다거나 그르다고 합니다. 이 때문에 현명한 사람과 우둔한 사람이 서로 뒤섞이고, 옳은 것과 그른 것이 서로 혼잡되어 버렸습니다. 한 사람을 등용하면 그 사람이 현명하더라도 반드시 "자기 당이기 때문이다" 말하고, 한 사람을 물리치면 그 사람이 어리석더라도 반드시 "자기 당이 아니기 때문이다" 말합니다. 심지어 논의의 가부 문제까지도 어느 편인지를 지목해 말하지 않는 경우가 없습니다. 온 나라의 재상이나 사대부 가운데 당파에 들지 않은 자가 한 사람도 없어 피차가

서로 시기하고 미워합니다. 그러니 일을 만나면 배회하며 맡으려 하지 않고 수수방관하여 국가 대사를 어찌할 수 없는 지경에 빠뜨리니, 생각이 여기에 미치면 진실로 통탄스럽습니다. _광해군일기 1년(1609) 1월 9일

오늘날의 인사청문회를 보면 대상자가 국정 수행을 제대로 할 수 있는지를 따지는 데에 관심을 두는 것으로 보이지 않는다. 내 편이면 적당히 넘어가려 하고 저편이면 시시콜콜한 것까지 파고든다. 또 국내의 큰 현안들인 세종시, 쇠고기 수입, 천안함, 4대강 문제 등에 대해서 갑론을박해온 것을 보면, 의제의 본질은 사라지고 정치 편 가르기에 따라 옳다거니 그르다거니 해왔다. 이 점에서 이원익의 말은 오늘날에도 곱씹어봐야 할 것이다. 이와 비슷한 지적은 정조가 신하에게 한 말에서도 보인다.

대개 근래에 고치기 어려운 폐습이 두 가지 있다. 저 사람은 이 사람을 역적이라 하고, 이 사람은 저 사람을 역적이라 하는 폐습인데, 이는 반드시 한 번 징계한 뒤에야 개혁할 수 있을 것이다. 벼슬길 막기를 주장하는 자는 막는 것이 합당한지 아닌지는 따지지 않고 한결같이 막고자 하고, 벼슬길 열기를 주장하는 자는 여는 것이 합당한지 아닌지는 따지지 않고 한결같이 열고자 한다. 막기를 주장하는 것도 나라를 엄히 지키려는 뜻에서 나온 것이 아니고, 열기를 주장하는 것도 다만 은혜를 파는 밑천으로 삼으려는 것일 뿐이니, 모두 자기 일신을 위한 계책이지 나라를 위하는 마음에서 나온 것이 아니다. _정조실록 12년(1788) 7월 27일

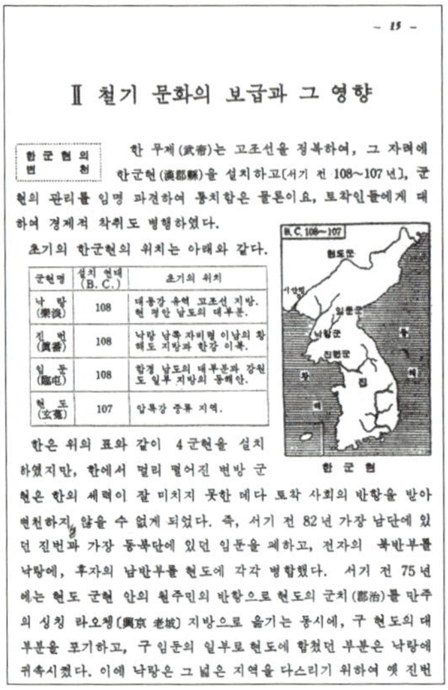

- 15 -

Ⅱ 철기 문화의 보급과 그 영향

한군현의 변천

한 무제(武帝)는 고조선을 정복하여, 그 자리에 한군현(漢郡縣)을 설치하고(서기 전 108~107년), 군현의 관리를 임명 파견하여 통치함은 물론이요, 토착인들에게 대하여 경제적 착취도 병행하였다.

초기의 한군현의 위치는 아래와 같다.

군현명	설치 연대 (B.C.)	초기의 위치
낙랑 (樂浪)	108	대동강 유역 고조선 지방. 현 평안 남도의 대부분.
진번 (眞番)	108	낙랑 남쪽 자비령 이남의 황해도 지방과 한강 이북.
임둔 (臨屯)	108	함경 남도의 대부분과 강원도 일부 지방의 동해안.
현도 (玄菟)	107	압록강 중류 지역.

한은 위의 표와 같이 4군현을 설치하였지만, 한에서 멀리 떨어진 변방 군현은 한의 세력이 잘 미치지 못한 데다 토착 사회의 반항을 받아 변천하지 않을 수 없게 되었다. 즉, 서기 전 82년 가장 남단에 있던 진번과 가장 동북단에 있던 임둔을 폐하고, 전자의 북반부를 낙랑에, 후자의 남반부를 현도에 각각 병합했다. 서기 전 75년에는 현도 군현 안의 원주민의 반항으로 현도의 군치(郡治)를 만주의 싱칭 라오쳉(興京 老城) 지방으로 옮기는 동시에, 구 현도의 대부분을 포기하고, 구 임둔의 일부로 현도에 합쳤던 부분은 낙랑에 귀속시켰다. 이에 낙랑은 그 넓은 지역을 다스리기 위하여 옛 진번

그림 1 한군현이 강조된 국사 교과서(1968)

내 기억으로는 초등학교 역사 시간에 조선시대 한군현의 변천그림 1이나 당파의 계보를 달달 외워야 했다. 그런데 1970년대에 민족주의 역사학이 교과서에 반영되면서 이런 것들이 자취를 감췄다. 우리 역사의 시작이 중국의 식민지에서 시작되었다는 한사군론과 더불어 우리 민족은 원천적으로 싸우기를 좋아하는 고질적인 민족성을 지녔다는 당파성론, 이 때문에 나라도 망했다는 당쟁망국론은 식민주의 사관을 대표하는 것이었기 때문이다. 다음은 조선총독부가 펴낸 책에 나오는 내용이다.

어느 나라를 불문하고 다수인이 집합하여 사회를 구성하는 한 자연히 같은 냄새가 서로 끌리듯 당파를 만들기 마련이다. 특히 정치 사회에서는 개인적 의견보다도 당파적 의견이 원동력으로 되는 법이다. 그러나 그 어느 나라도 조선인과 같이 구식의 당파심에 사로잡혀 주의 주장에 입각하지는 않는다. 조선인같이 가계, 계급, 신앙, 이익을 토대로 쉽게 공고한 당파를 만드는 자를 나는 여태껏 듣도 보도 못했다.

이조의 선조 이후의 정치사는 바로 당쟁사이다. 오늘날에 이르러서도 양반계급 인사들은 명백하게 각 파벌의 당적을 지니고 있으며 이것을 좋고 싫음과 취사를 결정짓는 유일한 기준으로 삼는다. _『…조선인의 사상과 성격』 174~175쪽

조선시대 내내 당파 싸움 일색이었던 것이 아닌데도, 당파성론이니 당쟁망국론은 마치 그랬던 것처럼 여기게 한다. 이를 불식하고자 일본 학자들이 사용하기 시작한 '붕당 사이의 싸움' 즉 '당쟁'이란 말을 '붕당정치'로 대체하였다. 조선시대의 붕당은 원래 사적인 것보다 공적인 목적을 실현하고자 하는 이념 집단이며, 그 폐해가 심하게 나타나는 것은 17세기 말에서 18세기 초에 걸치는 극히 일부 시기에 한정된다고 학계에서 해명한다. 탕평정치의 결과로 오히려 외척세력이 성장하여 망국적인 세도정치가 발생했다고도 설명한다. 그동안의 부정적 시각이 긍정적 시각으로 바뀐 것이다.

그렇지만 이 견해에 모두 동의하는 것은 아니다. 붕당정치란 말이 근대적인 정당정치와 혼동할 여지가 있다는 지적도 있고, 당쟁이란 말이 사실에 더 가깝다는 주장도 있다. 사료에는 당파 싸움에 대해서 부정적으로 바라본 시각이 많은 것이 사실이다. 일제 식민주의 사관을 극복해야 하는 것은 옳지만, 그렇다고 당파 싸움의 부정적 측면을 홀시하면 자기반성의 기회를 놓치게 된다. 그런 점에서 당파 싸움의 어두운 여행을 한 번 해볼까 한다.

정치 싸움이 있는 곳에는 파벌이 있게 마련이다. 고구려 때에는 추군과 세군의 싸움이 있었다.

고구려가 정월 병오일에 중부인의 아들을 왕으로 삼으니 나이가 8세였다. 고구려 왕에게는 세 부인이 있었는데, 정부인에게는 아들이 없었다. 중부인이 세자를 낳았는데 그 부인의 아버지는 추군麤群이고, 소부인도 아들을 낳았는데 그 부인의 아버지는 세군細群이었다. 고구려 왕이 병으로 위독해지자 세군과 추군이 각각 외손자를 즉위시키려고 서로 싸우니, 세군에서 죽은 자가 2천여 명이었다. _『일본서기』 긴메이천황 7년(546)

고려 때에는 정지상의 서경 세력과 김부식의 개경 세력 사이에 벌어진 정쟁이 잘 알려져 있다. 조선중기에는 기득권층을 형성한 훈구파와 이들을 비판하면서 새롭게 성장하던 사림파 사이에 싸움이 벌어져 사림이 크게 참화를 당하는 사화가 연산군 4년1498의 무오사화를 필두로 여러 차례 계속되었다. 윤원형 중심의 소윤小尹이 윤임 중심의 대윤大尹을 축출한 명종 즉위년1545의 을사사화도 그중 하나이다. 이 무렵 김안로의 거짓 주장에 속은 사림을 '고양이 수좌'로 풍자한 얘기가 흥미롭다.

송인수를 경상도 사천에 유배시켰다.
【사신은 논한다. 송인수가 채무택과 결탁하여 김안로에게 붙었다가 그 뒤에 사악한 무리임을 깨닫고 그를 배반했다. … 김안로는 기묘사화1519 때에 파산된 사람들을 서용해야 한다고 부르짖었다. 이는 사실 그의 본심이 아니고 이렇게 함으로써 사림의 환심을 사고자 했다. 송인수는 이 술책에 넘어가 그에게 붙었던 것이다. 당시에 어떤 사람이 고양이 수좌首座의 설화로 이를 풍자했는데, 이때에 이르러서 과연 들어맞았다. 그 이야기는 이렇다.

옛날에 늙은 고양이가 있었다. 발톱과 어금니가 모두 병들어 잡아먹을 재주가 이미 바닥나 쥐를 잡을 수가 없었다. 이에 귓속의 털 없는 부분을 뒤집어내어 머리에 덮어쓰고 다니며 "나는 이제 자비심을 발하여 삭발하고 중이 되었다. 어떻게 부처님과 더불어 정진하는 공을 이룰 수 있겠나?"고 부르짖었다. 그러나 쥐들은 여전히 두려워 감히 밖으로 나오지 못했다. 그러다가 머리를 깎은 모습을 엿보고 나서 그 말을 단단히 믿게 되었다. 나와서 응대하고는 늙은 고양이를 윗자리로 추대하여 '고양이 수좌'라 하였다. 수좌는 윗자리에 자리잡고 쥐들은 대소의 차례대로 서서 법회를 열었다. 빙 둘러 한 바퀴 돌 즈음에 작은 쥐의 행렬이 수좌의 입 앞에 당도하고 앞의 행렬이 부처님 뒤편 보이지 않는 곳에 이르게 되면, 잽싸게 후려잡아 삼켜버리곤 했다. 이리하여 무리가 날로 줄어들자 수좌의 소행이라고 의심하는 자가 나타났는데, 현혹된 자는 화를 내기까지 하면서 그렇지 않다고 말했다. 급기야 수좌의 똥 속에 쥐털이 있는 것을 보고 나서 늙은 고양이의 술책에 빠졌다는 사실을 깨닫게 되었다.

이 얘기를 말한 자는 사림을 쥐에 비유하려 했던 것은 아니고 다만 그 뜻을 취해서 비꼬았던 것이다. 김안로를 고양이에 비유했다고 하는 데 대해서는 그 뜻이 없었던 것은 아니다. …】_중종실록 29년(1534) 7월 22일

이때에도 쥐는 좋지 않은 것으로 비유되었던 모양이다. 그런데 당쟁이란 사림파가 권력을 장악한 뒤에 그들 사이에 분파가 생기면서 발생한 것을 가리킨다. 권신세력이 무너져 공격 대상이 사라지자, 사림들이 분열하여 싸우기 시작한 것이다. 그 효시는 잘 알려져 있듯이 1575년 동인과 서인으로의 분리였다.

이때 동인·서인 하는 설이 더욱 무성했다. 심의겸의 무리를 서인이라 지목하고, 김효원의 무리를 동인이라 지목했다. 【심의겸의 집은 도성

서쪽에 있고, 김효원의 집은 도성 동쪽에 가까웠다. 애초에는 사람들이 에둘러 말하고자 하여 이렇게 지목했었다.】 조정의 신하 가운데 소신 있게 행동하는 사람이나 이름 없이 부화뇌동하는 사람이 아니라면, 모두 동인 아니면 서인으로 지목되었다. _선조수정실록 11년(1578) 5월 1일

심의겸의 집은 지금의 정동에 있었고, 김효원의 집은 낙산 아래에 있었다고 한다. 두 사람은 이조의 전랑이란 벼슬자리를 놓고 알력이 생기게 되었다. 이때에 동인은 대부분 진취적인 신진세력이었고, 서인은 이들의 선배로서 기득권 세력이었다. 후배 사림과 선배 사림의 갈등이었던 것이다.

조그만 일에서 시작된 동인과 서인의 분열은 점차 큰 근심으로 자리잡기 시작했다. 당파를 초월한 인재 등용을 강조한 이이의 상소문이다.

아, 동·서란 두 글자는 본래 민간의 속된 말에서 나온 것입니다. 그래서 신이 일찍이 황당무계한 것이라면서 웃었는데, 오늘날에 이르러서 근심이 이렇게 커질 줄이야 어찌 생각이나 했겠습니까? _선조수정실록 16년(1583) 4월 1일

이 상소문을 올릴 무렵에 민간에는 이런 노래가 돌고 있었다.

지난 만력 임오년1582·계미년1583 사이에 노래가 민간에 퍼졌으니, "나라를 어지럽게 하는 자는 동인이요, 나라를 망하게 하는 자는 서인이라" 했는데, 이들을 다만 동이와 서융으로만 알고 근심했었다. 그런데

요즘 시국을 보니 동인은 나라를 위한다면서 나라를 어지럽히고 서인은 나라를 위한다면서 나라를 욕되게 하니, 바로 맞는 말인 듯하다. _『속잡록』 정묘년(1627) 3월 3일

외부의 적인 오랑캐만 생각했지 내부의 적을 미처 깨닫지 못한 것이다. 동인과 서인의 대립은 임진왜란 직전 일본의 정세를 상반되게 보고한 일화에서 절정을 이룬다.

부산으로 돌아와 정박하자, 황윤길은 그간의 실정과 형세를 급히 보고하면서 "필시 전쟁의 화가 닥칠 것입니다"고 했다. 결과를 보고한 뒤에 상이 이들을 불러 물으니, 황윤길은 전처럼 대답했다. 그렇지만 김성일은 "신은 그런 정상을 보지 못했습니다. 황윤길이 과장해서 아뢰어 인심을 동요시키니 사리에 아주 어긋납니다"고 말했다.

상이 "풍신수길이 어떻게 생겼는가?" 물으니, 황윤길은 "눈빛이 반짝반짝하여 담력과 지략이 있는 사람인 것 같았습니다"고 아뢰었지만, 김성일은 "그의 눈은 쥐와 같으니 두려워할 만한 위인이 못됩니다"고 아뢰었다. 황윤길 등이 일본에 갔을 때에 두려워하며 체모를 잃은 것에 분개하여 김성일이 말마다 이렇게 어긋나게 한 것이었다.

당시 조헌이 화해론을 적극 공격하면서 왜적이 기필코 나올 것이라고 주장했다. 이 때문에 황윤길의 말을 주장하는 이들에 대해서 모두 "서인들이 세력을 잃어서 인심을 교란시키려는 것이다"고 하면서 구별하여 배척했으므로, 조정에서 감히 말을 하지 못했다.

유성룡이 김성일에게 "그대가 고의로 황의 말과 다르게 말하는데,

만일 전쟁의 참화가 정말로 있게 되면 어찌 하려오?" 하니, 김성일이 "나도 어찌 왜적이 나오지 않을 것이라고 단정하겠습니까? 다만 온 나라가 놀라고 의혹될까 두려워서 그것을 풀어주려 그런 것입니다" 하였다. _선조수정실록 24년(1591) 3월 1일

황윤길은 서인, 김성일은 동인이었다. 사실 여부를 떠나서 정략적으로 반대하는 것은 예나 지금이나 볼 수 있는 일이다. 결국 유성룡의 말대로 임진왜란이 일어나자 김성일을 체포했다. 다른 기록에서는 그가 왕 앞에서 "일본은 반드시 군사 동원을 하지 않을 것이니, 근심할 일이 없을 것을 보증합니다"고 말했다고 한다. 마침내 전쟁이 일어나 북쪽으로 피신한 선조는 당파 싸움을 비판하며 한탄하는 시를 지었다.

주상전하께서 변방에 오래 머무르니 비감한 마음을 시로 읊으셨다.

나랏일로 황망한 이때에 國事蒼黃日
누가 곽·이 같은 충성을 내겠나 誰能郭李忠
빈을 떠난 건 큰 계획 때문이니 去邠存大計
후일의 회복은 그대들에 달려 있네 恢復仗諸公
관산의 달빛에 슬피 울고 慟哭關山月
압록강 바람에 마음 아프네 傷心鴨水風
조정 신하들아 오늘 이후에도 朝臣今日後
또다시 서인이니 동인이니 하려나 尙可更西東

_『난중잡록』 임진년(1592) 12월

곽·이는 당나라를 중흥시킨 곽자의와 이광필을 가리키고, 빈을 떠났다는 것은 주나라 태왕이 적을 피하여 도읍인 빈을 버리고 옮겨간 것을 가리킨다. 그럼에도 전쟁 중에 서인은 원균 편을 들고 동인은 이순신 편을 들면서 싸움을 벌이는 추태도 일어났다.

이순신을 한 차례 고문하고 사형을 감하여 관직을 삭탈한 뒤에 군졸로 삼았다. … 당시 조정에 있던 사람들 사이에 의견이 더욱 심하게 갈라져 서인은 원균을 편들고 동인은 이순신을 편들었다. 이리하여 서로 공격만 하고 군대 일은 생각 밖에 버려두었으니, 나라가 망하지 않은 것이 다행이었다. _『재조번방지』 권4

당파의 열풍은 중앙의 조정에만 그치지 않고 지방 사회에까지 영향을 끼쳤다. 다음은 이덕형이 광해군에게 아뢴 말이다.

근년 이래로 풍조가 이상해져서 송도뿐 아니라 지방 고을마다 편당이 없는 곳이 없습니다. 심지어 미천한 아랫것들에게까지도 모두 이런 논의가 있어서 옥송獄訟, 소송을 일으키는 단서가 모두 여기에서 말미암고 있으니 극히 한심합니다. _광해군일기 4년(1612) 9월 18일

조그만 일에서 갈라지기 시작한 당파는 그후 핵분열을 계속하면서 정말 오랜 기간 조선 사회를 휘몰아쳤다. 복잡하게 분기한 당파의 계보도를 여기서 자세히 언급할 필요는 없고, 다만 영조가 신하들을 깨우치며 쓴 글을 하나 보겠다.

아! 저 당黨이란 이름은 언제부터 생겼는가? 상고에도 없었고 삼대에도 어디 있었더냐? 한나라에는 남부와 북부가 있었고, 당나라에는 우·이牛李가 있었고, 송나라에는 낙·촉洛蜀이 있었고, 명나라에는 동절東浙의 당이 있었지만, 우리 동방에서는 단군에서 고려에 이르기까지 들어보지도 못했다. 우리 왕조의 중엽 이후 사소한 일에서 발생하여 크게 비화되었는데, 한·당·송·명에 비하면 그 이름들이 너무나도 많다.

아! 저 동·서의 당은 낭관 벼슬의 추천에서 비롯되었고, 아! 저 대북·소북은 의리 때문에 나뉘었으며, 아! 저 남인과 서인은 예설禮說 문제로 격돌했고, 아! 저 노론과 소론은 사문斯文 문제로 고질화되어 한 번 뒤집어지자 다시 뒤집어지고, 세 번째 뒤집어지자 다시 네 번째 뒤집어졌다. 처음에는 현명한지 사악한지로 서로 배척하더니, 마침내는 충신인지 역적인지 서로 공격했고, 마침내는 천고에 없는 무신년1728의 반란을 빚어내고 말았다. _영조실록 40년(1764) 5월 26일

'우·이'란 당나라 문종 때에 40년간 갈라져 싸운 우승유牛僧儒와 이길보李吉甫 등을 이르고, '낙·촉'이란 송나라 철종 때에 정쟁을 벌인 낙양파와 촉파를 이른다.

동인과 서인의 분파는 이조 전랑의 추천 문제에서 불거진 것은 이미 언급했지만, 동인은 다시 남인과 북인으로 나뉘고 북인은 또 대북과 소북으로 갈렸다. 영조가 의리 때문이라 한 것은 인목대비의 폐비, 영창대군 옹립을 둘러싸고 대북과 소북이 대립한 것을 가리킨다. 남인과 서인이 격돌한 예설이란 현종 때에 벌어진 기해예송1659과 갑인예송1674을 의미한다. 효종이 사망했을 때와 현종 모친이 사망했을 때에 각각 인조

그림 2 박세당 초상

그림 3 송시열 초상

의 후취인 조대비가 어떤 상복을 입어야 하는지를 둘러싸고 학설 논쟁을 넘어 정치 논쟁으로 비화했다.

서인은 숙종 때에 노론과 소론으로 분파했다. 이로써 남인과 북인, 노론과 소론의 이른바 사색당파가 형성되었다. 사문 문제란 윤휴, 박세당1629~1703, 그림 2이 주자와 다른 견해를 내자 송시열1607~1689, 그림 3이 이들을 사문난적斯文亂賊이라고 격렬히 비판한 것을 이른다. 사문은 '우리 학문' 즉 유학을 가리키니, 사문난적이란 이를 어지럽힌 주범이란 것이다. 그리고 네 번이나 뒤집어졌다는 것은 숙종 때에 서인과 남인 사이에 당쟁이 격화되어 정권이 수시로 바뀐 것을 가리킨다. 갑인환국1674, 경신환국1680, 기사환국1689, 갑술환국1694이 그것이니, 환국이란 집권당파가 뒤바뀌어 시국이 급변한 것을 의미한다.

이렇게 당파 싸움이 치열해진 이유에 대해서는 여러 설이 있지만, 그 중에 이익의 지적이 많이 인용되고 있다.

붕당은 싸움에서 생기고 싸움은 이해관계에서 발생한다. 이해가 절실할수록 당파는 심해지고, 이해가 오랠수록 당파는 굳어진다. 그런 것을 무엇으로 밝힐 수 있겠는가? 예컨대 지금 열 사람이 굶주리고 있는데, 밥 한 그릇을 함께 먹게 되면 그 밥을 다 먹기도 전에 싸움이 일어날 것이다. … 우리나라는 오로지 과거시험으로만 인재를 뽑는다. 처음에는 선발 수가 적었지만, 선조 이래로 점차 증가하더니 오늘날에는 극에 달했다. … 대대로 내려오는 명문가나 문장을 업으로 삼는 집안에 이슬 먹는 매미나 기아를 잘 참는 거북이처럼 빈궁하게 살면서 홍패紅牌, 과거 합격증를 어루만지며 한탄하는 자가 셀 수 없이 많다. 그러니 당파가 어찌 갈리지 않겠는가? _『성호선생전집』 논붕당論朋黨

한정된 관직에 과거 합격자를 많이 배출하니 싸움이 일어날 수밖에 없다는 주장이다. 이것도 일리 있는 해석이다. 분파가 발생하면 싸움이 일어나게 되고, 싸우다 보면 그 싸움은 점점 더 치열해지게 된다. 영조는 당파 싸움의 폐단을 지적하면서 이렇게 말했다.

대체로 동·서의 당은 전랑의 추천에서 불거졌고 노·소론은 회니懷尼의 싸움에서 비롯되었지만, 서로 혼인은 터서 정분을 통하고 지냈다. 그러다가 『가례원류家禮源流』가 한 번 나온 뒤로는 마침내 두절되어 신임辛壬에 이르러 극도에 달하게 되었다. _영조실록 40년(1764) 5월 17일

그림 4 윤증 고택

회니의 싸움이란 회덕懷德, 대전에 살던 송시열과 이성尼城, 논산 魯城에 살던 윤증1629~1714, 그림 4 사이에 벌어진 사건이다. 윤증이 아버지의 묘갈명을 송시열에게 부탁했다가 오히려 낭패를 당했고, 이 때문에 양자의 관계가 끊어져 송시열의 노론과 윤증의 소론으로 갈리는 빌미가 되었다. 『가례원류』를 간행하면서는 유계의 단독 집필이었냐 유계와 윤선거의 공동 집필이었냐를 두고 두 집안이 다투었으니, 이것은 노론과 소론의 싸움이기도 했다. 신임이란 신축년1721과 임인년1722에 벌어진 신임옥사로서 신임사화라고도 부른다. 이때에 왕세제왕위를 이어받을 왕의 아우 책봉을 둘러싼 논쟁에서 소론이 승리하여 노론을 대거 숙청하는 일이 벌어졌다. 이로써 노론 4대신이 죽임을 당한 것을 비롯해서 60여 명이 참혹한 변을 당했다.

당쟁은 단지 이론 싸움이요 정치 싸움이었다. 그것도 상복 입는 문제나 세자 책봉 문제 등 명분 싸움이 주된 것이었고 민생과는 거리가 멀었다. 17세기 실록을 읽다 보면 지금으로 봐선 공허하기 짝이 없는 명분 싸움으로 점철된 것을 알 수 있다. 그런데 아무리 대의명분을 내세우지만 권력 투쟁은 추악해질 수밖에 없다. 정쟁이 격렬해질수록 정탐, 역모 조작 등을 통하여 상대방을 죽음으로까지 몰고갔다. 정치 싸움 때문에 수많은 사람이 죽어나간 것은 유례가 없을 것이다. 본인에게만 화를 미치는 것이 아니라 멸문지화까지 면치 못했다. 그러니 싸움은 치열해질 수밖에 없었다. 다음은 영조 때에 몰락한 남인의 모습을 엿볼 수 있는 장면이다.

임금이 돌아올 때에 하교했다. "삼문三門, 남대문·동대문·서대문 밖에 있는 옛 재상집들이 이제 다 허물어져 잡목으로 문짝을 삼은 곳도 있으니, 내가 매우 측은히 여긴다. 옛 재상 조현명이 일찍이 이 일을 말했고, 옛 판서 조상경도 '할아버지가 한 일을 그 손자가 어찌 알겠습니까?'고 말했는데, 이것은 참으로 선한 사람의 말이다. 비유컨대 물이 오래 막혀 있으면 터지게 마련이니, 물길을 조금 터놓아 터지지 않도록 하는 것만 하겠는가? 인사 담당 관서로 하여금 이들을 특별히 거두어 등용시키도록 하라." 대개 남인이 형세가 기울어서 삼문 밖에 많이 살았기 때문이다.
_영조실록 30년(1754) 2월 7일

영조는 당쟁의 폐해를 잘 알고 있었기에 즉위 초부터 이를 적극 지적하고 비판했다.

붕당의 폐단이 요즘보다 심한 적이 없었다. 처음에는 사문斯文으로 소란을 일으키더니 지금은 한쪽 사람을 모조리 역적 무리로 몰고 있다. 세 사람이 길을 가더라도 어진 사람과 불초한 사람이 있게 마련인데, 어찌 한쪽 사람이라고 모두 같은 투套일 이치가 있겠는가? _영조실록 1년(1725) 1월 3일

한 편이 다른 편을 몰아붙이는 형세를 비판한 것이다. 2년 뒤에는 상소한 사람들을 처벌하라고 삼사의 신하들이 끈질기게 요구하자, 왕은 이렇게 반응했다.

이에 크게 화를 내고 책상을 치며 "삼사三司, 사헌부·사간원·홍문관의 신하들을 전부 갈아치우라" 말하고, 다시 모두 관작을 삭탈하고 도성 밖으로 추방하라고 명령했다. 승지 경성회가 처분이 지나치다고 울며 간하고 명령을 도로 거두기를 청했다. 겸춘추·예조좌랑 우세준이 울어서 목이 쉬니, 임금이 "겸춘추가 목이 쉬도록 우는 것은 임금을 위한 것이냐? 당론을 위한 것이냐?"고 말했다. _영조실록 3년(1727) 7월 1일

또 10년 뒤에는 이렇게 꾸짖었다.

임금은 하나인데 신하는 셋으로 나뉘었으니, 각자 어느 임금을 섬기려 하는가? 옛날에는 서인·남인의 당만 있었는데, 지금은 노론·소론으로도 부족하여 청清·탁濁, 완緩·준峻의 구별이 있고, 또 영남 사람들을 끌어들여 당을 삼는 데에 이르렀다. _영조실록 13년(1737) 8월 8일

신하들이 분파했다는 것은 그만큼 이들의 힘이 상대적으로 커진 현

실을 반영한다. 절대 권력자 아래서는 신하들이 힘을 쓸 수 없을 것이다. 왕은 싸움을 조정하기도 했지만, 때로는 이들 싸움에 끼여 운신하지 못하기도 했다. 그만큼 왕권이 제약될 수밖에 없었다. 당쟁의 문제를 실감한 현종은 종실 후손들에게 이런 지시를 내린 적이 있다.

일찍이 현종이 자매姉妹와 공주들이 어린 자식을 데리고 입궐한 것을 보고 앞으로 나오게 하여 귤을 내려주었다. 그런 다음에 "너희는 오늘 이 귤을 먹었으니, 이를 계기로 삼아서 당론을 만들지 않는 것으로 이다음에 보답하도록 하라"고 가르쳤으니, 거룩한 임금이 이처럼 당론을 미워했다. _『공사견문록』 152~153쪽

당파 싸움의 틈바구니에서 겨우 즉위한 영조는 유명한 탕평책을 적극 밀어붙였다. 격렬한 싸움을 수습하고자 파당과 관계없이 인물을 고루 등용하는 정책을 폈고, 왕이 정국을 주도하는 형국을 만들어갔다.

영종 3년1727에 조문명·송인명이 국정의 요직에 앉게 되자, 비로소 노소와 남북의 당인들을 조화롭게 안배하여 기용했는데, 이를 '탕평蕩平'이라고 불렀다. _경종수정실록 2년(1722) 5월 3일

지금 성균관대학교 입구에 들어서면 왼편으로 하마비와 함께 영조가 세운 탕평비가 서 있다.그림 5 이것은 영조 18년1742에 자신이 직접 글을 써서 성균관 반수교 위에 세워 최고학부인 성균관의 유생들이 경계로 삼게 했던 것이다. 거기에는 20자의 글이 새겨져 있다.

두루 사랑하고 편당하지 않는 것은 군자의 공정한 마음이요, 편당하면서 두루 사랑하지 않는 것은 소인의 사사로운 생각이다. 周而弗比, 乃君子之公心, 比而弗周, 寔小人之私意.

이 탕평책은 효과를 발휘하여 영조와 정조의 대표적인 치적이 되었다. 정우량이 영조에게 아뢴 말이다.

30년 이래 다행히 살육하는 걱정이 없었던 것은 그래도 탕평의 효험입니다. 신하들이 살육하는 것은 작록을 가지고 서로 다투는 것에서 비롯된 것일 따름입니다. _영조실록 28년(1752) 1월 4일

그림 5 탕평비(2002. 11)

이 대화도 탕평책이 해이해진다면서 나온 것인데, 이로부터 20년이 지난 뒤에 영조는 신하들을 모아놓고 당파 싸움을 다시 한 번 훈계했다.

오늘날의 조선에는 나라가 있는가 임금이 있는가? 거의 10년 동안 조정해왔는데도 청당淸黨·명당名黨·시체당時體黨을 만들었다. … 이제 내가 숭정문에 나아가 어찌 유시하지 않을 수 있겠는가? 다시 노론이네, 소론이네, 남인이네, 소북이네 하는 자는 내 신하가 아니요 반역자이니,

이런 마음을 가진 자는 절하지 말고 나가고, 이런 마음이 없는 자는 절하고 나가라. _영조실록 48년(1772) 7월 23일

우리 사회는 온통 소통과 대화를 외치고 있다. 지금 온 사회가 떼를 쓰는 떼법으로 범벅이 되어 있다. 또 내 편과 네 편으로 온통 갈라져 있다. 그러니 아무리 외쳐도 소통이 될 리 없다. 민족을 위한다고 하거나 국가를 위한다고 주장하지만, 모두 공허할 뿐이다. 정치가 불신을 받지 않으려면 조선시대 당파 싸움에서 터져나온 외침들을 되돌아볼 필요가 있다.

시대의 맞수들

어느 때건 그 시대를 휩쓸던 맞수가 있었다. 우리 시대의 '3김'이 그러하다. 정권을 잡은 편에 섰던 김종필, 그리고 이에 맞서 싸웠던 김대중과 김영삼, 이 세 사람의 얽히고설킨 역사가 우리 현대사의 큰 부분을 차지한다. 이들은 경쟁적으로 대권에 도전하여 결국 두 사람만 성공했다. 서로 경쟁하다 보니 상대방에 대해 애정과 증오가 교차하는 것을 최근까지도 보아왔다. 얼마 전까지는 성대모사로 이들을 풍자한 '3김 퀴즈'란 라디오 프로가 인기를 끌었다. 세종 때에도 3김이 있었으니, 이들은 정치가 아니라 학문으로 이름을 날렸다.

문장공 김구1383~1462, 문장공 김말1379~1464, 대사성 김반은 모두 경서와 역사서에 두루 정통하고 특히 성리학에 박식했다. 동시에 성균관에 제수되자 부지런히 가르쳐 인재를 길러냈으니, 사람들이 3김이라 일컬었다. _『필원잡기』

이들은 '관중3김館中三金', 즉 '성균관 3김'이라고도 불렸다. 시대를 더 거슬러올라가 통일신라에서 고려로 넘어가던 후삼국 시기에는 세 사람

그림 1 최치원 시(1980년대)

의 최씨가 활동했다. 이름하여 '3최'이다. 고려 광종 5년[954]에 세워진 비석에는 이렇게 적혀 있다.

최인연은 진한의 번성한 집안 출신이다. 사람들이 "한 시대에 3최가 당나라 과거에 급제하고 돌아왔으니 최치원, 최인연, 최승우가 그들이다"라고 일렀으니, 그 가운데에 속하는 인물이다. _봉화 태자사 낭공대사비 후기

세 사람은 새로운 세상을 꿈꾸던 국외유학파로서 세 개의 나라로 갈라진 혼란한 고국에서 제각각 길을 갔다. 최치원[857~?]은 신라 조정에서 개혁을 시도했지만 이미 때가 늦은 뒤라 결국 해인사에 은거해버렸다. 해인사로 들어가는 길가 암벽에는 그의 시가 새겨져 있다.[그림 1] 또 일주문 앞에는 전란에서 죽은 원혼을 위로하기 위해 세운 묘길상탑이 있는

그림 2 헌다례 현수막(2009. 6)

데, 그 안에 넣은 탑지를 최치원이 895년에 지었다. 이처럼 그의 자취가 해인사에 전해지지만 그가 언제 사망했는지도 모를 정도로 잊히고 말았다. 후백제를 위해서 활동한 최승우는 견훤의 운명과 함께 패자가 되어버렸다. 반면에 최인연[868~944], 즉 나중에 최언위로 이름을 바꾼 그는 왕건을 도와 고려 창건에 크게 이바지함으로써 역사의 최종 승리자가 되었다.

이렇게 세 사람이 활약한 시대가 있지만 두 사람이 일세를 풍미한 경우가 더 흔하다. 사상계에서의 경쟁자로 퇴계 이황[1501~1570]과 율곡 이이[1536~1584], 이황과 남명 조식[1501~1572]을 떠올릴 수 있다. '이'와 '기'의 해석을 둘러싸고 퇴계와 율곡은 16세기 후반에 사상적으로 경쟁하며 두 개의 거봉을 이루었다. 둘 다 우리 화폐에 초상화가 올라 있는 것만 봐도 알 수 있다. 2009년 6월에 율곡 묘소를 찾았더니 신사임당 화폐의 발행을 축하하는 헌다례 현수막이 걸려 있었다.[그림 2] 모자가 화폐에 오른 것은 희귀한 일이다. 또 사상가가 두 명이나 화폐에 오른 것이나 특정 성씨가 집중적으로 오른 것도 보기 드문 일이다. 그런가 하면 천 원짜리 지폐에 도산서원 그림을 넣었다가 구설에 올라 도안이 바뀐 일이

그림 3 도산서원. 왼쪽 큰 나무가 문제의 기념식수(2010. 3)

있다. 1970년 박정희 대통령이 기념식수한 나무가 도안에 들어갔기 때문이다. 이 나무는 지금도 서원에서 볼 수 있는데, 일본에서만 자라는 금송이라 하여 왜색 퇴치와 연계되어 말썽이 생긴 것이다.그림 3

두 사람을 비교한 일화도 전해진다. 퇴계는 '낮 퇴계 밤 토끼'라는 말이 있을 정도로 성과 관련된 얘기가 많이 전해진다. 율곡과 비교한 다음 이야기도 그러하다. "제자들이 퇴계와 율곡의 밤 생활을 비교해보았다. 그런데 율곡은 밤에도 점잖은데 퇴계는 난잡스러워, 제자들이 직접 퇴계에게 그 연유를 물었다. 그랬더니 퇴계가 답하기를 '원래 음양을 합치는 남녀관계는 점잖게 하면 안 된다'고 하면서 오히려 율곡에게 후손이 없을까 걱정했다."

그렇지만 35살이나 뒤진 율곡은 퇴계를 선생으로 받들었고, 퇴계가 사망했을 때에 율곡은 그의 일기에서 유학의 최고봉으로 높이 평가했다. 이에 비해서 퇴계와 남명은 동갑내기 맞수였다. 두 사람은 경상 좌도와 우도를 근거지로 하여 독자적인 학풍을 형성했다. 경북 안동에 있는 도산서원과 경남 산청에 있는 덕천서원이 그 상징물이다.

퇴계가 이론에 치중한 반면에 남명은 실천과 지조를 중시했다. 남명이 임종시에 "후세 사람이 나를 처사處士라 하면 옳지만, 만일 유자儒者로 지목하면 사실과 다르다"고 제자들에게 유언했다고 한다. 퇴계는 유자요 남명은 처사인 것이다.

퇴계가 본시 은퇴할 뜻이 있었다. 비록 여러 차례 조정의 은혜를 입어서 벼슬이 숭품崇品, 종1품에 이르렀으나 그의 뜻이 아니었다. 일찍이 아들 이준에게 타이르기를, 무덤에 비석을 쓰지 말고 다만 작은 돌로 앞에 '퇴도만은진성이공지묘退陶晩隱眞城李公之墓'라고 쓰라 하였다.

남명 조식이 듣고 웃으며 "퇴계는 이 칭호에 마땅하지 않다. 우리 같은 이도 은사隱士라 칭하는 데는 오히려 부끄럽다"고 말했다. _『동각잡기』 하

퇴도는 퇴계처럼 이황의 호이고, 진성은 그의 본관이다. 처사는 벼슬에 나아가지 않고 산림에 숨어 사는 선비를 의미한다. 하동이 고향인 처갓집 산소에 처사라고 쓴 것을 보았는데, 남명의 전통이 지금도 경상우도에 전해지고 있는 것을 알 수 있다. 그런데 10여 년 전 남명 산소에 올랐더니 글씨가 빼곡히 들어찬 비석이 가까이 세워져 있고, 그의 사상과 행동에 걸맞은 백비白碑, 글자 없는 비석는 옆으로 밀려나 있었다.그림 4

두 사람은 일생 편지만 교환했을 뿐 끝내 만나지 않았을 정도로 다른 길을 걸었다.

그림 4 남명 묘소와 비석들(2000. 3)

명현名賢이 같은 시기에 장원을 차지했다. 퇴계와 남명이 경상도에 살면서 같은 시기에 좌도와 우도의 초시初試에 응시하여 각각 장원이 되었으니 훌륭한 일이다. 두 선생이 같은 시기에 출생하여 같은 도에 살면서도 평생에 서로 만나지 못했다. 퇴계가 돌아갔을 적에 남명의 애통함이 심했으리라. _『청장관전서』 이목구심서耳目口心書 2

선조 2년1569에 일어난 진주 선비의 후처 음행 사건은 두 사람의 길을 갈라놓았다. 홀로 살던 하종악의 후처가 음행이 있다는 소문을 들은 남명이 제자 정인홍 등에게 얘기했고, 제자들은 경상감사에게 통보하여 옥사를 일으켰다. 또 남명은 이 후처와 인척이 되는 자기 친구 이정이 이를 두둔했다고 해서 절교하는 편지를 보냈다. 이정은 이 때문에 퇴계에게 의견을 구했던 모양이다. 이에 대해서 사관은 이렇게 적어놓았다.

이정이 서신으로 물은 사연에 이황이 "친구 사이에 사소한 일로 의를 상하여 화해하지 못하는 것에 대해서 나는 모를 일이다"고 답했다고 한다. 나중에 이 서신이 세상에 알려지자 정인홍은 이황을 소급하여 비난하고, 글을 써서 공격하고 배척하기를 죽을 때까지 그치지 않았다. 영남에서 당파가 갈리게 된 재앙도 여기서 시작된 것이다. _선조수정실록 2년(1569) 5월 1일

이 사건은 정치적으로 남인과 북인으로 갈리는 데에 영향을 끼쳤다고 한다. 지난 2001년 두 사람의 탄신 500주년이 되었을 때에 두 문중이 만나서 비로소 화해했다고 보도되었다.

두 학파의 운명도 대조적이다. 퇴계학파는 번성하면서 임진왜란 이후에는 그의 사상이 일본에까지 영향을 주었다. 반면에 남명학파는 임진왜란 때에 의병장을 많이 배출했지만 당쟁의 소용돌이에서 역사에 묻히고 말았다. 다음은 이천보가 영조에게 영남인을 등용할 것을 아뢴 말이다.

조식의 학문은 추종하는 길이 순정하지 못하여 그의 문하에서 정인홍이 나왔으니, 이는 순경의 문하에서 이사가 나온 것과 같습니다. 조식은 우도에 살아서 우도 사람들은 오로지 의로운 기개를 숭상해왔습니다. 또 이황은 좌도에 살아서 무신란1728 때에 죄를 범한 사람이 없었고, 지금에 이르기까지 학문과 행실에 이름 있는 자가 많습니다. 마땅히 이들을 받아들여야 합니다. _영조실록 16년(1740) 12월 5일

순경荀卿은 전국시대 유학자인 순자荀子이고, 이사李斯는 진시황 아래에서 분서갱유를 주도한 인물이다. 남명의 문하인 정인홍1535~1623이나 곽재우1552~1617는 임진왜란 때에 의병을 일으켜 전공을 세웠고, 전쟁 후에는 남명의 제자들이 북인으로서 정권을 잡았다. 그렇지만 인조반정으로 광해군이 폐위되고 정인홍이 역적으로 몰려 죽임을 당하면서 몰락하고 말았다. 또 영조 때에는 무신란, 즉 이인좌의 난에 연루되어 경상우도 사람들은 벼슬길이 막혀버리고 말았다.

전쟁에서의 적수로는 임진왜란 때의 이순신과 원균을 들 수 있다. 1960년대에 국난 극복의 상징 인물인 이순신을 성웅으로 높이면서 아산 현충사가 성역화되어 수학여행의 단골 코스가 되었다. 상대적으로 원균은 형편없는 인물로 묘사되었다. 필자도 초등학교 때에 이순신 전기를 읽어서 기억이 또렷하게 남아 있다. 숙종 때에 민정중이 왕에게 아뢴 말과 같은 기억이다.

> 원균이 전선戰船을 많이 모아 바다에 침몰시키고 달아났지만 이순신이 10여 척으로 적을 격파했는데, 당시에 쓰인 배는 모두 위급한 상황에 만든 것이었습니다. 장차 마땅한 사람을 얻지 못하면 배가 많아도 어디에 쓰겠습니까? _숙종실록 7년(1681) 5월 3일

삼남 지방의 전선을 어떻게 처리할 것인가를 논하면서 나온 말이다. 원균은 이순신과 크게 대비되어 나타난다. 그러나 다른 곳에서는 정반대로 평가된 것을 볼 수 있다.

임진년에 이순신이 전라좌수사로서 전함을 거느리고 경상우수사 원균과 함께 거제도 앞바다에서 왜적과 싸워 대패시키고 왜적의 배 50여 척을 노획하였다. 그 공은 전란 이래 제일 큰 것이었는데, 그때에 계책을 마련하여 앞장을 선 것은 모두 원균의 솜씨에서 나온 것이고, 이순신은 다만 달려와서 지원했을 뿐이었다. 대첩한 뒤에 원균이 행조行朝, 왕이 임시로 머무는 행재소에 말을 달려 급히 보고하려 하자, 이순신이 속여서 "공과 힘을 합하면 왜놈들은 섬멸할 거리도 안 되는데, 이렇게 작은 승전을 어찌 조정에 급히 보고할 필요가 있겠나? 내가 다른 도道에서 창졸간에 구원하러 왔기에 병기를 갖추지 못했으니, 왜적에게서 노획한 것을 써야겠다" 하니, 원균이 따랐다.

그런 다음 이순신은 비밀리에 사람을 시켜 노획한 무기와 왜적의 배에 실려 있던 금 병풍, 금 부채 등의 물건을 가지고 가서 행조에 급히 보고하며 공적을 과시하니, 전공이 모두 그에게 돌아갔다. 이때 행조는 한창 다급한 때였으므로 그의 보고를 받고 크게 기뻐하여 이순신을 통제사로 제수하고 원균은 이순신의 지휘를 받게 하니, 원균이 이 때문에 크게 화를 내고 드디어 서로 협조하지 않았다. _선조실록 36년(1603) 4월 21일

선조 25년1592 6월 1일자의 수정실록에도 연명으로 장계를 올리려 했는데, "천천히 합시다" 한 뒤 밤에 몰래 올려 두 사람의 불화가 시작되었다고 적었다. 선조도 원균이 이순신 못지않다고 칭찬한 적이 있다.

원균이 패전한 후에 사람들이 그를 질책하고 있지만, 나는 원균 같은 이는 용감하고 슬기로운 자라고 생각한다. 우리나라는 누가 한 가지 일

> 을 잘하면 모두 칭찬하고 한 가지 일에 실패하면 모두 비난한다. 영웅은 본래 성패로써 논할 수 없다. 내가 원균을 본 적이 없지만, 애초 임진년에 이순신과 합심하여 적을 물리칠 때에 반드시 앞장을 서서 싸웠으니, 그가 용감히 싸운 것을 알 수 있다. 한산도에서 패전한 것으로 그에게 다투어 허물을 돌리지만, 그것은 그의 잘못이 아니라 조정에서 빨리 들어가라고 재촉했기 때문이다. _선조실록 34년(1601) 1월 17일

선조의 말처럼 이순신은 이구동성으로 칭찬하고 원균은 그 반대로 비난하여 마치 선과 악을 대변하는 인물로 보는 것은 분명 잘못이다. 그래서 박정희 정권이 끝난 뒤인 1980년대 초부터 원균이 잘못 평가되었다는 글이 속속 발표되었다. 그렇지만 지금까지도 우리 뇌리 속에 두 사람은 영웅과 간신, 성공과 패배의 구도로 자리매김되어 있다.

사상과 전쟁에서의 맞수를 언급했지만, 역사에는 정치적 경쟁자들의 이야기가 훨씬 많다. 정치 싸움에는 결국 승부가 갈리고 승리자와 패배자의 명암이 뚜렷하게 드러나는 경우가 많다. 패배자는 종종 철저히 탄압되거나 죽음을 맞았다. 이것이 다른 분야에서의 짝들과 구별되는 점이다.

고려시대를 대표하는 문인이면서 정치적 경쟁을 벌였던 김부식 1075~1151과 정지상?~1135의 경우가 그러했다. 김부식은 개경파를 대표한 반면에 정지상은 묘청과 함께 서경파를 대표했다. 서경파는 서경, 즉 평양으로 천도하자는 주장을 폈고, 인종 13년1135에는 묘청이 반란을 일으켜 자신의 뜻을 펴려 하였다. 이에 김부식은 개경에 있던 정지상 등을 처단하고 서경으로 가서 반란을 진압했다. 당시에 정지상 일파는 개

경에 있었던 것만 봐도 반란과 무관했던 것으로 보이나, 김부식은 이들을 먼저 처치하고 출정길에 올랐다. 이것은 문장 실력이 달린 김부식의 질투심에서 비롯되었다고 전해진다.

사람들이 "김부식은 평소 정지상과 문장 명망이 비등했는데, 이에 불만을 품고 있다가 이때에 와서 묘청과 내응했다는 구실로 살해했다"고 말했다. _『고려사』 묘청 전기

두 사람은 문장이 뛰어나면서도 분위기는 사뭇 대조적이었던 모양이다.

김부식과 정지상은 시 짓기로 당대에 명성을 나란히 했다. 김부식의 시는 엄정하고 전실典實하여 진정 덕이 있는 사람의 말이고, 정지상의 시는 말과 운韻이 깨끗하고 아름다우며 격조가 호탕하고 빼어나서 만당晩唐, 당나라 만기 시기의 체제를 깊이 터득했다. 그러니 두 사람의 기상은 같지 않다. _『동인시화』; 『해동잡록』 서거정 수록

김부식은 정지상의 재능을 질시하여 이런 얘기까지 생겨났다.

시중 김부식과 학사 정지상은 문장으로 당시에 이름을 나란히 했는데, 두 사람은 다투며 반목하여 서로 사이가 좋지 못했다. 세상에 이렇게 전한다. 정지상이 "절에서 범어가 그치니, 하늘빛이 유리처럼 맑도다琳宮梵語罷, 天色淨琉璃"는 구절을 지으니, 김부식이 좋아하여 이를 얻어서 자

기 시로 삼으려 했으나 끝내 허락받지 못했다. 뒤에 정지상은 김부식에게 죽임을 당하여 음귀가 되었다.

김부식이 어느 날 봄을 읊어 "버들빛은 1천 실이 푸르고, 복사꽃은 1만 점이 붉구나柳色千絲綠, 桃花萬點紅"란 시를 지었더니, 갑자기 공중에서 정지상 귀신이 김부식의 뺨을 때리면서 "누가 1천 실, 1만 점을 세었느냐? 왜 '버들빛은 실실이 푸르고, 복사꽃은 점점이 붉구나柳色絲絲綠, 桃花點點紅'라 하지 않느냐?" 하니, 김부식이 마음속으로 자못 미워했다.

나중에 김부식이 어느 절에 가서 측간에 올라앉았더니, 정지상 귀신이 뒤에서 음낭을 쥐고 "술도 마시지 않았는데 왜 얼굴이 벌건가?" 하니, 김부식이 "건너편 언덕 단풍이 얼굴에 비쳐서 붉다"고 천천히 대답했다. 정지상 귀신은 음낭을 더욱 죄며 "이 가죽주머니는 무슨 물건인고?" 하니, 김부식은 "네 아비 음낭은 쇠로 만들었느냐?" 응수하며 낯빛을 바꾸지 않았다. 정지상 귀신이 더욱 힘차게 쥐므로 김부식은 결국 측간에서 죽었다 한다. _『백운소설』

두 사람의 관계를 희화적으로 묘사한 일화이다. 측간에서 얼굴이 붉어지고 그곳에서 죽은 것으로 봐서 뇌출혈로 사망한 것이 아닌가 생각된다. 과연 김부식이 정지상의 재능을 질시하여 죽였는지는 알 수 없는 노릇이다. 조선초기 서거정1420~1488도 이렇게 지적했다.

세상에 전하기를 "김부식이 정지상의 재능을 질투하여 죽였다"고 한다. 지금 『고려사』를 상고해보면 정지상이 묘청의 술책에 빠졌다가 그의 날개가 모두 제거되어 스스로 온전하기가 실로 어려웠으니, 김부식이 사사로이 용서할 바도 아니었다. 또 그의 전기와 여러 책에 억울하게 해를 입었다는 기록이 한 마디도 없는데, 세상에서 전하는 바가 이와 같으니 무슨 까닭인가? _『필원잡기』

문장을 질투한 정치가가 또 있으니, 고려말에 정도전1342~1398이 이숭인1347~1392을 죽인 것도 그 이유라 한다.

설순이 "정도전이 이숭인의 문장을 질시하여 그를 죽게 만들었지 충의 때문에 죽은 것이 아닙니다. 이색도 그의 문장을 칭찬했습니다"고 아뢰었다. _세종실록 12년(1430) 11월 23일

이보다 좀 더 자세하게 서술된 것이 있다.

정도전은 도은 이숭인과 함께 목은이색에게 배워 재주와 명망이 서로 비슷했으나 지향하는 바가 달라서 정도전이 불만을 품고 있었다. 조선이 건국되자 정도전이 권력을 쥔 신하가 되어 자기의 하수인 황거정을 도은이 귀양 가 있는 고을의 원으로 내보내어 도은을 매질하여 죽이게 했다. 심하도다 소인의 마음씀이여!

얼마 안 되어 정도전은 이방석의 난리에 관계되어 몸과 머리가 동강났고, 황거정도 정도전의 문객이라 하여 태종대왕의 미움을 사서 훈적이 특별히 삭제되어 지금까지도 등용되지 못하고 있다. 그 자손들이 원통하다고 임금께 하소연했으나 선비들의 의견이 불허하라 해서 회복되지 못했다. 정도전이 받은 화는 이숭인보다 더 심했고, 이숭인의 이름

그림 5 기황후로 추정되는 가운데 여인

은 후세까지 빛나니 하늘의 도리가 어긋남이 없다. 후세의 소인들에게 경계할 만한 일이다. _『상촌잡록』

정치라 하면 토론, 협상, 타협이 떠올라야 정상이지만, 이보다는 음모, 권모술수, 투쟁, 밀실 담합 등이 먼저 떠오른다. 지금도 그렇고 옛날도 그렇다.

기황후그림 5가 원나라 조정에서 편 권모술수 한 사례를 보겠다. 1340년에 제2황후 자리에 오른 기황후는 고려 미인을 상납하는 미인계를 써서 정치세력을 확대해나갔다. 그 효과 때문인지 그녀는 1365년에 마침내 정후의 자리에 올랐다. 그의 오빠 기철은 그녀의 힘을 믿고 고려에서 권력을 휘두르다가 1356년 죽임을 당했다.

지정 18년1358, 공민왕 7, 당시에 기황후는 궁궐에 고려 미인들을 많이 두고 있다가 권세 있는 대신들에게 이 여자들을 선물했으니, 경사京師, 서울의 고위 관리나 귀족들은 반드시 고려 여자를 얻은 뒤에야 명문 집안이 되었다. 고려 여인들은 예쁘고 섬기기를 잘해서, 한 번 들여놓으면 대부분 남자의 총애를 차지했다. 지정 이후로 궁중의 급사나 사령과 같은 벼슬은 태반이 고려 여인들 담당이었다. 이 때문에 사방에서 의복이나 신발, 모자, 기물 등은 모두 고려의 모양새를 따랐다. _『경신외사』; 『해동역사』 인물고

원나라 조정에 불어닥친 고려풍은 지금 외국에 불고 있는 한류의 원형을 보는 듯하다. 기황후는 원나라 멸망 후에 행방을 알 수 없다. 경기도 연천에 기황후 무덤이라 전하는 것이 있지만 알 수 없는 노릇이다. 정치의 세계는 무엇보다도 비정하고 냉혹하다. 다음 사례는 얼마나 끔찍한 일인가?

이원우가 구엄과 혼인을 할 때에 어떤 자가 사람 머리를 담아서 이원우의 집에 보내왔는데, 거기에 '이기'라고 적혀 있어서 이를 본 사람들이 놀라서 넘어졌다. _선조실록 즉위년(1567) 10월 12일

이기는 이원우의 아버지다. 권신 윤원형 아래에서 권력을 농락했다고 해서 선조가 즉위하자마자 공박을 받은 것으로 보아서 그의 정적이 보낸 것이다.

이 사건을 보니 헤로도토스의 기록이 기억난다. 메디아를 멸망시키

고 페르시아를 건설한 키루스 2세Cyrus II, 기원전 585?~529의 탄생과 관련된 이야기다. 메디아 왕인 아스튀아게스는 자신의 딸이 낳은 아들이 장차 자기를 대신하여 왕이 될 것이란 예언을 들었다. 오줌을 어마어마하게 누어 온 도시가 잠기고 아시아까지 범람한 딸의 꿈 때문이었다. 이 꿈은 흥미롭게도 김유신의 여동생 보희가 서악에 올라가 오줌을 누어 서울에 가득찬 꿈을 꾸었던 것과 유사하다. 이에 왕은 자신의 최측근인 하르파고스에게 아이를 죽이라고 명령했으나, 몰래 소치기에게 주어 기르게 했다. 나중에 이 사실이 탄로나자 왕은 하르파고스에게 잔인하게 복수했다.

하르파고스의 아들이 도착하자 아스튀아게스는 그 애를 죽여 손발을 자르되 살점 일부는 굽고 일부는 삶아 다 손질한 다음 언제든 내놓을 수 있도록 대기하도록 명령했다. 식사 시간이 되자 다른 손님들과 함께 하르파고스도 들어왔다. 다른 손님들과 아스튀아게스의 식탁에는 양고기가 가득 차려졌으나, 하르파고스에게는 그의 아들의 살코기가 모두 차려졌다. 머리와 손발만 빼고. 이것들은 덮개가 덮인 바구니에 따로 보관되어 있었다. 하르파고스가 배불리 먹었을 때쯤 맛있게 먹었느냐고 아스튀아게스가 물었다. 하르파고스가 아주 맛있었다고 말하자, 미리 명령받은 자들이 덮개가 덮인 바구니에 담긴 그의 아들의 머리와 손발을 가져오더니 하르파고스 앞에 서서 덮개를 벗기고 마음에 드는 것을 집으라고 했다. 하르파고스가 그들이 시키는 대로 덮개를 벗기자 아들 몸의 나머지 부분들이 보였다. 그러나 그는 그것들을 보고도 당황한 기색을 보이지 않았으며 그야말로 태연자약했다. 아스튀아게스가 그에

그림 6 고레스 왕의 무덤(2009. 2)

게 어떤 사냥감의 고기를 먹었는지 알겠느냐고 물었다. 하르파고스가 알고 있으며, 자기는 왕이 하는 일은 무엇이든 기꺼이 받아들이겠다고 말했다. _『역사』 101~102쪽

키루스 2세는 바빌로니아에 잡혀 있던 유대인을 해방시킨 고레스 왕이다. 그는 정복된 지역의 신을 인정하는 유화적인 종교정책을 편 것으로도 유명하다. 이란 파사르가르데에는 그의 무덤이 전해진다.그림 6

조선의 연산군도 이와 유사한 일을 저질렀다.

연산군에게 또 다른 사랑하는 기생이 있었는데, 그 기생이 친구에게 "옛 남편을 밤에 꿈속에서 보았으니 매우 괴이한 일이다" 하였더니, 연산군이 종이쪽지에 글을 써서 외부 사람에게 주었다. 조금 후에 궁녀가 은쟁반 하나를 받들고 오는데, 아주 단단히 포장되어 있었다. 그 기생

으로 하여금 열어 보게 하니 바로 남편의 머리였다. 그 기생도 함께 죽였다. _『장빈거사호찬』

이런 냉혈적인 일은 중국 고대에도 일어났다. 은나라를 멸망에 이르게 한 폭군 주紂는 자기 부인이 된 구후의 딸이 음탕한 짓을 싫어하자 노하여 그녀를 죽이고, 구후는 죽여서 포를 떠서 소금에 절였다. 다른 신하인 악후가 만류하며 따지자 그도 포를 떠서 죽였다. 명나라 때의 소설인 『봉신연의』에는 주가 인질로 와 있던 주문왕의 아들 백읍고를 끓는 물에 삶아 죽인 뒤에 그 고기로 장조림을 만들어 주문왕에게 보내 그를 시험했고, 주문왕은 자식의 고기인 것을 알면서도 후일을 위해 눈물을 삼키며 먹은 것으로 묘사되어 있다.

나중에 태종이 된 이방원이 정몽주1337~1392를 죽인 것도 정적을 비참하게 살해한 사례이다. 위화도 회군 뒤에 이성계와 정몽주는 나란히 높은 벼슬을 했지만, 결국 이성계를 왕으로 추대하는 문제에서 틀어져 이방원은 정몽주를 제거하게 된다. 이때에 이방원이 정몽주의 의중을 떠보았던 잘 알려진 시가 있다.

문충공정몽주의 마음과 행적이 더욱 드러나자 태종은 잔치를 베풀어 그를 초청했다. 노래를 짓고 술을 권하며

이런들 어떠하리 此亦何如
저런들 어떠하리 彼亦何如
성황당 뒷담이 城隍堂後垣
다 무너진들 어떠하리 頹落亦何如

우리도 이같이 하여 我輩若此爲

아니 죽으면 또 어떠리 不死亦何如

라고 읊으니, 문충공도 노래를 지어 술을 보내며

이 몸이 죽고 죽어 此身死了死了

일백 번 고쳐 죽어 一百番更死了

백골이 진토되어 白骨爲塵土

넋이라도 있고 없고 魂魄有也無

임 향한 일편단심이야 向主一片丹心

가실 줄이 있으랴 寧有改理也歟

라고 답했다. 태종이 그의 뜻이 변하지 않을 것을 알고 드디어 제거하길 꾀했다. _『해동악부』

이것이 이방원의 '하여가'와 정몽주의 '단심가'이다. 다만 한시의 '성황당 뒷담'이 시조에는 '만수산 드렁칡'으로 되어 있는 차이가 있다. 정몽주는 결국 이성계를 방문하고 귀가하던 도중에 맞아죽는 비운을 당했다. 그곳이 바로 개성에 있는 선죽교이다. 초등학교 교과서에 지금도 핏자국이 선명하게 남아 있다고 해서 개성에 갔을 때에 현장에서 직접 확인해보기도 했다.그림 7 기억에 강하게 남아 있어서 그런지 선죽교는 개울에 걸쳐 있는 조그만 다리였던 것이 다소 실망스러웠다.

이방원은 아버지 이성계를 대신하여 아버지의 맞수인 정몽주를 제거했다. 이로써 걸림돌이 모두 사라지자 이성계는 왕으로 추대되고, 그런 뒤에 승자의 미화 작업이 이루어졌다. 조선 건국 후에 편찬된 『고려사』에 그런 부분들이 보인다.

그림 7 개성 선죽교(2005. 9)

태조는 전투에 앞서서 투구를 백 수십 보 밖에 놓고 활을 쏘아 승부를 점쳤다. 세 발을 쏘아 모두 꿰뚫은 다음 "오늘의 일은 알 만하다" 말하고 해주의 동정자에서 싸웠다. 전투가 한창일 때에 한 길이 넘는 진창을 만났는데, 태조의 말은 단번에 넘었으나 부하들은 모두 건너지 못했다. 태조는 동개살大羽箭로 적 17명을 쏘아 모두 죽였고, 군사를 몰아 여세를 타고 드디어 적을 크게 무찔렀다. 그러나 태조는 자기 공을 말하지 않았다. _『고려사』 신우 3년(1377) 8월

황해도 해주에서 왜구그림 8를 물리칠 때의 일이다. 태조가 위화도에서 회군할 때에는 군사들이 이구동성으로 "옛날이나 지금이나 앞으로나 이런 사람이 어찌 있겠는가?"고 칭찬했고, 당시 "목자木子가 나라를 얻는

그림 8 명나라 군대에 잡힌 왜구

다"는 노래를 군사와 백성이 노소할 것 없이 모두 불렀다고 적었다.

이런 우상화 작업은 과거 역사에서만 찾을 수 있는 것은 아니다. 북한에서 "위대한 수령 김일성 동지는 사회주의 조선의 시조이시며 천재적인 예지와 특출한 영도력, 숭고한 덕망으로 불명의 혁명 업적을 쌓아 올리신 위대한 혁명가, 걸출한 정치가, 백전백승의 강철의 영장이시다"라 칭송하고, 김정일이 생애 첫 골프 라운딩에서 38언더파 34타를 치고 이날 홀인원만 11번 했다고 하니, 태조 이성계를 우상화했던 시절이 반복되는 느낌이다.

참고 자료

학교와 책

『고려도경』(서긍 저); 한국고전번역원 홈페이지.

『고운당필기』(유득공 저); 이우성 편, 『설수외사 외』 아세아문화사, 1986.

『구당서』(유후 저).

『모재선생집』(김안국 저); 한국고전번역원 홈페이지.

『미암일기』(유희춘 저); 담양향토문화연구회, 『미암일기초』 1992; 장서각 디지털 아카이브.

『번암선생집』(채제공 저); 한국고전번역원 홈페이지.

『북학의』(박제가 저); 안대회 옮김, 『북학의』 외편, 돌베개, 2004; 누리미디어 홈페이지 및 국사편찬위원회 한국사데이터베이스.

『삼봉집』(정도전 저); 한국고전번역원 홈페이지.

『성소부부고』(허균 저); 한국고전번역원 홈페이지; 임유경, 『대장부의 삶』 역사의아침, 2007.

『성호사설』(이익 저); 한국고전번역원 홈페이지.

『속자치통감장편』(이도 저).

『쇄미록』(오희문 저); 이민수 역, 『쇄미록』 상 · 하, 해주오씨추탄공파종중, 1990; 장서각 디지털 아카이브

『신당서』(구양수 등 저).

『연암집』(박지원 저); 한국고전번역원 홈페이지.

『연행록』(최덕중 저, 『연행록선집』 수록); 한국고전번역원 홈페이지.

『열하일기』(박지원 저); 한국고전번역원 홈페이지.

『오주연문장전산고』(이규경 저); 한국고전번역원 홈페이지 .

『완역 이옥전집』; 이옥 저, 실시학사 고전문학연구회 편역, 『完譯 李鈺全集』 2, 휴머니스트, 2009.

『용재총화』(성현 저, 『대동야승』 수록); 한국고전번역원 홈페이지.

『용천담적기』(김안로 저, 『대동야승』 수록); 한국고전번역원 홈페이지.
『우서』(유수원 저); 한국고전번역원 홈페이지.
『을병연행록』(홍대용 저); 정훈식 역, 『을병연행록』 1·2, 경진, 2012.
『이향견문록』(유재건 저); 실시학사 고전문학연구회 옮김, 『이향견문록』 글항아리, 2008.
『임하필기』(이유원 저); 한국고전번역원 홈페이지.
조선왕조실록; 국사편찬위원회 홈페이지.
『죽창한화』(이덕형 저); 한국고전번역원 홈페이지.
『증보산림경제』(유중림 저); 농촌진흥청, 『증보산림경제』 2003.
『지수염필』(홍한주 저); 이우성 편, 『지수염필』 아세아문화사, 1984.
『청장관전서』(이덕무 저); 한국고전번역원 홈페이지.
『청파극담』(이육 저, 『대동야승』 수록); 한국고전번역원 홈페이지.
『추재집』(조수삼 저); 한국고전번역원 홈페이지.
『퇴계선생문집』(이황 저); 한국고전번역원 홈페이지.
『패관잡기』(어숙권 저, 『대동야승』 수록); 한국고전번역원 홈페이지.
『해동잡록』(권별 저, 『대동야승』 수록); 한국고전번역원 홈페이지.
『해유록』(신유한 저); 한국고전번역원 홈페이지; 강혜선 옮김, 『조선 선비의 일본견문록』 이마고, 2008.
『희조질사』(이경문 편); 한국학중앙연구원 홈페이지.

H. 쥐베르, CH. 마르탱 지음, 유소연 옮김, 『프랑스 군인 쥐베르가 기록한 병인양요』 살림, 2010.
W.E. 그리피스 지음, 신복룡 역주, 『은자의 나라 한국』 집문당, 1999.
가린-미하일롭스키 저, 이희수 옮김, 『러시아인이 바라본 1898년의 한국, 만주, 랴오둥반도: 가린-미하일롭스키의 여행기』 동북아역사재단, 2010.
계명대학교박물관, 『민화』 2004.
국립중앙박물관, 『145년 만의 귀환, 외규장각 의궤』 2011.
김용선, 「고려시대의 사학과 그 입학생」 『역사학보』 220, 2013.
문화재청, 『서울 문묘 실측조사보고서』 2006.
박지향, 『영국사』 까치, 1998.
성균관, 『국역 태학지』 상 · 하, 1994.
성균관유도회, 『조선시대 성균관과 4학』 2004.
신승운, 「유교사회의 출판문화」 『대동문화연구』 39, 2001.

윤기 저, 이민홍 역주, 『완역 반중잡영: 조선조 성균관의 교원과 태학생의 생활상』 성균관대학교출판부, 1999.
윤선태, 『목간이 들려주는 백제 이야기』 주류성, 2007.
이민희, 「조선시대 서적유통 및 매매의 문화적 의미」 『어문론총』 51, 2009.
이민희, 「조선시대엔 왜 서점이 없었을까」 『조선 전문가의 일생』 글항아리, 2010.
이장희, 「조선시대의 사학」 『조선시대 성균관과 사학』 성균관유도회, 2004.
이헌창, 「근대경제성장의 기반형성기로서 18세기 조선의 성취와 그 한계」 『역사학보』 213, 2012.
정병설, 『조선의 음담패설』 예옥, 2010.
정순우, 「군사부일체 사회의 버팀목, 그러나 불우한 삶」 『조선 전문가의 일생』 글항아리, 2010.
제이콥 로버트 무스 지음, 문무홍 외 옮김, 『1900, 조선에 살다』 푸른역사, 2008.
최완기, 『한국의 서원』 대원사, 1991.
펠릭스 클레르 리델 지음, 유소연 옮김, 『나의 서울 감옥 생활 1878: 프랑스 선교사 리델의 19세기 조선체험기』 살림, 2008.
한상범, 『금서, 세상을 바꾼 책』 이끌리오, 2004.
한영우, 『규장각』 지식산업사, 2008.
혼마 규스케 저, 최혜주 역주, 『조선잡기: 일본인의 조선정탐록』 김영사, 2008.

응시와 부정

『견한잡록』(심수경 저, 『대동야승』 수록); 한국고전번역원 홈페이지.
『고금소총』; 시귀선·유화수·이월영 역주, 『고금소총』 한국문화사, 1998.
『고려사』; 누리미디어 홈페이지.
『동각잡기』(이정형 저, 『대동야승』 수록); 한국고전번역원 홈페이지.
『동사만록』(박대양 저, 『해행총재』 수록); 한국고전번역원 홈페이지
『봉사일본시문견록』(조명채 저, 『해행총재』 수록); 한국고전번역원 홈페이지
『북학의』(박제가 저); 안대회 옮김, 『북학의』 외편, 돌베개, 2004; 누리미디어 홈페이지 및 국사편찬위원회 한국사데이터베이스.
『상촌잡록』(신흠 저, 『대동야승』 수록); 한국고전번역원 홈페이지.
『성호사설』(이익 저); 한국고전번역원 홈페이지.
『송와잡설』(이기 저, 『대동야승』 수록); 한국고전번역원 홈페이지.

『쇄미록』(오희문 저); 이민수 역, 『쇄미록』 상 · 하, 해주오씨추탄공파종중, 1990; 장서각 디지털 아카이브.
『어우야담』; 현혜경 등 역주, 『어우야담』 3, 전통문화연구회, 2003.
『연암집』(박지원 저); 한국고전번역원 홈페이지.
『오산설림초고』(차천로 저, 『대동야승』 수록); 한국고전번역원 홈페이지.
『용재총화』(성현 저, 『대동야승』 수록); 한국고전번역원 홈페이지.
『을병연행록』(홍대용 저); 정훈식 역, 『을병연행록』 2, 경진, 2012.
『임하필기』(이유원 저); 한국고전번역원 홈페이지.
조선왕조실록; 국사편찬위원회 홈페이지.
『지봉유설』(이수광 저); 한국고전번역원 홈페이지 원문.
『패관잡기』(어숙권 저, 『대동야승』 수록); 한국고전번역원 홈페이지.
『해동잡록』(권별 저, 『대동야승』 수록); 한국고전번역원 홈페이지.

강명관, 『조선의 뒷골목 풍경』 푸른역사, 2003.
國立傳統藝術中心, 『科擧文化特展圖錄』 臺北, 2006.
도진순 주해, 『백범일지』 돌베개, 1997.
문숙자, 『68년의 나날들, 조선의 일상사: 무관 노상추의 일기와 조선후기의 삶』 너머북스, 2009
미야자키 이치사다 지음, 박근칠 · 이근명 옮김, 『중국의 시험지옥: 과거(科擧)』 청년사, 1996.
박지원 지음, 박희병 옮김, 『고추장 작은 단지를 보내니』 돌베개, 2005.
박현순, 「19세기 문과에 대한 고찰」 『조선후기의 과거』 소명출판, 2014.
이경화, 『북새선은도 연구』 서울대학교 미술사 박사논문, 2005.
이성무, 『한국의 과거제도』 한국학술정보, 2004.
이황 저, 이장우 · 전일주 옮김, 『퇴계 이황, 아들에게 편지를 쓰다』 연암서가, 2007.
진정 지음, 김효민 옮김, 『중국 과거 문화사』 동아시아, 2003.
한영우, 『과거, 출세의 사다리』 1~4, 한영우, 지식산업사, 2013.

벼슬과 정치

『갑진만록』(윤국형 저, 『대동야승』 수록); 한국고전번역원 홈페이지.
『경산일록』(정원용 저); 허경진 외, 『국역 경산일록』 2, 보고사, 2009.
『경신외사』(권형 등 저, 『해동역사』 수록); 한국고전번역원 홈페이지.

『고대일록』(정경운 저); 남명학연구원 옮김, 『孤臺日錄』 상·하, 태학사, 2009.

『고려사』; 누리미디어 홈페이지.

『고려사절요』; 한국고전번역원 홈페이지.

『공사견문록』(정재륜 저); 강주진 역, 『동평위 공사문견록』 양영각, 1985; 동방미디어 홈페이지.

『과정록』(박종채 저); 박희병 옮김, 『나의 아버지 박지원』 돌베개, 1998.

『기재사초』(박동량 저, 『대동야승』 수록); 한국고전번역원 홈페이지.

『기재잡기』(박동량 저, 『대동야승』 수록); 한국고전번역원 홈페이지.

『난중잡록』(조경남 저, 『대동야승』 수록); 한국고전번역원 홈페이지.

『동각잡기』(이정형 저, 『대동야승』 수록); 한국고전번역원 홈페이지.

『목민심서』(정약용 저); 다산연구회 역주, 『역주 목민심서』 I · II, 창작과비평사, 1978 · 1979; 다산연구회 역주, 『역주 목민심서』 V 및 VI, 창작과비평사, 1985 · 1985; 한국고전번역원 및 누리미디어 홈페이지.

『미암일기』(유희춘 저); 담양향토문화연구회, 『미암일기초』 1992.

『백운소설』(이규보 저, 『동국이상국집』 수록); 한국고전번역원 홈페이지.

『병진정사록』(임보신 저, 『대동야승』 수록); 한국고전번역원 홈페이지.

『부계기문』(김시양 저, 『대동야승』 수록); 한국고전번역원 홈페이지.

『삼국사기』(김부식 저); 동방미디어 홈페이지.

『상촌잡록』(신흠 저, 『대동야승』 수록); 한국고전번역원 홈페이지.

『석담일기』(이이 저, 『대동야승』 수록); 한국고전번역원 홈페이지.

『성호사설』(이익 저); 한국고전번역원 홈페이지.

『성호선생전집』(이익 저); 한국고전번역원 홈페이지.

『속잡록』(조경남 저, 『대동야승』 수록); 한국고전번역원 홈페이지.

『송계만록』(권응인 저, 『대동야승』 수록); 한국고전번역원 홈페이지.

『송와잡설』(이기 저, 『대동야승』 수록); 한국고전번역원 홈페이지.

『쇄미록』(오희문 저); 이민수 역, 『쇄미록』 상 · 하, 해주오씨추탄공파종중, 1990; 장서각 디지털 아카이브.

『신당서』(구양수 등 저).

『여유당전서』(정약용 저); 한국고전번역원 홈페이지.

『연암집』(박지원 저); 한국고전번역원 홈페이지.

『열하일기』(박지원 저); 한국고전번역원 홈페이지.

『오주연문장전산고』(이규경 저); 한국고전번역원 홈페이지.

『용재총화』(성현 저, 『대동야승』 수록); 한국고전번역원 홈페이지.

『용천담적기』(김안로 저, 『대동야승』 수록); 한국고전번역원 홈페이지.
『을병연행록』(홍대용 저); 정훈식 역, 『을병연행록』 2, 경진, 2012
『응천일록』(저자 미상, 『대동야승』 수록); 한국고전번역원 홈페이지.
『일본서기』; 연민수 외, 『역주 일본서기』 1·2·3, 동북아역사재단, 2013.
『임하필기』(이유원 저); 한국고전번역원 홈페이지.
『장빈거사호찬』(윤기헌 저, 『대동야승』 수록); 한국고전번역원 홈페이지
『재조번방지』(신경 저); 한국고전번역원 홈페이지.
『전고대방』(강효석 저); 아세아문화사, 1975 간행본.
조선왕조실록; 국사편찬위원회 홈페이지.
『준천계첩』; 이해철 편저, 『청계천을 가꾸다: 『준천계첩』 연구 국역 그리고 청계천의 역사』 열화당, 2004.
『준천사실』; 서울특별시사편찬위원회, 『국역 준천사실·주교지남』 2001
『지봉유설』(이수광 저); 이종술 등 역, 『지봉집, 지봉유설』 한국의 사상대전집 19, 동화출판공사, 1977.
『청장관전서』(이덕무 저); 한국고전번역원 홈페이지.
『청파극담』(이육 저, 『대동야승』 수록); 한국고전번역원 홈페이지.
『필원잡기』(서거정 저, 『대동야승』 수록); 한국고전번역원 홈페이지.
『한중록』(혜경궁 홍씨 저); 이선형 옮김, 『한중록』 서해문집, 2003.
『해동악부』(심광세 저, 『대동야승』 수록); 한국고전번역원 홈페이지.
『해동잡록』(권별 저, 『대동야승』 수록); 한국고전번역원 홈페이지.
『홍길동전』(허균 저); 허경진 옮김, 『홍길동전』 책세상, 2004.

규장각한국학연구원 엮음, 『조선 양반의 일생』 글항아리, 2009.
김백철, 『조선후기 영조의 탕평정치』 태학사, 2010.
김선기, 「연재 송병선 가 수증 선물단자에 대하여」 『인문학연구』 75, 충남대학교, 2008.
김태영, 『조선전기 토지제도사연구』 지식산업사, 1983.
김태자, 「조선시대 여성 장신구」 『동아시아의 여성 풍속과 예술』 홍익대학교 동아시아 예술문화연구소 심포지엄 자료, 2010. 9. 16.
서울역사박물관, 『청계천』 특별전 도록, 2006.
송기호, 「비석과 현판」 『홍천군의 전통문화』 한림대학 아시아문화연구소, 1987.
아베 긴야 지음, 오정환 옮김, 『중세를 여행하는 사람들』 한길사, 2007.
안길정, 『관아를 통해서 본 조선시대 생활사』 상, 사계절, 2000.

오수창, 「조선시대의 청백리 선발과 장리 처벌」 『조선시대 정치, 틀과 사람들』 한림대학교출판부, 2010.
오주석, 『옛그림읽기의 즐거움』 1, 솔, 1999.
李玲, 「中国最早的“升官图”」 『文物』 2011-5.
이성무, 『조선시대 당쟁사』 1 · 2, 아름다운날, 2007.
이성무, 『한국의 과거제도』 한국학술정보, 2004.
이성임, 「16세기 양반사회의 “선물경제”」 『한국사연구』 130, 2005.
이성임, 「은밀한 거래는 어떻게 양반사회를 지탱했나」 『조선 양반의 일생』 글항아리, 2009.
이태진, 『조선시대 정치사의 재조명』 범조사, 1985.
정병설, 『조선의 음담패설』 예옥, 2010.
정재서, 『이야기 동양 신화』 황금부엉이, 2004.
조르주 뒤크로 지음, 최미경 옮김, 『가련하고 정다운 나라 조선』 눈빛, 2006.
조선총독부 편저, 김문학 옮김, 『일제가 식민통치를 위해 분석한 조선인의 사상과 성격』 북타임, 2010.
한국고대사회연구소 편, 『역주 한국고대금석문』 III, 가락국사적개발연구원, 1992.
한국역사연구회 편, 『역주 나말여초금석문』 하, 혜안, 1996.
헤로도토스 지음, 천병희 옮김, 『역사』 숲, 2009.
혼마 규스케 저, 최혜주 역주, 『조선잡기: 일본인의 조선정탐록』 김영사, 2008.

사진, 그림 출처

학교와 책

성균관의 주요 시설; 문화재청『서울 문묘』상, 129쪽 (18쪽)

은행나무와 명륜당; 송기호 사진 (19쪽)

공자 사당의 행단; 송기호 사진 (19쪽)

약방에 달린 북; 문화재청『서울 문묘』상, 113쪽 (22쪽)

성균관 밖의 반수와 반촌; 문화재청『서울 문묘』상, 204쪽 (28쪽)

개성 성균관; 송기호 사진 (33쪽)

베트남 문묘; 송기호 사진 (34쪽)

나주향교; 송기호 사진 (41쪽)

강릉향교; 강릉시청 홈페이지 (42쪽)

주세붕 초상; 소수서원 소장; 문화재청 자료 (45쪽)

강학당의 '백운동', '소수서원' 현판; 송기호 사진 (45쪽)

소수서원 입구의 글씨; 송기호 사진 (46쪽)

서원에서의 공부;『국립대구박물관』도록, 1994, 83쪽 (47쪽)

병산서원 누각; 송기호 사진 (48쪽)

서당 글공부; 조풍연 해설,『사진으로 보는 조선시대』속, 서문당, 1987, 10쪽 (54쪽)

공부 기사; 한겨레 2011. 10. 11. (58쪽)

임신서기석; 송기호 사진 (60쪽)

서당에서 매 맞은 아이; 삼성문화재단,『단원 김홍도』1995, 99쪽 (63쪽)

조선시대 회초리; 송기호 사진 (63쪽)

분판; 한국국학진흥원,『유교문화박물관』2006, 164쪽 (64쪽)

글씨 연습 목간; 일본 長屋王邸 출토품 (65쪽)

경서통; 한국국학진흥원,『유교문화박물관』2006, 186쪽 (66쪽)

초당에서의 독서; 리움 소장; 서울대학교 규장각, 『규장각 자료로 보는 조선시대의 교육』 1996, 22쪽 (67쪽)

독서당계회도; 서울대학교박물관, 『한국전통회화』 1993, 19쪽 (75쪽)

선비의 방; H. 쥐베르, CH. 마르탱 지음, 유소연 옮김, 『프랑스 군인 쥐베르가 기록한 병양요』 살림, 2010, 59쪽 (79쪽)

출토 당시의 다라니경 모습; 국립중앙박물관 · 불교중앙박물관, 『불국사 석가탑 유물』 1, 2009, 45쪽 (87쪽)

한국문집총간 정리 사업; 한국고전번역원 홈페이지 (88쪽)

한국국학진흥원 소장 목판 보관소; 한국국학진흥원 홈페이지 (88쪽)

여러 장서인이 찍힌 책; 國家圖書館分館普通古籍組 편, 『國家圖書館古籍藏書印選編』 1, 線裝書局, 北京, 2004, 101쪽 (91쪽)

사발과 포장지 문서; 奈良國立博物館, 『正倉院展』 2002, 62쪽(사발); 국립중앙박물관, 『文字, 그 以後』 2011, 78쪽(문서) (93쪽)

책거리; 계명대학교박물관, 『민화』 2004, 234쪽 (95쪽)

고금도서집성; 인터넷 자료 (98쪽)

에도의 서점; 인터넷 자료 (100쪽)

유리창 거리; 실학박물관, 『연행, 세계로 향하는 길』 2010, 81쪽 (102쪽)

서책 노점; 金衛東 主編, 『明淸風俗畵』 商務印書館, 2008, 154쪽 (103쪽)

욕설 낙서; 정병설, 『조선의 음담패설』 예옥, 2010, 158쪽 (112쪽)

전기수의 이동 지역; 송기호 작성 (113쪽)

동백아가씨 앨범; 인터넷 자료 (116쪽)

국방부 지정 불온도서; 인터넷 자료 (116쪽)

정감록; 서울대학교 규장각, 『규장각 자료로 보는 조선시대의 교육』 1996, 43쪽 (118쪽)

설공찬전; 이복규 편저, 『새로 발굴한 초기 국문 · 국문본소설』 박이정, 1998 도판 (123쪽)

연극 설공찬전; 인터넷 자료 (123쪽)

적벽대전(민화); 서울역사박물관, 『우리의 삼국지 이야기』 2008, 38쪽 (124쪽)

주희 초상; 中國歷史博物館, 『華夏文明史圖鑑』 3, 朝華出版社, 2002, 319쪽 (128쪽)

수진본과 일반 책 비교; 규장각한국학연구원 소장 (129쪽)

응시와 부정

과거 보러 상경하던 길; 송기호 사진 (137쪽)

조선시대 과거시험 과정; 송기호 작성 (141쪽)

이만도 장원급제 홍패; 한국국학진흥원, 『유교문화박물관』 2006, 197쪽 (142쪽)

연지와 영화당 및 춘당대; 동궐도에서 (146쪽)

시사단; 송기호 사진 (147쪽)

북새선은도 길주과시도; 이경화 제공(국립중앙박물관 소장) (150쪽)

시험관 입장 장면; 國立傳統藝術中心, 『科擧文化特展圖錄』 臺北, 2006, 13쪽 (151쪽)

명나라 과거시험장; 金衛東 主編, 『明淸風俗畵』 商務印書館, 2008, 92쪽 (151쪽)

조선시대 과거 급제자; 동아일보 2014. 1. 24. (155쪽)

케임브리지 대학의 성적 공개; 송기호 사진 (158쪽)

남위방방도; 國立傳統藝術中心, 『科擧文化特展圖錄』 臺北, 2006, 42~43쪽 (159쪽)

공묘 비림; 송기호 사진 (160쪽)

우리나라에서 가장 오래된 과거 합격증; 문화재청 자료 (161쪽)

낙남헌 방방도; 국립중앙박물관, 『조선시대 풍속화』 2002, 17쪽 (162쪽)

삼일유가; 국립중앙박물관, 『조선시대 향연과 의례』 2009, 156쪽 (162쪽)

조선시대 별전; 국립민속박물관, 『별전』 2004, 22~23쪽 (167쪽)

수능 기원 광고; 조선일보 2012. 11. 7. 13면 광고 (176쪽)

게와 갈대; 국립중앙박물관 외, 『단원 김홍도: 탄신 250주년 기념 특별전』 삼성문화재단, 1995, 217쪽 (176쪽)

이동표 한글편지; 동아일보 2012. 9. 19. (181쪽)

과장에 들어가는 선비; 숭실대학교 한국기독교박물관, 『기산 김준근 조선풍속도: 스왈른 수집본』 2008, 115쪽 (188쪽)

소과 응시 장면; 국립중앙박물관, 『조선시대 풍속화』 2002, 104쪽 (189쪽)

책상 낙서; 송기호 사진 (190쪽)

호사에서 시험보는 모습; 國立傳統藝術中心, 『科擧文化特展圖錄』 臺北, 2006, 69쪽 (190쪽)

커닝용 속옷; 인터넷 자료 (191쪽)

과거 답안지 오른쪽 부분; 송기호 사진(국립전주박물관 전시) (200쪽)

청나라의 주권; 國立傳統藝術中心, 『科擧文化特展圖錄』 臺北, 2006, 41쪽 (201쪽)

이시항의 조흘강 채점지; 한국국학진흥원, 『유교문화박물관』 2006, 190쪽 (202쪽)

길주과시도에 보이는 시험관 및 아랫 관리들; 이경화 제공(국립중앙박물관 소장) (207쪽)

어사화 꽂은 급제자; 숭실대학교 한국기독교박물관, 『기산 김준근 조선풍속도: 스왈른 수집본』 2008, 116쪽 (211쪽)

벼슬과 정치

고을 원의 행차; 조풍연 해설, 『사진으로 보는 조선시대』 생활과 풍속, 서문당, 1986, 196쪽 (217쪽)

국내성과 압록강; 송기호 사진 (222쪽)

동의보감; 동의보감 발간 400주년 기념사업회 홈페이지 (223쪽)

승경도 놀이판과 윤목; 대구대학교 중앙박물관 자료 (225쪽)

승경도 놀이; 숭실대학교 한국기독교박물관, 『기산 김준근 조선풍속도: 스왈른 수집본』 2008, 87쪽 (226쪽)

명나라 승관도; 李玲, 「中国最早的“升官图”」 『文物』 2011-5, 69쪽 (226쪽)

공명첩; 국립중앙박물관, 『고문서: 국왕 · 왕실문서, 관청문서』 2004, 63쪽 (227쪽)

부인첩; 국립중앙박물관, 『고문서: 국왕 · 왕실문서, 관청문서』 2004, 62쪽 (229쪽)

면벌부를 팔고 있는 교황; Wikipedia 자료 (230쪽)

창덕궁 품계석; 송기호 사진 (242쪽)

과거급제자의 신고식; 숭실대학교 한국기독교박물관, 『기산 김준근 조선풍속도: 스왈른 수집본』 2008, 117쪽 (245쪽)

정양 면신첩; 한국토지주택박물관 제공 (247쪽)

대학생들의 신고식; 송기호 사진 (248쪽)

좌의정 홍이상의 행차; 국립중앙박물관, 『조선시대 풍속화』 2002, 92쪽 (255쪽)

북방 개척시의 김종서 장군; 고려대학교 박물관 소장; 국립중앙박물관, 『士農工商의 나라 조선』 2010, 66쪽 (260쪽)

무인들의 초상화(1774); 국립중앙박물관 전시; 송기호 사진 (261쪽)

영조 오순 잔치 재현 행사에 서 있는 문무관; 송기호 사진 (262쪽)

창덕궁 인정전 행사에서의 문무반; 국립중앙박물관, 『조선시대 궁중행사도』 I, 2010, 130쪽 (262쪽)

양반과 상놈; 중앙력사박물관(평양) 소장 (263쪽)

조선시대 돈꾸러미; 국립중앙박물관 전시; 송기호 사진 (264쪽)

일본의 무사; 동경국립박물관, 『大德川展』 2007, 88쪽 (266쪽)

쌍학 흉배가 달린 문관의 관복 일괄; 대전선사박물관, 『동춘당던』 2010, 103쪽 (267쪽)

제주목사 집무 모형; 송기호 사진 (279쪽)

동헌에서의 재판; 박현순 외, 『코리안의 일상』 청년사, 2009, 303쪽 (281쪽)

관찰사 부임; 국립중앙박물관, 『조선시대 풍속화』 2002, 101쪽 (285쪽)

해미현 지도; 서울대학교 규장각, 『조선후기 지방지도』 충청도 편, 1998, 제49도 (286쪽)

최치원 시; 송기호 사진 (382쪽)

헌다례 현수막; 송기호 사진 (383쪽)

도산서원; 송기호 사진 (384쪽)

남명 묘소와 비석들; 송기호 사진 (386쪽)

기황후로 추정되는 가운데 여인; 원나라 주랑(周朗)의 '불랑국헌마도권(佛郎國獻馬圖卷)' 일부 (394쪽)

고레스 왕의 무덤; 송기호 사진 (397쪽)

개성 선죽교; 송기호 사진 (400쪽)

명나라 군대에 잡힌 왜구; 中國歷史博物館, 『華夏文明史圖鑑』 4, 朝華出版社, 2002, 117쪽 (401쪽)